读客®文化

讲透
资治通鉴 18

通篇大白话，拿起来你就放不下；
古人真智慧，说不定你一看就会。

华杉 著

江苏凤凰文艺出版社
JIANGSU PHOENIX LITERATURE AND ART PUBLISHING

图书在版编目（CIP）数据

讲透《资治通鉴》. 18 / 华杉著. -- 南京 : 江苏凤凰文艺出版社, 2023.2
ISBN 978-7-5594-7347-9

Ⅰ. ①讲… Ⅱ. ①华… Ⅲ. ①中国历史 - 古代史 - 编年体②《资治通鉴》- 研究 Ⅳ. ①K204.3

中国版本图书馆CIP数据核字(2022)第227680号

讲透《资治通鉴》. 18

华　杉　著

责任编辑　丁小卉
特约编辑　祝艺菲　王霁钰
封面设计　张王珏　周　末
责任印制　刘　巍
出版发行　江苏凤凰文艺出版社
　　　　　南京市中央路165号，邮编：210009
网　　址　http://www.jswenyi.com
印　　刷　三河市龙大印装有限公司
开　　本　710 毫米 × 1000 毫米　1/16
印　　张　20
字　　数　280 千字
版　　次　2023 年 2 月第 1 版
印　　次　2023 年 2 月第 1 次印刷
书　　号　ISBN 978-7-5594-7347-9
定　　价　59.90 元

目　录

编者注：为了保证阅读流畅性，本书目录列出每卷“主要历史事件”和“主要学习点”的页码，方便读者查找。

卷第一百五十七　梁纪十三

（公元535年—537年，共3年）/ 029

【主要历史事件】

【主要学习点】

卷第一百六十　梁纪十六
（公元547年，共1年）/ 111

卷第一百六十三　梁纪十九

（公元550年，共1年）/ 189

【主要历史事件】

【主要学习点】

卷第一百六十四　梁纪二十
（公元551年—552年，共2年）/ 213

【主要历史事件】

【主要学习点】

卷第一百六十五　梁纪二十一

（公元553年—554年，共2年）/ 245

【主要历史事件】

【主要学习点】

卷第一百六十六　梁纪二十二

（公元555年—556年，共2年）/ 275

【主要历史事件】

【主要学习点】

卷第一百五十六　梁纪十二

（公元533年—534年，共2年）

高祖武皇帝十二

中大通五年（公元533年）

1 春，正月二日，南梁皇帝萧衍在南郊祭天，大赦。

2 北魏都督窦泰突然袭击尔朱兆大营，军人们正在宴庆休假而疏于防守，忽然看见窦泰军，惊走。窦泰追杀，击破尔朱兆军于赤谼岭，尔朱兆部众有的投降，有的逃散。尔朱兆逃入荒山，命侍奉左右的西河人张亮及奴仆陈山提斩下自己首级投降，二人都不忍心。尔朱兆于是杀死自己所乘白马，自缢于树。高欢亲临，厚葬尔朱兆。慕容绍宗携尔朱荣妻子儿女及尔朱兆余众前往晋见高欢，投降，高欢因为过去的恩义，对他们非常优厚。尔朱兆在秀容，左右都与高欢秘密通和言好，唯独张亮没有只言片字。高欢嘉许张亮，任命他为丞相府参军。

3 北魏撤销诸行台。（行台相当于特遣临时政府机构，现在局势平定，权力集中了。因此撤销。）

4 正月二十二日，南梁皇帝萧衍祀明堂。

5 正月二十八日，北魏主元修追尊其父为武穆帝，太妃冯氏为武穆后，母李氏为皇太妃。

6 南梁劳州刺史曹凤、东荆州刺史雷能胜等献出城池，投降北魏。

7 北魏侍中斛斯椿听闻乔宁、张子期被高欢诛杀，内心不能自安，与南阳王元宝炬、武卫将军元毗、王思政密劝北魏主元修图谋除掉丞相高欢。元毗，是元遵的玄孙。

舍人元士弼又说高欢受诏不敬，皇帝由此不悦。斛斯椿劝皇帝设置阁内都督和部曲，又增加武装卫士值班人数，自直阁将军以下，另有数百人，都选拔四方骁勇之士充任。皇帝数次出宫游幸，斛斯椿亲自指挥部属，另行组成一支战斗部队。从此朝政、军谋，皇帝都只与斛斯椿决策。皇帝认为关中大行台贺拔岳拥重兵，秘密与他相结，又外放侍中贺拔胜为都督三荆等七州诸军事、荆州刺史，想要倚靠贺拔胜兄弟对付高欢，高欢更加不悦。

侍中、司空高乾在信都时，赶上父亲去世，来不及完成三年守丧。等到孝武帝元修即位，高乾上表，请求解职回家服丧，皇帝下诏，允许解除侍中，但还保留司空职务。高乾虽然求退，但以为皇帝会挽留他，没想到皇帝马上批准。高乾既解除了侍中职务，就不能进宫，朝政多不能参与，待在家里怏怏不乐。皇帝既然已经与高欢有了二心，希望高乾能为自己所用，曾经在华林园宴会后，单独留下高乾，对他说："你们一家世代忠良，现在又立下大功，我与你虽为君臣，义同兄弟，应该共立盟约，以敦睦情谊。"殷勤相逼。高乾回答说："臣以身许国，怎敢有二心！"当时事出仓促，而且高乾不认为皇帝有什么别的想法，所以没有坚决推辞，也没有向高欢报告。等到皇帝设置部曲，高乾私底下对自己亲近的人说："主上不亲近有功贤良的大臣，而招集一群小人，数次派元士弼、王思政往来关西，与贺拔岳计议，又把贺拔胜外放到荆州，表面上是疏远，实际上是结党，让他们兄弟接近，希望据有西方。祸难将作，必定到我头上。"于是秘密报告高欢。高欢召高乾到并州，与他当面讨论时事，高乾劝高欢受北魏禅让。高欢用衣袖掩着他的口说："不要妄言！现在我让你再担任侍中，门下省之事全部委托给你。"高欢屡次奏请，皇帝不许。高乾知道变难将起，秘密向高欢请示，请求让他离开京师，去徐州做刺史。二月三日，任命高乾为骠骑大将军、开府仪同三司、徐州刺史，任命咸阳王元坦为司空。

8 二月二十五日，南梁皇帝到同泰寺，讲解《般若经》，讲了七天才结束，参加佛会的有数万人。

9 北魏正光年以前，阿至罗国常依附北魏。后来中原多事，阿至罗也叛变，丞相高欢进行招抚，阿至罗又投降，共有十万户。

三月三日，北魏主元修下诏，再次任命高欢为大行台，让他全权随宜裁处。高欢发给阿至罗粟米布帛，参与会议的人认为徒费无益，高欢不从。后来，高欢征伐河西，得到阿至罗极大帮助。

10 高乾将要去徐州，北魏主元修听说了他泄露机密的事，于是下诏给丞相高欢说："高乾之前与朕私下订有盟约，如今又反复两端。"高欢听闻他与皇帝结盟，也厌恶他，即刻将高乾前后数次抨击时事的一些信件，加以密封，派人送给皇帝。皇帝召见高乾，当着高欢使者的面，斥责他，高乾说："陛下自己有阴谋，却指责臣为反复小人，人主加罪，还怕没有说辞吗！"皇帝于是将他赐死。

皇帝又密敕东徐州刺史潘绍业杀高乾的弟弟高敖曹，高敖曹之前接到高乾死亡的消息，因此在路旁埋伏壮士，抓获潘绍业，在袍领里搜出皇帝密敕，于是率领十余骑兵奔赴晋阳。高欢抱着他的头哭道："天子枉害司空！"高敖曹的哥哥高仲密为光州刺史，皇帝下令青州截断他的归路，高仲密也从小道奔晋阳。高仲密名慎，字仲密，平常用字不用名。

【华杉讲透】

人要警惕自己的报复心

高欢居然会上这样的当，也是令人无语了，搞政治，你稍微专业一点行不行？把高乾给他的信封送给皇帝，就跟村妇相互嚼舌头说谁是坏人差不多。

每个人都可以对你好，也可以对你坏，一是形势决定，二是你自己的修养和行为决定，主要责任在你，不在他。曹操缴获部下和袁绍通和言好的信件，一把火烧了，根本不问有谁。高欢居然会中这样的离间计，实在对不起英雄之名！他说天子枉害司空，害死高乾的不是元修，而是高欢，太低级了！

人要警惕自己的报复心，不要报复心太重，高欢害死高乾，就是觉得高乾在自己背后搞小动作，背叛自己，就要报复他。而实际呢，他正是上了元修的小动作的当，而他报复高乾的手段，也是小动作。可耻的小人啊！

为什么会这样呢？读书太少，没有修养。“己所不欲，勿施于人”，读懂了，知行合一，就不会起小人之心。

11 北魏太师鲁郡王元肃去世。

12 三月二十八日，南平元襄王萧伟去世。

13 三月二十九日，北魏任命赵郡王元谌为太尉，南阳王元宝炬为太保。

14 北魏尔朱兆进入洛阳时，焚毁太常乐库，钟磬全部被烧光。节闵帝元恭下诏，命录尚书事长孙稚、太常卿祖莹等重新制造，至此全部完成，命名为《大成乐》。

15 北魏青州百姓耿翔聚众在三齐掠夺，胶州刺史裴粲，专事高谈阔论，不做防御。夏，四月，耿翔突然袭击州城。左右报告说贼军到了，裴粲说："岂有此理！"左右又说贼军已进入州门，裴粲才徐徐说："耿王来，可以让他做官，其余部众，分配给城中百姓照顾。"

耿翔斩裴粲，把他的首级送给南梁并投降。

【华杉讲透】

裴粲这样的人，也是一种原型人物，他无法做出任何决策和行动，就是"躺平"，等死。你如果遇到这样的领导，要注意识别，危急时刻，就不能等他做决策，若自己提出建议，要求他授权，马上行动，他大概率会支持你的。

16 五月，北魏东徐州百姓王早等杀死刺史崔庠，献出下邳，投降南梁。

17 六月十五日，北魏任命骠骑大将军樊子鹄为青州、胶州特派使者，督促济州刺史蔡俊等讨伐耿翔。秋，七月，北魏军队抵达青州，耿翔弃城投奔南梁，南梁皇帝下诏，任命他为兖州刺史。

18 七月六日，北魏任命广陵王元欣为大司马，赵郡王元谌为太师。

七月二十四日，任命前司徒贺拔允为太尉。

当初，贺拔岳派行台郎冯景到晋阳，丞相高欢听说贺拔岳的使者到了，非常喜悦，说："贺拔公还记得我呀！"与冯景歃血为盟，约与贺拔岳为兄弟。冯景回去，对贺拔岳说："高欢奸诈有余，不可信。"府司马宇文泰自请出使晋阳，以观察高欢为人。高欢惊奇他的相貌，说："此儿不同寻常。"要他留下，宇文泰坚决要求回去复命。高欢放他回去，既而又后悔，发驿车急追，到了潼关，没有追上，返回。宇文泰回到长安，对贺拔岳说："高欢之所以没有篡位，正是忌惮您贺拔兄弟；至于侯莫陈悦之徒，根本不在他的眼里。您只需秘密准备，对付高欢并不难。如今费也头部落控弦之骑，不下一万，夏州刺史斛拔弥俄突所部，也有强兵三千余人，灵州刺史曹泥、河西流民纥豆陵伊利等各拥部众，并没有归属哪一方。您如果移军靠近陇山，扼住要害，震之以兵威，怀之以恩惠，可以收编他们的部队，以壮大我军。西边与氐人、羌人和平相处，北边抚慰沙漠部落，还军长安，匡辅魏室，这是齐桓公、晋文公那样的功德。"贺拔岳大悦，再派宇文泰到洛阳请事，秘密报告。北魏主元修大喜，加授宇文泰为武卫将军，派他回去。

八月，皇帝任命贺拔岳为都督雍州、华州等二十州诸军事、雍州刺史，又在心前刺出鲜血，派使者带去赐给贺拔岳。贺拔岳于是引兵西屯平凉，以牧马为名。斛拔弥俄突、纥豆陵伊利及费也头部落酋长万俟受洛干、铁勒部落酋长斛律沙门等都归附贺拔岳，唯独曹泥依附高欢。秦州、南秦州、河州、渭州四州刺史同会平凉，受贺拔岳节度。贺拔岳认为夏州是边防要塞，战略地位重要，想要寻找一位出色的刺史来镇守，众人推举宇文泰，贺拔岳说："宇文左丞，是我的左右手，怎么可以离开！"沉吟多日，才上表任用他。

19 八月十七日（原文为九月，根据柏杨考据修改），北魏丞相高欢上表，辞让王爵，皇帝不许。高欢又申请分自己的封邑十万户，颁授给有功部属，皇帝批准。

20 冬，十月五日，南梁任命尚书右仆射何敬容为左仆射，吏部尚书谢举为右仆射。

21 十一月九日，北魏任命殷州刺史、中山人邸珍为徐州大都督、东道行台、仆射，以讨伐下邳变民首领王早。

22 十二月三日，北魏主元修在嵩山狩猎；十二月十五日，去泡温泉；十二月二十三日，回皇宫。

23 北魏荆州刺史贺拔胜侵犯南梁雍州，攻拔下迮戍，煽动诸蛮夷。南梁雍州刺史、庐陵王萧续派军迎击，屡次被贺拔胜打败，汉南震骇。贺拔胜又遣军攻打冯翊、安定、沔阳、酂城，全部攻拔。萧续派电威将军柳仲礼屯驻谷城抵御，贺拔胜进攻，不克，于是还师。经过这场战事，沔北一带都被荡为丘墟了。

柳仲礼，是柳庆远的孙子。

24 北魏丞相高欢对贺拔岳、侯莫陈悦之强甚为忧虑，右丞翟嵩说："我能离间他们，让他们自相屠灭。"高欢派他去。高欢又派长史侯景去招抚纥豆陵伊利，纥豆陵伊利不从。

六年（公元534年）

1 春，正月九日，北魏丞相高欢攻击纥豆陵伊利于河西，将他生擒，把他的部落迁到河东。北魏主元修责备高欢说："纥豆陵伊利不侵不叛，为国之纯臣。你突然讨伐他，难道不该派一个人来朝廷，先请示一下吗？"

2 北魏东梁州夷人百姓起兵作乱，二月，皇帝下诏，任命行东雍州事、丰阳人泉企，将他们讨伐平定。泉企一家世代为商、洛豪族，北魏世祖拓跋焘任命他的曾祖泉景言为本县县令，封丹水侯，让他的子孙世袭。

3 二月九日，北魏大赦。

4 二月十日，南梁皇帝萧衍亲耕籍田。大赦。

5 北魏永宁寺佛塔火灾，观者皆哭，声振城阙。

贺拔岳被侯莫陈悦杀害，宇文泰接手关西政权

6 北魏贺拔岳将要讨伐曹泥，派都督、武川赵贵到夏州与宇文泰商量，宇文泰说："曹泥掌握的是一座孤城，与他的盟友高欢相隔遥远，不足为忧。侯莫陈悦贪而无信，应该先对付侯莫陈悦。"贺拔岳不听，召侯莫陈悦到高平，与他共同讨伐曹泥。侯莫陈悦既听了翟嵩离间的话，就密谋要杀贺拔岳。贺拔岳数次与侯莫陈悦宴会交谈，长史、武川人雷绍进谏，不听。

贺拔岳派侯莫陈悦进兵，到了河曲，侯莫陈悦引诱贺拔岳入军营中就坐，讨论军事。侯莫陈悦谎称腹痛，起身离开，他的女婿元洪景拔刀斩贺拔岳。贺拔岳左右都逃散，侯莫陈悦派人晓谕他们说："我另受皇帝圣旨，只取贺拔岳一人，你们不要害怕。"众人相信了，都不敢动。而侯莫陈悦心中犹豫，没有即刻接管贺拔岳部众，而是自己还师入陇，屯驻在水洛城。贺拔岳部众散回平凉，赵贵去找侯莫陈悦，索取贺拔岳尸体来安葬，侯莫陈悦同意。贺拔岳既死，侯莫陈悦军中都相互庆贺，行台朗中薛憕私底下对自己亲近的人说："侯莫陈悦一向没有什么才干和谋略，如今又害死良将，我们今天就要成为别人的俘虏了，何贺之有！"

薛憕，是薛真度的侄孙。

【华杉讲透】

别受愤怒驱使行动

曹泥依附高欢，贺拔岳急于惩罚他，又要报复高欢生擒纥豆陵伊利

之役，所以不听宇文泰的话。《孙子兵法》说："主不可怒而兴师，将不可愠而致战；合于利则动，不合于利则止。怒可以复喜，愠可以复悦，亡国不可以复存，死者不可以复生。故明君慎之，良将警之，此安国全军之道也。"国君不可以因为愤怒而兴师，将领不可因为愤怒而作战。有利益才行动，没有利益就停止。愤怒可以恢复到喜悦，气愤可以恢复到高兴，但亡国不可复存，人死不能复生。明君要慎重，良将要警惕，这才是安国全军之道啊！

贺拔岳"愠而致战"，结果就是"死者不可以复生"了。所有的道理书上都有，就是不能知行合一。贺拔岳德不配位，他死了，就给真正的英雄——宇文泰——让出了位置。

贺拔岳的部众没有归属，诸将认为都督、武川人寇洛年纪最长，推举他总领诸军；寇洛一向没有威信和谋略，不能服众，于是自请避位。赵贵说："宇文夏州英略冠世，远近归心，赏罚严明，士卒用命。如果我们迎接推举他，一定能成大事。"诸将有的想要向南，征召贺拔胜，有的想要向东，向北魏朝廷报告，犹豫未决。都督、盛乐人杜朔周说："远水不救近火，今日之事，除了宇文夏州，谁也不能带领我们渡过难关。赵将军的意见是正确的。请派我轻骑去报告噩耗，并且迎接他。"众人于是派杜朔周驰马到夏州召宇文泰。

宇文泰与将佐宾客共议去留，前太中大夫、颍川韩褒说："这是上天授予的，有什么疑问呢！侯莫陈悦，井底之蛙，使君去，必定将他生擒。"众人认为："侯莫陈悦在水洛，离平凉不远，如果他已经吞并贺拔岳的部众，就很难对付，不如暂且留下，以观其变。"宇文泰说："侯莫陈悦既杀害元帅，自应乘势直据平凉，却退屯水洛，我就知道他无能。难以得到却容易失去的，就是时机。如果不早去，将士们的心就离散了。"

夏州都督弥姐元进，出身自本州第一望族，阴谋响应侯莫陈悦，宇文泰知道了，与帐下都督、高平人蔡祐密谋抓捕他，蔡祐说："弥姐元进应当会反扑，不如杀了他。"宇文泰说："对大事你有决断。"于是召弥姐元进等进入议事，宇文泰说："陇贼逆乱，当与各位勠力讨伐，而你们当中，仿佛还有意见不同的，为什么？”蔡祐即刻被甲持刀直入，瞪着眼睛对诸将说：“早上同谋，晚上就变心，这还是人吗？今天我一定要砍断奸人脑壳！”举坐都叩头说：“希望查明是谁。”蔡祐于是呵斥弥姐元进，将他斩首，并诛杀他的党羽，然后与诸将同盟讨伐侯莫陈悦。宇文泰对蔡祐说：“我如今把你当我的儿子，你能以我为父亲吗？”

宇文泰与帐下轻骑驰赴平凉，令杜朔周率众先占据弹筝峡。当时民间惶惧，逃散的人很多，军士们争相想要抢劫他们，杜朔周说：“宇文公正在讨伐犯下罪孽者，抚慰受难的百姓，你们为什么要助贼为虐呢？”他安抚遣返流民，于是远近悦附。宇文泰听闻，嘉奖他。杜朔周本姓赫连，曾祖赫连库多汗为了避难而改姓。宇文泰命他恢复旧姓，命名为赫连达。

丞相高欢派侯景去招抚贺拔岳部众，宇文泰到了安定，遇到他，对他说：“贺拔公虽死，宇文泰还在，你要做什么！”侯景失色道：“我就是一支箭而已，由人家发射。”于是撤回。宇文泰到了平凉，哭祭贺拔岳，非常悲恸，将士们都悲喜交集。

高欢又派侯景与散骑常侍、代郡人张华原，义宁太守、太安人王基前往慰劳宇文泰，宇文泰不接受，想要扣留他们，说：“留下则共享富贵，不然，命在今日。”张华原说：“明公想要用死亡来威胁使者，这不是我所惧怕的。”宇文泰于是遣返他们。王基回去后，说：“宇文泰雄杰，建议在他势力还没稳定之时，消灭他。”高欢说：“你没有看见贺拔岳、侯莫陈悦的事吗？我当用计，不用动手，就除掉他们。”

北魏主元修听闻贺拔岳死讯，派武卫将军元毗慰劳贺拔岳军，召他们回洛阳，并召侯莫陈悦。元毗到了平凉，军中已奉宇文泰为主。侯莫陈悦既已依附丞相高欢，不肯应召。宇文泰请元毗代为上表称：“贺拔岳忽然死于非命，都督寇洛等令臣权且掌管军事。奉诏召贺拔岳军入京，但如今高欢之众已至河东，侯莫陈悦犹在水洛，士卒多是西人，顾恋乡邑，如果逼他们进京，侯莫陈悦在后追击，高欢在前拦截，恐怕败国殄民，损失更甚。乞请稍微给我们一点缓期，慢慢诱导士兵们，再带他们向东。”北魏主元修于是任命宇文泰为大都督，统率贺拔岳旧部。

当初，贺拔岳任命东雍州刺史李虎为左厢大都督，贺拔岳死，李虎投奔荆州，游说贺拔胜，让他接管贺拔岳部众，贺拔胜不从。李虎听闻宇文泰代贺拔岳统领部众，于是从荆州飞驰回去归附他。到了阌乡，被高欢手下别将俘虏，送到洛阳。北魏主元修正在谋取关中，得到李虎，非常喜悦，拜他为卫将军，厚厚地赏赐他，命他去投奔宇文泰。

李虎，是李歆（西凉王国第二任王）的玄孙。

宇文泰写信给侯莫陈悦，责备说："贺拔公有大功于朝廷。你名气低微，德行浅薄，贺拔公举荐你为陇右行台。再者，高欢专权，你与贺拔公同受皇帝密旨，屡次结为盟约；而你却依附国贼，共危宗庙，口角盟誓之血未干，匕首已经刺向他。如今我与你都受诏还阙，今日进退，全在于你自己：你如果下陇山向东，吾也从北道同归；你如果首鼠两端，我则指日与你刀兵相见！"

北魏主向宇文泰询问安定秦陇地区之策，宇文泰上表说："应该召侯莫陈悦，授给他宫内官职，或者安排在瓜州、凉州之类偏远的州做刺史；不然，终为后患。"

原州刺史史归，一向为贺拔岳所亲信任用，河曲之变，反而效忠侯莫陈悦。侯莫陈悦派他的党羽王伯和、成次安将兵二千协助史归镇守原州，宇文泰派都督侯莫陈崇率轻骑一千人袭击。侯莫陈崇乘夜率十个骑兵直抵城下，其余部众都埋伏于近路；史归见敌人骑兵少，不设防备。侯莫陈崇即刻冲进去，占领城门，高平令、陇西人李贤及弟弟李远穆在城中，为侯莫陈崇内应。于是内外鼓噪，伏兵大起，生擒史归及成次安、王伯和等回到平凉。宇文泰上表，举荐侯莫陈崇为行原州事。三月，宇文泰引兵攻击侯莫陈悦，抵达原州，众军全部集结完毕。

7 夏，四月一日，日食。

8 北魏南秦州刺史、陇西人李弼建议侯莫陈悦说："贺拔公无罪，而你把他杀害，又不抚纳他的部众，如今他们推举宇文夏州以来，声言为主报仇，其势不可敌，应该解除兵权，向他们道歉！不然，必遭大祸。"侯莫陈悦不从。

宇文泰引兵向陇地进发，留哥哥的儿子宇文导为都督，镇守原州。宇文泰军令严肃，秋毫无犯，百姓大悦。军出木狭关，雪深二尺，宇文泰倍道兼行，出其不意。侯莫陈悦听闻，退保略阳，留一万人守水洛。宇文泰抵达，水洛即刻投降。宇文泰派轻骑数百直扑略阳，侯莫陈悦退保上邽，召李弼与他一起抵御宇文泰。李弼知道侯莫陈悦必败，秘密遣使去见宇文泰，请为内应。侯莫陈悦抛弃州城，向南撤退以占据山中险要的地方自保。李弼对所部将士们说："侯莫陈公想要回秦州，你们赶快准备行装！"李弼的妻子，是侯莫陈悦的姨妈，众人都信以为真，争相前往上邽。李弼先占据城门，安抚集结他们，然后举城投降宇文泰，宇文泰即刻任命李弼为秦州刺史。

当天夜里，侯莫陈悦出军将战，军队自己惊溃。侯莫陈悦性猜忌，既败，也不听左右近己的话，与他的两个弟弟、儿子及谋杀贺拔岳者七八人弃军一起走。数日之中，盘旋往来，不知道该往哪里去。左右劝他去灵州依附曹泥，侯莫陈悦听从了建议。他自己乘一匹骡，令左右都步行跟从，想要走山路到灵州。宇文泰派原州都督贺拔颖追击，侯莫陈悦远远望见追骑，自缢于山野。

宇文泰进入上邽，任命薛憕为记室参军。没收侯莫陈悦府库，财物山积，宇文泰秋毫不取，全部赏给士卒；左右偷了一个银瓮回来，宇文泰知道后怪罪他，即刻将银瓮剖开，分赐给将士。

侯莫陈悦的党羽豳州刺史孙定儿据守州城，拒绝投降，有部众数万，宇文泰派都督、中山人刘亮袭击。孙定儿认为大军尚远，不为防备。刘亮先在近城高岭树立一面大旗，自己带领二十骑兵飞驰入城。孙定儿正在摆酒，众人突然看见刘亮已到，惊骇错愕，不知所措，刘亮麾下兵斩孙定儿，遥指城外大旗，命二骑兵说："出去召大军进城！"城中皆因恐惧而屈服，不敢动。

之前，故氐王杨绍先乘魏乱逃归武兴，再次称王。凉州刺史李叔仁为其百姓逮捕，氐人、羌人、吐谷浑所在地的叛乱蜂拥而起，自南岐至瓜州、鄯州，跨州据郡的不可胜数。宇文泰令李弼镇守原州，夏州刺史拔也恶蚝镇守南秦州，渭州刺史可朱浑道元镇守渭州，卫将军赵贵兼管秦州事务，征发豳州、泾州、东秦州、岐州四州的粟米以供军用。杨绍先惧，称藩，送妻子儿女为人质。

夏州长史于谨对宇文泰说：“明公据关中险固之地，将士骁勇，土地膏腴。今天子在洛，迫于群凶，若陈明您的诚心诚意，讲透时事的利害关系，请他迁都于函谷关以西，您便可以挟天子以令诸侯，奉王命以讨暴乱，这是建立齐桓公、晋文公那样的霸业，千载一时的机会！”宇文泰很欣赏他的战略。

丞相高欢听闻宇文泰平定秦陇地区，遣使送上厚礼，甜言蜜语以结交他，宇文泰不接受，封藏他的来信，派都督、济北人张轨拿去献给北魏主元修。斛斯椿问张轨说：“高欢逆谋，路人皆知。人们所仗恃的，唯在西边，不知道宇文泰比贺拔岳如何？”张轨说：“宇文公文足经国，武能定乱。”斛斯椿说：“如果像您说的那样，那是真可以依靠他。”

北魏主元修命宇文泰发二千骑兵镇守东雍州，作为增援力量，接着命宇文泰稍稍引军向东。宇文泰任命大都督、武川人梁御为雍州刺史，命他将步骑兵五千人前行。之前，丞相高欢派他的都督、太安人韩轨将兵一万人占据蒲坂，以救侯莫陈悦，雍州刺史贾显度派舟船去迎接。梁御见了贾显度，游说他跟从宇文泰，贾显度即刻出城欢迎梁御，梁御入据长安。

北魏主元修任命宇文泰为侍中、骠骑大将军、开府仪同三司、关西大都督、略阳县公，可以代表皇帝行使职权，给将士们封官拜爵。宇文泰于是任命寇洛为泾州刺史，李弼为秦州刺史，前略阳太守张献为南岐州刺史。南岐州刺史卢待伯不接受被替代，宇文泰派轻骑兵袭击，将他生擒。

侍中封隆之对丞相高欢说：“斛斯椿等如今在京师，必定会构成祸乱。”封隆之与仆射孙腾争着要娶北魏主元修的妹妹平原公主，公主最终嫁给了封隆之，孙腾把封隆之的话泄露给斛斯椿，斛斯椿报告皇帝。封隆之惧怕，逃还乡里，高欢召封隆之到晋阳。正巧孙腾带着兵器进入宫省，擅杀御史，惧怕被治罪，也逃跑投奔高欢。领军娄昭以生病为由辞职，也到晋阳归附高欢。皇帝任命斛斯椿兼领军，撤换都督及河南、关西诸刺史。华山王元鸷在徐州，高欢派大都督邸珍夺了他的钥匙，接管了徐州。建州刺史韩贤，济州刺史蔡俊，都是高欢党羽。皇帝干脆撤销建州，以清除韩贤，又令御史举报蔡俊罪状，以汝阳王元叔昭替代他。高欢上言说：“蔡俊对国家有大功勋，不可解夺他的职务；汝阳王功德卓越，应当给他一个更大的州；臣的弟弟高琛，现任定州刺史，可以让他避贤，把定州给汝阳王。”皇帝不听。

五月五日（原文“丙子”日，根据柏杨考证修改），北魏主元修增置宫廷宿卫武士，每厢六百人；又增加宿卫骑兵，每厢二百人。

元修假称南伐实欲讨伐高欢，被高欢识破

元修准备讨伐高欢，五月十日，下诏戒严，声称要御驾亲征，讨伐南梁。征发河南诸州兵，在洛阳举行大阅兵，南自洛水，北到邙山，皇帝全副武装，与斛斯椿亲临检阅部队。

六月六日，元修下密诏给丞相高欢，称：“宇文黑獭、贺拔胜颇有叛变或篡位的意图，所以朕假称南伐，秘密准备；你应该与我相互声援。请将此诏阅后即焚。”

高欢上表，认为：“荆州（贺拔胜）、雍州（宇文泰）将有逆谋，臣如今秘密布署兵马三万，渡过黄河向西，又派恒州刺史库狄干等将兵四万，从来违津渡过黄河，领军将军娄昭等将兵五万，以讨伐荆州，冀州刺史尉景等将山东兵七万、突骑五万以讨伐南梁，全军已经动员戒备，请陛下进一步指示！”

元修知道高欢已经察觉他的意图，于是将高欢表章出示给群臣，让他们商议，如何让高欢罢兵。高欢亦集合并州僚佐会议，并再次上表，说：“臣被嬖佞奸臣所离间，让陛下对我猜疑。臣如果胆敢辜负陛下，将身受天殃，断子绝孙。陛下如果相信臣这一片赤心，使干戈不动，那一两个进谗言的佞臣，愿陛下酌情将他们废黜。”

六月十六日，元修命大都督源子恭镇守阳胡，汝阳王元暹镇守石济，又任命仪同三司贾显智为济州刺史，率领豫州刺史斛斯元寿向东进

军，夺取济州。斛斯元寿，是斛斯椿的弟弟。

蔡俊拒绝交出济州，元修更加愤怒，六月二十日，元修整理洛阳文武官员会议意见，以答复高欢，并派舍人温子升撰写敕书，赐给高欢说："朕没有动用一尺长的兵器，就坐为天子，所谓生我者父母，贵我者高王。如果我无缘无故背弃高王，计划攻讨之事，我也甘愿身死国灭，断子绝孙，就如同大王您的誓言一样。只是最近担心宇文泰作乱，贺拔胜又响应他，所以动员部队戒严，想要与大王相互声援。不过，如今观察他们的所作所为，发现并没有背叛迹象。至于东南地区不肯顺服，为日已久，如今天下户口减半，不宜穷兵极武。朕既愚昧，不知道您所说的佞人是谁。之前诛杀高乾，岂只是朕一个人的意思！高敖曹跑去大王那里，忽然说他的哥哥死得冤枉，人的耳朵和眼睛，怎么这么容易被欺骗！就像我曾经听说，库狄干告诉大王您：'本来想要立一个懦弱者为皇帝，想不到立了一个年长不肯听话的，变得不可驾驭。如今只要给我十五天时间，就可把他废黜，改立其他人。'说这种话的，在大王那里，当然是您的忠臣，而不是佞臣！去年封隆之叛变，今年孙腾又逃去您那里，您既不加罪于他们，也不把他们遣返洛阳，谁能不怪大王您呢？大王您如果事君尽诚，何不斩了这二人的首级给我送来？大王虽然启奏说'西去'，而实际上四道俱进，有的南下洛阳，有的东临江左，说这种话的人自己都不信，听到的人能不起疑心吗？大王如果能心平气和地安坐北方，我这里虽然有百万大军，也终究没有对付你的意思；大王如果举旗南指，我就算没有一匹马，没有一只车轮，也要空手挥拳，和你争个你死我活！朕本来没有什么德行，是大王你自己要立我为帝。百姓无知，或许还真认为我堪当大任。假如我是被其他人所图，那是我的责任，正可彰显我的罪恶；假如是被大王您所杀，无论被囚受辱，还是粉身碎骨，我都了无遗恨！本望我们能君臣一体，像符信一样密合无间，想不到今日疏远到这个地步！"

【华杉讲透】

强行以人力成事，不懂得妥协，就是自杀

元修和高欢相互都谎话连篇，你知道我在对你撒谎，我也知道你在对我撒谎，但是我们还是相互一本正经地撒谎。在政治上，谎言是一种仪式，就如同祭祀天地的神谕。人类的道德，在私人之间，欺诈是邪恶的小人；在敌我之间，欺诈就是大智大勇的英雄。

元修最后这封给高欢的敕书，可以说是让人叹为观止！我反复读了好多遍，惊叹他能把谎话说得如此有理有据，大义凛然，把责任全推给高欢。元修剖心挖肺地赌咒发誓，又赤裸裸地发出你死我活的威胁。正应了司马迁评论商纣王的那句话："智足以拒谏，言足以饰非。"他的智慧足可以拒绝别人的谏劝，他的口才足可以掩饰自己的过错。但是，不管你多么有才，还得靠实力支撑，元修没有这个实力。

高欢立元修，也是为了要立一个长君，以安定国家，否则为什么不找一个小孩子好控制呢？但是，元修不愿意与高欢分享权力，而且不能忍耐，不能等待，这就提前摊牌了。牌一摊开，他手里又没牌，慌不择路，跑去投奔宇文泰，反而死在宇文泰手里。

德和位要相当，元修德不配位，使他自取灭亡。

我在本书中多次提到一句话："没有什么是理所应当，一切都是难得可贵；没有什么是一劳永逸，一切都需要不断获取。"元修把他的天子之位和皇帝的权力看得太理所应当了，而且想要一劳永逸，那就只能自己粉身碎骨。元修在敕书中说："若为他人所图，则彰朕之恶；假令还为王杀，幽辱齑粉，了无遗恨！"这真是一语成谶，最后杀他的是宇文泰，那就是彰显他的罪恶了。

高欢开始时并无篡位之心，就像王夫之说曹操并非一开始就要篡汉自立，都是看形势发展，无可无不可，不能势在必得。元修却反而要势在必得。

凡事不可势在必得，最后得到的人，都不是当初势在必得的人。一

开始就势在必得的人，往往死得最快。谋事在人，成事在天，随时要准备妥协。强行以人力成事，不懂得妥协，就是自杀，这都是千百年历史反反复复的教训。

另外，要修来福分，不要夺取胜利。表面上是争天下，本质上都是修德行。元修只看到“争”，看不到“修”，没理解游戏规则。

中军将军王思政对北魏主元修说：“高欢之心，昭然可知。洛阳不是用武之地，宇文泰心向王室，如今前往投奔他，再回故都平城，何愁不能胜利？”皇帝深以为然，派散骑侍郎、河东人柳庆到高平会见宇文泰，共论时事。宇文泰自请奉迎皇帝的车架，柳庆回去复命。皇帝又私下问柳庆：“朕想要投奔荆州（贺拔胜），如何？”柳庆说：“关中地形险要，宇文泰才略可依。荆州则并无要害可守，南边又被梁寇压迫，以臣愚见，看不出荆州有什么可取之处。”皇帝又问阁内都督宇文显和，宇文显和也劝皇帝向西。当时皇帝广征州郡兵，东郡太守、河东人裴侠率所部抵达洛阳，王思政问他：“如今权臣自作主张不服从命令，王室卑微，怎么办？”裴侠说：“宇文泰为三军所推举，又占据了百二之地（大略是可以以二当百的意思，关中地势险要，二夫当关，百夫莫开），正所谓已经拿起了刀，怎么能把刀把子递给别人呢！就算我们要去投奔他，恐怕也无异避汤入火吧！”王思政问：“那又该如何呢？”裴侠说：“讨伐高欢，即刻大祸临头，投奔宇文泰，有将来之忧。暂且到关右，再慢慢想办法吧。”王思政同意，向皇帝举荐裴侠，任命为左中郎将。

当初，丞相高欢认为洛阳久经丧乱，想要迁都于邺城，皇帝说：“高祖定鼎河、洛，为万世之基；大王既然对国家有功，应该遵照以前的制度。”高欢于是停止。现在，高欢再度考虑迁都，派三千骑兵镇守建兴，又增兵河东及济州，把诸州储备的粮食，全部运入邺城。皇帝下敕书给高欢说：“大王如果想要不遭舆论非议，唯有撤走进驻河东的士兵，撤销建兴指挥部，把你集中到相州的粮食送回各州，追回前往济州的部队。让蔡俊交出济州，邸珍退出徐州，刀枪入库，马放南山，让百姓能各事家业，如果缺少粮食，再另外运输。如此，进谗言的人自然闭嘴，我们也不会相互猜疑，大王高枕太原，朕垂拱京洛。反之，大王如果马头向南，要来问鼎之轻重，朕虽在军旅上没什么才能，为社稷宗庙之计，也不能不与你一战！何去何从，决定在于大王，不是朕所能定的。要堆成高山，不要因为只差最后一筐土没有堆成，希望我们双方都能珍惜！”高欢则上表极言宇文泰、斛斯椿罪恶。

北魏主元修任命广宁太守、广宁人任祥兼任尚书左仆射，加开府仪同三司，任祥弃官而走，渡过黄河，据守郡城，等待高欢。皇帝于是下令北方来的文武官员自己决定去留，又下制书数落高欢罪恶，召贺拔胜赴皇帝所在地。贺拔胜问太保掾、范阳人卢柔意见，卢柔说：“高欢悖逆，明公席卷兵马，奔赴京都，与他决一胜负，生死不悔，这是上策；北边增强鲁阳防务，向南兼并楚国旧地，东连兖州、豫州，西引关中，带甲百万，观望形势，伺机而动，这是中策；献出三荆之地，投降梁国，功名皆去，这是下策。”贺拔胜笑而不应。

元修任命宇文泰兼尚书仆射，为关西大行台，许诺把妹妹冯翊长公主嫁给他为妻，对宇文泰帐内都督、秦郡人杨荐说：“你回去告诉行台，派骑兵来接我。”任命杨荐为直阁将军。宇文泰以前秦州刺史骆超为大都督，率轻骑一千人赴洛阳，又派杨荐与长史宇文测出关等候迎接。

丞相高欢召弟弟、定州刺史高琛，命他镇守晋阳，又命长史崔暹辅佐他。崔暹，是崔挺的族孙。高欢勒兵向南，对部众宣告说：“我因为尔朱氏自作主张不服从命令，建大义于海内，奉戴主上，一片至诚，人神共鉴；不料横遭斛斯椿谗言构陷，以忠为逆，如今举兵向南，是要诛杀斛斯椿而已。”他以高敖曹为前锋。宇文泰也在各州郡传布声讨文书，数落高欢罪恶，自己率大军从高平出兵，前军屯驻弘农。贺拔胜则驻军于汝水。

秋，七月九日，北魏主元修亲率大军十余万，屯驻在黄河大桥，以斛斯椿为前锋，列阵于邙山之北。斛斯椿请率精骑二千夜渡黄河，乘高欢军长途行军疲敝，发动突袭。皇帝开始时很赞同。黄门侍郎杨宽对皇帝说：“高欢以臣伐君，有什么事情做不出来！如今把兵权交给别人，恐怕又生出其他变故。斛斯椿渡河而去，万一有功，那是灭了一个高欢，又生出一个高欢了。”皇帝于是下令斛斯椿停止行动，斛斯椿叹息说：“最近，荧惑星进入南斗星座，皇帝相信左右离间构陷，不用我的计策，难道是天意吗！”

宇文泰听闻，对左右说：“高欢数日行八九百里，此乃兵家大忌，应当乘机袭击他。而主上以万乘之重，不能渡河决战，只沿着渡口据守。而长河万里，很难防御。如果高欢能找到一处渡河，则大事去矣。”即刻任命大都督赵贵为别道行台，从蒲坂东渡黄河，攻击高欢根据地并州，又派大都督李贤率精骑一千人赴洛阳。

皇帝派斛斯椿与行台长孙稚，大都督、颍川王元斌之镇守虎牢，行台长孙子彦镇守陕县，贾显智、斛斯元寿镇守滑台。元斌之，是元鉴的弟弟；长孙子彦，是长孙稚之子。高欢派相州刺史窦泰攻打滑台，建州刺史韩贤攻打石济。窦泰与贾显智在长寿津遭遇，贾显智与他密约投降高欢，引军撤退。军司元玄察觉，飞驰回去，请求增援，皇帝派大都督侯几绍前往，战于滑台东，贾显智临阵叛变，率军投降高欢，侯几绍战死。北中郎将田怙为高欢内应，高欢率军秘密进入野王，皇帝知道了，斩田怙。高欢继续南下，距黄河北岸十余里，再次派使者向皇帝申诉自己的忠诚；皇帝不予理睬。七月二十六日，高欢引军渡河。

【华杉讲透】

谁都不可信是因为你自己不可信

元修不能信任斛斯椿，因为他不能信任任何人，贾显智、田怙都叛变了，谁知道斛斯椿会不会叛变呢？不过，绝对不存在杨宽说的那个道理，斛斯椿打胜了就会变成第二个高欢，哪有那么容易？就算是他要变成第二个高欢，也先把这第一个高欢灭了再说！这不是很明显的道理吗？元修的脑子就是这么没逻辑！

斛斯椿也不会投降高欢，因为高欢举的旗号就是来清君侧，杀斛斯椿的。元修如果谁也不能信任，唯一能信任的也只有斛斯椿了。他连解斯椿都不信，那还不如自己投降高欢算了。

再说说信任的道理，谁都不可信，是因为你自己不可信。所谓知行合一，如果你自己不是一个值得他人信赖的人，你就永远不可能理解什么叫信任，也就进入谁都不可信的恶劣生态了。元修就是一个不值得信赖的人，他怎么能有信得过的人呢？他信了杨宽的话，也并不是因为他信任杨宽，而是他永远会做出最错误的决策。至于他是怎么想的，恐怕他自己也不知道。

北魏主元修问计于群臣，有的主张投奔南梁，有的说向南去依靠贺拔胜，有的说向西去依靠宇文泰，有的说固守洛口死战，计议未决。元斌之在前线与斛斯椿争权，抛下军队跑回来，骗皇帝说："高欢兵已到！"七月二十七日，皇帝遣使召斛斯椿回军，于是率南阳王元宝炬、清河王元亶、广阳王元湛，在五千骑兵保护下，宿营于瀍水西岸，南阳王舍下的和尚惠臻拿着玉玺，手持千牛刀跟从（柏杨注：保护玉玺，应有掌玺官；保护皇帝，应有禁卫军；二者均不见，却由一个僧侣负责，显出元修的猜忌和宫廷的混乱）。众人知道皇帝将要西行，当夜，逃亡者过半，元亶、元湛也逃回洛阳。元湛，是元深之子。武卫将军、云中人独孤信单骑追上皇帝，皇帝叹息说："将军辞父母、舍弃妻子而来，'世乱识忠臣'，真不是虚言！"

元修逃奔长安，投奔宇文泰

七月二十八日，皇帝西奔长安，在崤山中与宇文泰派来增援的李贤相遇。

七月二十九日，高欢入洛阳，住在永宁寺，派领军娄昭等去追皇帝，请皇帝东还。镇守陕城的长孙子彦不能抵挡，弃城逃走。高敖曹率劲骑追皇帝，一直追到陕西，没有追上。皇帝鞭马狂奔，干粮米糊都没有，有两三天，侍从官员都只能喝上山涧里的水。到了湖城，有王思村居民以麦饭壶浆献给皇帝，皇帝喜悦，免除一村十年赋税。走到稠桑，潼关大都督毛鸿宾迎接，献上酒食，侍从官员才解除了饥渴之苦。

八月四日，丞相高欢召集百官，对他们说："要解救为难、消除混乱，如果君王在的时候不能谏诤，走的时候又不陪从，平时争宠争荣，危急时则抛下君王逃窜，臣节何在！"众人无言以对，兼尚书左仆射辛雄说："主上只与他身边的亲信商量大事，我们都不得参与。后来，主上乘御驾去西边的时候，我们如果立即跟随，就和那些佞臣是一路货色；留下来等待大王呢，又以我们没有跟皇帝走来责难，我们无论进退，都无法逃脱罪责。"高欢说："卿等备位大臣，当以身报国。奸臣当权时，卿等曾经说过一句谏争的话吗！让国家走到这个地步，不是你们的责任，又是谁的责任！"于是逮捕辛雄及开府仪同三司叱列延庆、兼吏部尚书崔孝芬、都官尚书刘廞、兼度支尚书天水人杨机、散骑常侍元士弼，全部处死。

崔孝芬的儿子、司徒从事中郎崔猷，从小路逃到关西，北魏主元修命他担任原职，并兼任奏门下事。高欢推举司徒、清河王元亶为大司马，代表皇帝行使职权，在尚书省办公。

宇文泰派赵贵、梁御率重装骑兵两千人奉迎皇帝，皇帝沿着黄河西行，对梁御说："此水东流，而朕西上。如果此生能再回洛阳，亲诣陵庙，都是卿等的功劳。"皇帝及左右皆流涕。宇文泰备妥仪仗卫队，迎接皇帝，谒见于东阳驿，脱下帽子流涕说："臣不能遏制寇虐，让陛下流离，臣之罪也。"皇帝说："公之忠节，远近皆知。是朕自己缺少品德，以致遭到寇暴，今日相见，深感羞愧。我将社稷委托给您，请您全力以赴！"将士皆呼万岁。于是皇帝进入长安，以雍州州府为皇宫，大赦。任命宇文泰为大将军、雍州刺史，兼尚书令。军国大政，全部由宇文泰决定。又另外设置两位尚书，分掌机要事务，由行台尚书毛遐、周惠达担任。当时军国草创，二人积蓄粮储，修治器械，简选士马，朝廷都依靠他们。宇文泰娶冯翊长公主，拜驸马都尉。

之前，荧惑星进入南斗星座，离去之后，又回来，停留六十天。南梁皇帝萧衍因为民间传言："荧惑入南斗，天子下殿走。"于是光脚下殿，以化解天变。后来，听闻元修西奔，惭愧说：“难道蛮虏也能上应天象吗？”

9 八月九日，南梁任命武兴王杨绍先为秦州、南秦州二州刺史。

10 八月十一日，北魏丞相高欢亲自去追迎魏主。

八月十八日，清河王元亶下制大赦。高欢抵达弘农。

九月十三日，高欢派行台仆射元子思率领侍从官员前往迎接皇帝；九月二十九日，进攻潼关，攻克，生擒毛鸿宾，进兵屯驻华阴长城，龙门都督薛崇礼献出城池，投降高欢。

贺拔胜委任长史元颖处理荆州事务，镇守南阳，自己率所部西赴关中。走到淅阳，听闻高欢已屯驻华阴，想要撤回，行台左丞崔谦说：“如今帝室颠覆，主上蒙尘，您应该倍道兼行，到皇帝所在地朝见，然后与宇文行台同心勠力，倡举大义，天下谁不望风响应！如今舍此而退，恐怕人心解散，一失事机，后悔何及！”贺拔胜不听，于是撤回。

高欢也撤退，屯驻河东，派行台尚书长史薛瑜镇守潼关，大都督库狄温镇守封陵，筑城于蒲津西岸，任命薛绍宗为华州刺史，任命高敖曹兼管豫州事务。

高欢从晋阳出发以来，前后上书皇帝四十次，皇帝都不理睬。高欢于是东还，派行台侯景等引兵向荆州，荆州平民邓诞等逮捕元颖以响应侯景。贺拔胜赶到，侯景迎击，贺拔胜兵败，率数百骑兵投奔南梁。

高欢拥立清河王世子元善见为帝，迁都邺城，东魏建立

11 北魏主元修在洛阳时，秘密派阁内都督、河南人赵刚召东荆州刺史冯景昭率兵入援，兵还未及出发，元修已西行入关。冯景昭召集府中文武商议该怎么办，司马冯道和建议据守本州，等候来自北方的命令。赵刚却说：“您应该勒兵奔赴皇帝所在地。”众人呆坐很久，再也没有一个说话的。赵刚抽出佩刀，掷于地上，说：“您如果要做忠臣，请斩冯道和；

如果要从贼，就赶快杀了我！”冯景昭感悟，即刻率众奔赴关中。

侯景引兵进逼穰城，东荆州平民杨祖欢等起兵响应，在半途邀击冯景昭，冯景昭战败，赵刚逃入蛮夷地区。

冬，十月，丞相高欢抵达洛阳，又派和尚道荣将一份奏折交与孝武帝元修说：“陛下如果赐下一道诏书，许诺回到京师，臣当率文武百官，清扫宫殿，恭迎圣驾；如果返回正位的日期无法确定，则七庙不可无主，万国须有所归，臣宁负陛下，不负社稷。”皇帝还是不搭理。高欢于是集合百官耆老，商议另立新君。当时清河王元亶已经认为帝位非他莫属，出入按皇帝的规格严加戒备，清道止行，高欢觉得他简直就是个小丑，于是说：“自孝明帝（元诩）以来，昭穆失序，永安（元子攸）以孝文帝（元宏）为伯考，永熙（现任皇帝元修）又把孝明帝（元诩）的牌位迁到别的厢房，帝业衰败，皇帝在位时间都太短，就是这个原因。”于是立清河王的世子元善见为帝，对元亶说：“我也想要立大王您，但是不如立大王之子。”元亶不能自安，轻骑南走，高欢把他追回。

十月十七日，孝静帝元善见即位于城东北，时年十一岁。大赦，改年号为天平。

宇文泰进军攻潼关，斩薛瑜，俘虏其卒七千人，回长安，进位为大丞相。

东魏行台薛修义等西渡黄河，占领杨氏壁。西魏司空参军、河东人薛端纠率村民击退东魏兵，收复杨氏壁，丞相宇文泰派南汾州刺史苏景恕镇守。

【华杉讲透】

至此，北魏分裂，分为高欢控制的东魏和宇文泰控制的西魏。

12 十月十八日，西魏任命信武将军元庆和为镇北将军，率众讨伐东魏。

13 当初，北魏孝武帝元修既与丞相高欢有矛盾，齐州刺史侯渊、兖州刺史樊子鹄、青州刺史东莱王元贵平秘密结盟，以观时变；侯渊亦派出使者，和高欢通和言好。后来元修入关，清河王元亶承制，任命汝阳王元暹为齐州刺史。元暹抵达城西，侯渊并未及时开城门迎接。城中居民刘桃符等秘密带元暹入城，侯渊率骑兵卫士出走，妻子儿女及私人部曲都被元暹俘虏。侯渊走到广里，正巧元亶以皇帝的名义命他兼管青州事务。高欢写信给侯渊说："你不要担心自己部曲人少，就害怕东行。齐人浅薄，唯利是从，齐州尚能迎汝阳王，青州岂不能开城门迎接你吗！"侯渊于是转头向东，元暹归还了他的妻子儿女和部曲武装。

元贵平也拒绝移交权力，侯渊袭击高阳郡，攻克。他把辎重安置在城中，自己率轻骑在城外游动抢掠。元贵平派他的世子率众攻打高阳，侯渊则乘夜进攻东阳，遇到向州府缴纳粮食的运输车队，骗他们说："朝廷军队已到，将我们杀戮殆尽。我，是世子的人，逃脱回城，你们还要往哪里去！"听到的人都弃粮逃走。天亮之后，侯渊又对路上的行人说："朝廷军昨夜已到高阳，我是前锋，今天到这里，不知侯公现在何处？"城民心中恐惧，逮捕元贵平出降。十月十九日，侯渊斩元贵平，把首级送到洛阳。

14 十月二十一日，东魏任命赵郡王元谌为大司马，咸阳王元坦为太尉，开府仪同三司高盛为司徒，高敖曹为司空。元坦，是元树的弟弟。

丞相高欢认为洛阳西边逼近西魏，南面又临近南梁边境，于是商议迁都邺城，命令下达三天后，即刻出行。十月二十七日，东魏主元善见从洛阳出发，四十万户人家狼狈上路。没收百官的马匹，职位在尚书丞郎以上，但不是陪驾随从官员的，全部下令他们乘驴。高欢自己留下，安排部署，事毕之后，回到晋阳。改司州为洛州，任命尚书令元弼为洛州刺史，镇守洛阳。任命行台尚书司马子如为尚书左仆射，与右仆射高隆之、侍中高岳、孙腾一起留守邺城，共同管理朝政。元善见下诏，因为刚从洛阳迁到邺城的百姓还没有产业，发放粟米一百三十万石以赈济。

15 十一月，兖州刺史樊子鹄据守瑕丘，反抗东魏，南青州刺史大野拔率众前往投奔他。

16 十一月十二日，东魏主元善见抵达邺城，住进北城相州州府官舍，改相州刺史为司州牧，魏郡太守为魏尹（魏郡郡府在邺城，如今邺城为京师，京师长官就不称太守，而成为京兆尹了）。

当时，宿卫部队跟从孝武帝元修西行的不到一万人，高欢把其余的都迁到北方，照常发薪俸，春秋两季另行赏赐绸缎布帛以供缝制衣服，除了日常的用度外，遇到丰收年，以绢布折价购买粟米，以供军国之用。

17 十二月，西魏丞相宇文泰派仪同李虎、李弼、赵贵攻击曹泥于灵州。

18 闰十二月，南梁信武将军元庆和攻克濑乡，进驻占领。

元修酒后中毒身亡，宇文泰拥立元宝炬为帝

19 北魏孝武帝元修闺门无礼，与他乱伦而不能嫁人的堂妹就有三人，都封为公主。平原公主明月，与南阳王元宝炬是一母所生，跟随元修入关，丞相宇文泰派元氏诸王逮捕元明月，诛杀。皇帝不悦，有时弯弓，有时用铁椎锤击桌子，由此又与宇文泰有矛盾。

闰十二月十五日，皇帝饮酒，遇毒崩殂（得年二十五岁）。

宇文泰与群臣商议再立谁为皇帝，人们大多推举广平王元赞。元赞，是元修哥哥的儿子。侍中、濮阳王元顺，在别的厢房流涕对宇文泰说："高欢逼逐先帝，立幼主以专权，明公应该反其所为。广平王年幼，不如立长君而奉之。"宇文泰于是奉太宰南阳王元宝炬（本年二十八岁），立他为帝。元顺，是元素的玄孙。

孝武帝元修的灵柩被停放在草堂佛寺。谏议大夫宋球恸哭呕血，几天都不吃一粒饭，不喝一口水，宇文泰因他是名儒，也不加罪。

20 北魏贺拔胜在荆州任上时，上表举荐武卫将军独孤信为大都督。东魏既取荆州，西魏任命独孤信为都督三荆州诸军事、尚书右仆射、东南道行台、大都督、荆州刺史，以招怀他。

蛮夷酋长樊五能攻破淅阳郡以响应西魏，东魏西荆州刺史辛纂想要讨伐他，行台郎中李广进谏说："淅阳四面无人居住，只有一座孤城，山路深远艰险，里里外外都是蛮夷。如今派的兵少吧，不能制贼；派多了，则后方虚弱。万一不如意，大挫威名，人心一去，州城难保。"辛纂说："岂可纵贼不讨！"李广说："如今我们真正的忧虑在于心腹之患，哪有工夫去治疗皮肤上的疮啊癣啊这样的小毛病？听说朝廷军队不久就应该到了，明公只需约束部属，坚守城池，完善城防工事，安抚居民人心，等待朝廷支援。虽然丢了淅阳，那也不足为惜。"辛纂不听，遣兵进攻，兵败，诸将也逃去不回。

城里居民秘密召请独孤信。独孤信到了武陶，东魏派恒农太守田八能率群蛮在淅阳抵御独孤信，又派都督张齐民率步骑兵三千人绕到独孤信身后。独孤信对他的部众说："如今我军士卒不满千人，首尾受敌，如果还军攻击张齐民，则土民认为我们撤退，必定争相前来邀击；不如进击田八能，击破田八能，则张齐民不战自溃。"于是击破田八能，乘胜袭据穰城。辛纂勒兵出战，大败，奔还回城。城门还未来得及关上，独孤信令都督、武川人杨忠为前锋，杨忠呵斥守门者说："大军已至，城中有内应，尔等要求生，何不避走！"于是门卫士兵一哄而散。杨忠率众入城，斩辛纂示众，城中因恐惧而屈服。独孤信分兵平定三荆。半年后，东魏高敖曹、侯景将兵掩杀到城下，独孤信兵少不敌，与杨忠一起投奔南梁。

卷第一百五十七　梁纪十三

（公元535年—537年，共3年）

高祖武皇帝十三

大同元年（公元535年）

元宝炬于长安即位，西魏建立

1 春，正月一日，南梁大赦，改年号为大同。

2 同日，西魏魏文帝元宝炬即位于长安城西，大赦，改年号为大统，追尊亡父京兆王元愉为文景皇帝，亡母杨氏为皇后。

3 北魏渭州刺史可朱浑道元之前依附侯莫陈悦，侯莫陈悦死后，丞相宇文泰攻打他，不能攻克，于是与他结盟，撤军。可朱浑道元世代居住在怀朔，与东魏丞相高欢友好。而且他的母亲和哥哥都在邺城，所以经常与高欢联系。宇文泰想要攻击，可朱浑道元率所部三千户向西北从乌兰津渡过黄河，抵达灵州，灵州刺史曹泥资送他到云州。高欢听闻，送去物资和粮食迎候，拜他为车骑大将军。可朱浑道元到了晋阳，高欢才知道孝武帝元修已死，启请为元修举哀，为他服丧。东魏主元善见命群臣商议，太学博士潘崇和认为："君王对臣民不守礼法，则臣民没有义务为他服丧，所以商汤之民不为夏桀哭丧，周武王的百姓也不为商纣举哀。"国子博士卫既隆、李同轨认为："高皇后在去年事变时，虽然没有跟着一起西去，但也没有断绝名分，应该为他服丧。"东魏主采纳了卫既隆、李同轨的意见。

【华杉讲透】

潘崇和的意见："君遇臣不以礼则无反服。"胡三省注解说，是引用自《礼记》，反服，就是丧服。鲁缪公问子思："为旧君服丧，是古礼吗？"子思说："古代君王，擢升臣子时有礼，解除臣子职务时也有礼。所以，臣子才有为旧君服丧之礼。如今的君王，对人好的时候恨不得把人抱在膝盖上坐着，不用人的时候又恨不得把他推入深渊。还说什么要为旧君穿丧服！"

再者，《孟子》中，齐宣王问："按礼仪，臣子要为旧君服丧，在什么情况下才如此呢？"孟子说："臣子进谏，君王能听，造福于百姓。臣子因故离开，君王派人把他送出国境，并且先派人到他要去的地方，替他都安排好。臣子离开，过了三年都没回来，君王才收回他的采邑。这就叫'三有礼'，君王把这三项礼节都做到了，君王死的时候，臣子就为他服丧。而今天的君王，臣子进谏的话他从不采纳，不能为百姓造福，臣子要离开，他就把臣子抓起来，或者派人到他去的地方把他杀掉，而且在他离开的当天，就没收他的采邑。这样的君王，是臣子的仇人而已，哪有替仇人服丧的道理？"

潘崇和引用这个道理，有点不合时宜，因为他讲的是春秋时期的礼。那时候君王，都是指诸侯王，臣子们呢，此处不留爷，自有留爷处，凡是人才，都是各诸侯国君争取的对象，所以有这个礼。秦汉之后，君王不是诸侯王，而是只承认一个的正统天子，"礼"就变了。

至于商汤之民不为夏桀服丧，周武之民不为商纣举哀，那是改朝换代，本来就是来杀他的，不鞭他的尸已经就算是客气了，哪有什么服丧之礼？

卫既隆、李同轨拿高皇后说事，高皇后是高欢的女儿，嫁给元修。虽然结论对，但也不是正礼。服不服丧，是政治问题，元修是高欢拥立的皇帝。高欢虽然与元修兵戎相见，但始终在政治上保持臣礼，前后几十次上书解释，表面文章滴水不漏。元修到长安后，高欢还派和尚道荣去请他回来，并说："如果陛下不能确定返回正位的时间，那宗庙不能无主，臣宁愿辜负陛下，不能辜负国家。"这才立了新君。元修是宇文泰所杀，高欢为元修服丧，就是给宇文泰定罪，否定西魏政权的合法性，以示自己才是正统。如果高欢也不承认元修，那东魏、西魏就没区别了。

4 西魏骁骑大将军、仪同三司李虎等招谕费也头的部众，与他们一起攻打灵州，前后四十天，灵州刺史曹泥请降。

5 正月二日，西魏擢升丞相略阳公宇文泰为都督中外诸军、录尚书事、大行台，封安定王；宇文泰坚决推辞王爵及录尚书，于是封安定公。任命尚书令斛斯椿为太保，广平王元赞为司徒。

6 正月八日，西魏主元宝炬立妃乙弗氏为皇后，儿子元钦为皇太子。皇后仁恕节俭，不妒忌，皇帝非常敬重她。

7 稽胡部落酋长刘蠡升，自孝昌年间以来，自称天子，改年号为神嘉，居住在云阳谷。北魏边境经常被他糟蹋，称他为"胡荒"。正月十五日，东魏丞相高欢发动袭击，大破刘蠡升。

8 高欢的世子高澄，与高欢的小妾郑氏通奸，高欢回来，一个婢女向他告密，两个婢女做证。高欢打了高澄一百棍，将他幽禁，高澄的生母娄妃也隔绝不得相见。高欢纳了魏敬宗元子攸的皇后尔朱氏为妾，宠爱她，生下儿子高浟，高欢想要立高浟为世子。高澄求救于司马子如。

司马子如入见高欢，假装啥也不知道，请见娄妃。高欢告诉他缘故。司马子如说："我儿子司马消难也和我的小妾私通，这种事只能遮盖，哪能自曝家丑！王妃是大王的结发妻子，当初以父母家财支持大王；大王在怀朔被杖打，背上没有一块皮肤是完整的，王妃昼夜服侍；后来，为躲避葛荣，同走并州，贫困交加，王妃燃烧马粪，给你煮饭，又为你缝制皮靴；这样的恩义，怎能忘记！你们夫妻感情和睦，女儿嫁给皇帝，儿子继承大业。况且娄领军（娄妃的弟弟娄昭）的功勋，怎能抹杀！一个女子，就如同一根草芥，更何况那婢女之言，根本就不必相信！"

高欢让司马子如重新调查。司马子如见了高澄，斥责他说："男儿为什么要畏惧父威，而诬陷自己！"然后教两个做证的婢女翻供，又胁迫告密者上吊自杀，然后向高欢报告说："果然是假的。"高欢大悦，召娄妃及高澄。娄妃远远看见高欢，一步一叩头，高澄也且拜且进。父子、夫妇相泣，和好如初。高欢置酒说："成全我们父子的，就是司马子如！"赐给他黄金一百三十斤。

【华杉讲透】

不要去参与别人亲人之间的矛盾

这个告密婢女的教训，非常深刻，就是"自古疏不间亲"！你是疏远的，你不要去参与人家亲人之间的矛盾。比如他夫妻不和，找你诉苦，你支持他离婚。后来人家和好了，你就成了他家仇人。儿子和父亲的小妾通奸，在那种帝王和贵族人家，稀松平常，武则天不就是李治父皇的小妾吗？就像司马子如毫不脸红地跟高欢说的："我儿子也跟我的小妾通奸呢，这种事掩盖起来就算了。"高欢让司马子如重新调查，并不是要查个水落石出，而是要他掩盖而已。怎么掩盖？就是谁说的，就杀了她。没杀那两个做证的婢女，在他们看来，自己已经很克制了。婢女无知，不知道自己在那样的社会，只是一根草芥，王妃王妾都是草芥，何况婢女！

9 正月十七日，西魏任命广陵王元欣为太傅，仪同三司万俟寿洛干为司空。

10 正月二十二日，东魏任命丞相高欢为相国，假黄钺，给予特殊礼仪；高欢坚决推辞。

11 东魏大行台尚书司马子如率大都督窦泰、太州刺史韩轨等攻打潼关，西魏丞相宇文泰驻军于霸上。司马子如与韩轨回军，夜里从蒲津渡过黄河，攻打华州。当时州城正在修缮城墙，还未完成，梯子就靠在城墙外，拂晓时分，东魏人乘梯而入。刺史王罴还在睡觉，听到阁外人声喧哗，光着头和身子，赤着双脚，手持一根木棒，大呼而出，东魏人见了，惊慌退却。王罴一路追击到东门，左右稍稍集结，合战，击破东魏军，司马子如等于是撤退。

12 二月四日，南梁皇帝萧衍祭祀明堂。

13 二月五日，东魏任命咸阳王元坦为太傅，西河王元悰为太尉。

14 东魏派尚书右仆射高隆之征发十万民夫拆除洛阳宫殿，把拆下来的木材运到邺城。

15 二月十日，南梁皇帝萧衍亲耕天子籍田。

16 东魏仪同三司娄昭等攻打兖州（三州结盟事，见去年记载），樊子鹄命前胶州刺史严思达守东平。娄昭攻下东平，接着引兵包围瑕丘，久攻不下，以水灌城。二月十二日，南青州刺史大野拔见樊子鹄议事，乘机斩下他的首级，投降。

开始时，樊子鹄因为兵少，把老弱全部裹挟入伍作战，樊子鹄死，这些人各自散走。诸将劝娄昭全部抓捕诛杀，娄昭说："此州不幸，横遭残害，盼望官军来拯救他们于生灵涂炭之境，如今我们反而诛杀他们，百姓将向谁控诉？"于是全部赦免，不予追究。

17 二月二十一日，南梁司州刺史陈庆之讨伐东魏，与豫州刺史尧雄交战，不利而还。

18 三月十五日，东魏任命高盛为太尉，高敖曹为司徒，济阴王元晖业为司空。

19 东魏丞相高欢假意与占据云阳谷称帝的变民首领刘蠡升约和，许诺把自己的女儿嫁给他的太子。刘蠡升不设防备，高欢举兵袭击。三月十五日，刘蠡升的北部王斩下刘蠡升首级，投降。刘蠡升余众又立其子南海王，高欢进击，生擒南海王，俘虏其皇后、诸王、公卿及以下的官员四百余人，汉人、夷人五万余户。

三月二十六日，高欢来到邺城朝拜孝静帝元善见，把之前嫁给孝武帝元修为皇后的女儿，再嫁给彭城王元韶。

宇文泰命所司制定二十四条新法规

20 西魏丞相宇文泰因为军事行动不能停止，官吏和百姓都疲敝不堪，命所司斟酌古今制度，选择适合现实的方案，制定二十四条新法规，上奏皇帝得到批准后开始执行。

宇文泰用武功人苏绰为行台郎中，过了一年多，宇文泰对他也并不了解和重视，而朝廷官员们都称赞他的才能，有疑惑的事，都去请教他裁决。宇文泰与仆射周惠达论事，周惠达答不上来，请求出去找人商议。出去之后，告诉苏绰，苏绰为他分析决策，周惠达再进去报告宇文泰，宇文泰称善，说："谁跟你出的这个主意？"周惠达回答说是苏绰，并且称赞苏绰有辅佐君王之才，宇文泰于是擢升苏绰为著作郎。

宇文泰与公卿到昆明池参观打鱼，走到汉朝传下来的仓池，回头问左右这是什么地方，没人知道。宇文泰召苏绰问他，苏绰娓娓道来。宇文泰悦，又问他天地造化之始，历代兴亡之迹，苏绰应对如流。宇文泰与苏绰并马徐行，到了昆明池，竟然没有张设渔网，即行返回。于是留下苏绰，一直到晚上，问以政事。宇文泰开始时躺着听，苏绰指陈为治之要，宇文泰起身，整衣端坐，不知不觉双膝向前靠近苏绰，两人一直谈到天明，也不厌倦。第二天一早，宇文泰对周惠达说："苏绰真奇士！我要把政事交给他。"即日拜他为大行台左丞，参典机密，从此宠遇日隆。苏绰制定的政府文书管理、汇报及批示的流程，财政计账及户籍管理之法，后人多遵循使用。

21 东魏任命封延之为青州刺史，替代侯渊（侯渊夺取州刺史事，见去年记载）。侯渊既失州任，心中恐惧，走到广川时便造反，夜袭青州南面的外城，劫掠郡县。夏，四月，丞相高欢派济州刺史蔡俊讨伐侯渊。侯渊部下多叛，侯渊想要向南逃奔南梁，路上被一个卖酒的商人斩杀，其首级被送到邺城。

南梁元庆和攻打东魏多城

22 南梁镇北将军元庆和攻打东魏城父，丞相高欢派高敖曹率三万人增援项县，窦泰率三万人增援城父，侯景率三万人增援彭城，任命任祥为东南道行台仆射，节度诸军。

23 五月，西魏加授丞相宇文泰为柱国大将军。

24 南梁镇北将军元庆和引兵进逼东魏南兖州，东魏洛州刺史韩贤抵抗。六月，元庆和攻打南顿，被东魏豫州刺史尧雄击破。

25 秋，七月三十日，西魏任命开府仪同三司念贤为太尉，万俟寿洛干为司徒，开府仪同三司越勒肱为司空。

26 南梁益州刺史、鄱阳王萧范，南梁州刺史樊文炽，合兵包围西魏晋寿，西魏东益州刺史傅敬和前往南梁军大营投降。萧范，是萧恢之子；傅敬和，是傅竖眼之子。

27 西魏主元宝炬下诏数落高欢二十条罪状，并说："朕将亲自统率六军，与丞相扫除凶恶的国贼。"高欢也向西魏传布声讨文书，称宇文泰、斛斯椿为逆徒，且言："如今分头命令诸将，领兵百万，刻期西讨。"

28 东魏派行台元晏反击南梁元庆和。

29 有人控告东魏司空、济阴王元晖业与七兵尚书薛琡，与西魏暗中勾结。八月十七日，二人被逮捕，执送晋阳交高欢处置，都被免官。

30 甲午，东魏征发民夫七万六千人在邺城建造新宫，命仆射高隆之与司空胄曹参军辛术共同主持建造工程，筑成的邺城南城，周长二十五里。辛术，是辛琛之子。

31 之前逃入蛮夷地区的北魏阁内都督赵刚（赵刚之事，见公元534年记载），自蛮中去见东魏东荆州刺史、赵郡人李愍，劝他归附西魏，李愍听从，赵刚由此得到机会去长安。丞相宇文泰任命他为左光禄大夫。赵刚建议宇文泰从南梁召回贺拔胜、独孤信等，宇文泰派赵刚前往南梁邀请。

32 九月十四日，东魏任命开府仪同三司、襄城王元旭为司空。

33 冬，十月，西魏太师、上党文宣王长孙稚去世。

34 西魏秦州刺史王超世，是丞相宇文泰的妻兄，他骄傲贪污，宇文泰奏请皇帝，对他施加刑法，皇帝下诏，将他赐死。

35 十一月五日，南梁侍中、中卫将军徐勉去世。徐勉的骨鲠正直，虽然不如范云，但是也从不阿意苟合，所以南梁之世，说到贤相，都称赞范云、徐勉二人。

36 十一月十一日，东魏主元善见在圜丘祭天。

37 十一月十二日（原文甲午，根据柏杨考证修改），东魏阊阖门火灾。此门刚建成时，高隆之乘马远望，对工匠说："西南角高了一寸。"量之果然。太府卿任忻集自负他的建造精巧，不肯改。高隆之怀恨在心，至此向丞相高欢进谗言说："任忻集秘密与西魏勾结，令人故意烧毁阊阖门。"于是高欢将任忻集处斩。

38 南梁北梁州刺史兰钦引兵攻打南郑，西魏梁州刺史元罗举州投降。

39 东魏任命丞相高欢之子高洋为骠骑大将军、开府仪同三司，封太原公。

高洋内心明决果断，但表面上看起来傻傻的，兄弟及众人皆鄙视他；唯独高欢认为他不同凡响，对长史薛琡说："此儿见识之深广，思虑之周详，都超过我。"孩子们幼年时，高欢曾想观察他们的思考能力，让他们各自去清理乱丝，唯独高洋，抽刀就把丝斩断了，说："乱者必斩！"

又有一次，高欢给儿子们各自配兵，派他们分别到各地负责防务，然后，让都督彭乐率铁甲骑兵假装攻击，哥哥高澄等都惶怖不知所为，唯独高洋勒兵与彭乐格斗，彭乐脱下头盔，说明真情，高洋仍生擒彭乐，向高欢献俘。

当初，大行台右丞杨愔的堂兄、岐州刺史杨幼卿，因为直言，为孝武帝元修所杀，同僚郭秀嫉妒杨愔的才能，吓唬他说："高王要把你交给皇帝处置。"杨愔惧，变姓名逃于田横岛。过了很久，高欢听说杨愔还在，召他回来，任命为太原公开府司马，不久，又恢复为大行台右丞。

40 十二月二十二日，东魏对文武官员，根据事务繁简轻重，发给薪俸。

41 西魏任命念贤为太傅，河州刺史梁景睿为太尉。

42 本年，南梁鄱阳妖贼鲜于琛改年号为上愿，有部众一万余人。鄱阳内史、吴郡人陆襄前去讨伐，将他生擒，查问惩办他的党羽，是非分明，没有滥杀一个人。百姓歌颂他说："鲜于平后善恶分，民无枉死赖陆君。"

西魏与柔然和亲，约定柔然不再入寇西魏

43 柔然头兵可汗求婚于东魏，丞相高欢以常山王的妹妹为兰陵公主，嫁给他为妻。柔然数次入侵西魏，西魏派中书舍人库狄峙出使柔然，与柔然约定和亲，由此柔然也不再侵犯西魏。

二年（公元536年）

1 春，正月九日，西魏主元宝炬在南郊祭祀天神，改由神元皇帝配享。（神元皇帝，是始祖拓跋力微。元宏在位时，以道武帝拓跋珪配享。元宝炬则再往前推到始祖拓跋力微。）

2 正月二十二日，东魏丞相高欢亲自率领骑兵一万人突袭西魏夏州，行军途中不生火煮饭，只吃干粮，四天就到了。他们把长矛捆缚成梯子，夜里攀爬城墙而入，生擒刺史斛拔俄弥突。高欢命斛拔俄弥突继续担任刺史，留都督张琼将兵镇守，迁斛拔俄弥突部落五千户归晋阳。

3 西魏灵州刺史曹泥与他的女婿、凉州刺史、普乐人刘丰生，再次叛变，投降东魏。西魏派兵围城，引水灌其城，城中房屋被淹到还剩四尺在水面上。东魏丞相高欢征发阿至罗骑兵三万人，直扑灵州，绕到西魏军队之后，西魏军撤退。高欢率骑兵迎接曹泥与刘丰生，护送他们的部众五千户而归，任命刘丰生为南汾州刺史。

4 东魏赠送丞相高欢九锡；高欢坚决辞让而止。

5 南梁皇帝萧衍为文帝（亡父萧顺之）修建皇基寺以祈福，命有司求良材。曲阿人弘氏从湘州买巨型木材东下，南津校尉孟少卿想要求媚于皇帝，诬陷说弘氏是强盗，杀了他，没收他的木材，用来建造皇基寺。

【胡三省注】

杀无罪之人，夺取他的木材来建造寺庙以祈福，这样能祈来福吗？

6 二月四日，南梁皇帝萧衍亲耕天子籍田。

7 东魏勃海世子高澄，时年十五岁，任大行台、并州刺史，自请入邺城辅佐朝政，丞相高欢不许。丞相主簿、乐安人孙搴为他再请求，于是批准。

二月二十六日，任命高澄为尚书令，加领军、京畿大都督。东魏朝廷官员们虽然听闻他的器局和见识，但还是觉得他不过一个少年。高澄到任之后，用法严峻，雷厉风行，朝廷内外都为此感到震惊，同时肃然起敬。高澄引荐并州别驾崔暹为左丞、吏部郎，对他十分亲信和重用。

8 司马子如、高季式召孙搴喝大酒，孙搴竟然大醉而死。丞相高欢亲临其丧。司马子如叩头请罪，高欢说："你折断了我右臂，给我找一个能替代的来！"司马子如举荐中书郎魏收，高欢任命魏收为主簿。魏收，是魏子建之子。

又一天，高欢对高季式说："你饮杀我孙主簿，魏收处理文书，我不满意。司徒（高季式的哥哥高敖曹）曾经说起一个人很谨慎、严密，是谁？"高季式回答说，是司徒记室、广宗人陈元康，并说："他在黑夜里不点灯都能写字，麻利得很。"高欢召见陈元康，一见面，即刻任命为大丞相功曹，掌管机密，又升任大行台都官郎。当时军国事务繁多，陈元康问无不知。有一次高欢外出，临行，让陈元康跟在他身后，高欢在马上口述号令九十余条，陈元康屈指细数，全部记得。陈元康与功曹、平原人赵彦深共同执掌机密，时人称之为"陈、赵"。而陈元康地位在赵彦深之上，性格又柔和谨慎，高欢非常亲信他，说："这样的人实在难得，真是天赐我也！"赵彦深名赵隐，字彦深，平时以字行。

9 东魏丞相高欢令阿至罗出兵进逼西魏秦州刺史万俟普，高欢率部众响应。

10 三月七日，南梁丹杨人陶弘景去世。陶弘景博学多才艺，好养生之术。他在南齐时任奉朝请（特准参加御前会议），后弃官，隐居茅山。萧衍当皇帝之前，就与他有交往，即位之后，对他十分礼遇，每次收到他的信，都要先焚香，再虔诚展读。萧衍屡次以手敕召他入朝做官，陶弘景不出山。国家每有吉凶征讨大事，萧衍都要先咨询他意见，经常一个月要通好几封信，时人谓之“山中宰相”。陶弘景临死时，写诗说：“夷甫任散诞，平叔坐论空。岂悟昭阳殿，遂作单于宫！”当时士大夫竞相空谈玄理，不习武事，所以陶弘景写了这诗。

【华杉讲透】

陶弘景，就是茅山道士的创始人了。他诗里写的，夷甫是王衍，事见公元311年记载；平叔是何晏，事见公元249年记载，二人都以空谈误国载入史册。陶弘景讽刺当朝大夫们，成天空谈，恐怕以后昭阳殿会变成单于宫了。十三年后，侯景之乱，侯景攻陷宫城，住进昭阳殿。道教就声称陶弘景有先知法术。

要说空谈玄理，皇帝萧衍排名第一。陶弘景拒绝出山任事，但他的诗也是空谈。空谈的人空谈说别人空谈，这是空对空。

11 三月十三日，东魏任命华山王元鸷为大司马。

12 西魏任命凉州刺史李叔仁为司徒，万俟洛为太宰。

13 夏，四月二十五日，南梁任命骠骑大将军、开府同三司之仪元法僧为太尉。

14 南梁尚书右丞、考城人江子四上呈密奏，极言政治得失。五月三日，皇帝萧衍下诏说：“古人有言，‘屋漏在上，知之在下’。朕有过失，不能自觉，江子四这几封奏章所言，尚书可以时常加以检查，对百姓有害的政策措施，应该马上向我报告！”

15 五月二十八日，东魏高盛去世。

16 西魏越勒肱去世。

17 西魏秦州刺史万俟普与儿子太宰万俟洛、豳州刺史叱干宝乐、右卫将军破六韩常及督将三百人逃奔东魏，丞相宇文泰派轻骑追赶，至龙门西河以北一千余里，没有追上，只好返回。

18 秋，七月一日，东魏大赦。

19 南梁皇帝待北魏降将贺拔胜等非常优厚，贺拔胜请求讨伐高欢，皇帝不许。贺拔胜等思念家乡，想要北归，前荆州大都督、抚宁人史宁对贺拔胜说："凡是朱异说的话，梁主没有不听从的，你要跟他好好结交。"贺拔胜听从。皇帝批准贺拔胜、史宁及卢柔北还，亲自在南苑为他们饯行。贺拔胜感怀皇帝的恩情，从此见鸟兽向南飞或跑的，都不射击。走到襄城，东魏丞相高欢派侯景以轻骑拦截，贺拔胜等弃舟从山路逃归，跟随者又冷又饿，一大半人在路上死亡。到了长安，他们到皇宫门前谢罪。西魏主拉着贺拔胜的手嘘唏说："君王（元修）逃难，是天意，不是你的罪过。"丞相宇文泰引荐卢柔为从事中郎，与苏绰共同主掌机密。

20 九月四日，东魏任命定州刺史侯景兼尚书右仆射、南道行台，督诸将准备侵犯南梁。

21 西魏任命扶风王元孚为司徒，斛斯椿为太傅。

22 冬，十月八日，南梁皇帝萧衍下诏，大举讨伐东魏。东魏侯景将兵七万侵犯楚州，俘虏刺史桓和；进军淮河，南、北司二州刺史陈庆之将他击破，侯景抛弃辎重逃走。

十一月二日，南梁撤回北伐大军。

23 西魏将始祖神元皇帝（拓跋力微）改称为太祖，道武皇帝（拓跋珪）为烈祖。

24 十二月，东魏任命并州刺史尉景为太保。

25 十二月六日，东魏遣使向南梁请和，南梁皇帝批准。

26 东魏清河文宣王元亶去世。

27 十二月十一日，东魏丞相高欢督诸军讨伐西魏，派司徒高敖曹进攻上洛，大都督窦泰攻打潼关。

28 十二月十七日，东魏任命咸阳王元坦为太师。

29 本年，西魏关中发生大饥荒，人相食，死者十分之七八。

高祖武皇帝十三

大同三年（公元537年）

1 春，正月，南梁皇帝萧衍在南郊祭天，大赦。

东、西魏交战于小关，东魏大将窦泰战死

2 东魏丞相高欢驻军于蒲坂，造三座浮桥，准备渡河。西魏丞相宇文泰驻军于广阳，对诸将说："敌人对我军做三面攻击，建造浮桥，以示必渡。这是想要牵制我军，让窦泰得以乘虚向西深入而已。高欢自起兵

以来，窦泰常为前锋，其部下多是锐卒，屡战屡胜，十分骄傲，现在我们去袭击他，必定攻克。攻克窦泰，则高欢不战自走。”诸将都说：“敌人就在眼前，如今舍近而袭远，如果有什么差失，就后悔莫及了！不如分兵抵御。”丞相宇文泰说：“高欢两次攻打潼关，我军主力从未离开灞上，如今大举而来，他以为我们也会跟从前一样采取守势，有轻视我军之心。乘此机会袭击，何愁不能攻克？敌人虽然建造浮桥，也不能马上渡河，不过五日，我必定攻取窦泰！”行台左丞苏绰，中兵参军、代人达奚武也同意宇文泰的看法。

正月十四日，丞相宇文泰返回长安，诸将还各有不同意见。丞相宇文泰不再谈论他的计划，问族子、直事郎中宇文深，宇文深说：“窦泰，是高欢的骁将，如今大军攻蒲坂，则高欢拒守而窦泰救援，我军表里受敌，这是危道。不如选轻锐偷渡小关，窦泰急躁，必来决战，高欢稳重，不会马上救援，我军急攻窦泰，必可将他擒获。擒了窦泰，则高欢沮丧，再回师攻他，可以决胜。”丞相宇文泰喜悦说：“这正是我所想的！”于是声言要退守陇右。

正月十五日，宇文泰谒见西魏主元宝炬，然后引军秘密向东移动，正月十七日拂晓，抵达小关。窦泰突然听闻西魏军杀到，从风陵渡口渡河，丞相宇文泰进抵马牧泽，攻击窦泰，大获全胜，窦泰士众全部阵亡，窦泰自杀，其首级被送到长安。东魏丞相高欢因为河面冰薄，不能赴救，撤浮桥而退，仪同、代人薛孤延殿后，一日之中砍断十五把刀，才得以逃脱。西魏丞相宇文泰也引军还师。

东魏南路军高敖曹自商山辗转而行，所向无敌，于是进攻上洛。郡人泉岳与弟弟泉猛略及顺阳人杜窋等密谋翻墙出城接应，洛州刺史泉企收到消息，杀泉岳及泉猛略。杜窋逃后归附高敖曹，高敖曹以他为向导，发动攻击。高敖曹被流箭射中，洞穿三处，昏死过去良久，苏醒后再次上马，脱下头盔绕城巡查。泉企固守十余天，两个儿子泉元礼、泉仲遵力战抵抗敌人的进攻，泉仲遵眼睛受伤，不能再战，城池于是沦陷。泉企见了高敖曹，说：“我力量用尽了，并非心服也。”高敖曹任命杜窋为洛州刺史。高敖曹伤势很重，说：“只遗憾没能看见我弟弟高季式当上刺史。”丞相高欢听闻，即刻任命高季式为济州刺史。

高敖曹准备攻入蓝田关，高欢派人告诉他说：“窦泰全军覆没，恐怕会动摇军心，你最好迅速撤回。道路远险，敌军强盛，你自己能回来就行了。”高敖曹不忍心抛弃部众，力战，全军而还，让泉企、泉元礼跟随自己。泉仲遵因为伤重不能行走。泉企私底下告诫两个儿子说：“我这辈子已经没有多少日子了，你们的才器，足以立功。不要因为我在东魏，就亏损臣节。”泉元礼在路上逃回。泉、杜两家虽然都是土豪，但当地乡人轻视杜家，而敬重泉家。泉元礼、泉仲遵秘密联合当地豪强，袭击杜窋，杀了他，西魏任命泉元礼世袭洛州刺史。

3 二月二十二日，南梁皇帝萧衍亲耕天子籍田。

4 二月二十四日，南梁任命尚书左仆射何敬容为中权将军，护军将军萧渊藻为左仆射，右仆射谢举为右光禄大夫。

5 西魏槐里发现神玺，大赦。

6 四月六日（原文为三月，根据柏杨考证修改），东魏迁七位已故皇帝的灵位入新庙，大赦。

7 西魏太傅斛斯椿去世。

8 夏，五月，西魏任命广陵王元欣为太宰，贺拔胜为太师。

9 六月，西魏任命扶风王元孚为太保，梁景睿为太傅，广平王元赞为太尉，开府仪同三司、武川王元盟为司空。

10 东魏丞相高欢游览汾阳天池，得到一块奇石，上面隐约有文字“六王三川”。他向行台郎中阳休之询问其意，阳休之回答说：“六，是大王您的名字（高欢乳名贺六浑）；王，是要统治天下。河、洛、伊为三条河流，泾、渭、洛也是三条河流。大王如果接受天命，终当尽有关、洛的大片土地。”高欢说：“世人无事常说我要造反，何况再听了这话！你谨慎，不要妄言！”阳休之是阳固之子。行台郎中、中山人杜弼找机会劝高欢接受禅让，高欢举杖将他打走。

11 东魏派兼任散骑常侍的李谐访问南梁，以吏部郎卢元明、通直侍郎李业兴为副使。李谐是李平的孙子，卢元明是卢昶的儿子。

秋，七月，李谐等抵达建康，南梁皇帝接见，与他们谈话，他们应对如流。李谐等出门离去，皇帝目送，对左右说：“朕今日遇上劲敌。你们曾说北方全无人物，这些人又是从哪里来的呢？”当时邺城风流人物，以李谐及陇西人李神俊、范阳人卢元明、北海人王元景、弘农人杨遵彦、清河人崔赡为首。李神俊名李挺，是李宝的孙子；王元景名王昕，是王宪的曾孙。他们都以表字行世。崔赡，是崔㥄之子。

当时南、北通好，都相互炫耀人才英俊，出使访问或接待对方使节的，必定是精选出的当时最杰出的人，没有才华的人不得参与。每次南梁使者到邺城，全城都为之倾动，家庭高贵优越的子弟盛装聚集观看，礼物赠送优渥，旅馆门口简直变成集市。宴会之日，高澄常派人暗中观察，每当有妙语压倒来使，高澄为之鼓掌。东魏使者到南梁建康，也是这种盛况。

12 独孤信（西魏大都督，与都督杨忠于公元534年投奔南梁）请求回到北方，南梁皇帝萧衍批准。独孤信父母都在山东，皇帝问他要去哪儿，独孤信说：“事君者不敢顾私亲而怀二心。”皇帝赞赏他的大义，以丰厚的礼送他。独孤信与杨忠一起到了长安，上书谢罪。西魏认为独孤信有攻取三荆的功劳，擢升他为骠骑大将军，加侍中、开府仪同三司，其余官爵如故。丞相宇文泰爱杨忠之勇，留他在自己帐下。

13 西魏直事郎宇文深劝丞相宇文泰攻取恒农。八月十四日，宇文泰率李弼等十二将讨伐东魏，任命北雍州刺史于谨为前锋，攻打盘豆，拔取。二十五日，抵达恒农。二十七日，攻拔，生擒东魏陕州刺史李徽伯，俘虏其战士八千人。

当时黄河以北诸城多归附东魏，左丞杨檦向宇文泰说，他的父亲杨猛曾经做过邵郡白水县令，认识当地豪杰，自请前往游说，以取邵郡。宇文泰批准。杨檦于是与土豪王覆怜等举兵，逮捕邵郡太守程保及县令四人，斩首。宇文泰上表保举王覆怜为郡守，又派间谍游说晓谕东魏诸城堡，十天半月之间，很多人都归附了。

东魏派东雍州刺史司马恭镇守正平，西魏司空从事中郎、闻喜人裴邃准备攻打正平，司马恭弃城逃走，宇文泰任命杨檦为行正平郡事，执掌正平。

14 南梁皇帝萧衍修建长干寺阿育王塔，在旧塔中发现佛祖的指甲、头发和舍利子。

八月二十八日，皇帝前往长干寺，设无碍大会，大赦。

15 九月，柔然为西魏入侵东魏三堆，东魏丞相高欢迎击，柔然退走。

行台郎中杜弼认为在任的文武官员大多贪污，向丞相高欢建议惩治。高欢说："杜弼，你过来，我跟你说！天下贪污习俗已久。如今督将家属多在关西，宇文泰经常招诱他们，人心去留未定；江东还有一个吴翁萧衍，专事衣冠礼乐，中原士大夫向往他，认为他是正统所在。我如果急于整顿纲纪，毫不宽恕，恐怕督将尽归宇文泰，士子全投奔萧衍。人物流散，何以为国！你应该稍微忍耐一下，我不会忘记这件事。"

高欢将要出兵和西魏作战，杜弼请先除内贼。高欢问内贼是谁，杜弼说："这些掠夺百姓的勋贵就是。"高欢不回答，让军士们张弓搭箭，举起大刀，手握长矛，夹道罗列，命杜弼从中间走过去，杜弼战栗流汗。高欢这才徐徐晓谕他说："箭虽然在弦上，却并没有射出；刀虽然举起，却并没有砍下；长槊虽然按在手里，却并没有刺出，你已经亡魄失胆。这些人身犯锋镝，百死一生，就算他们贪鄙，却有更大贡献，岂可与常人相比！”杜弼于是叩头谢罪，承认自己见识不及。

高欢每次号令军士，常令丞相属、代郡人张华原宣旨，对鲜卑人就说：“汉人是你们的奴隶，男的为你们耕田，女的为你们织布，缴纳粟米布帛，让你们得以温饱，你们为什么要欺凌他们？”对汉人则说：“鲜卑人是你们的雇工，得你们一斛粟、一匹绢，就为你们杀敌击贼，让你们得以安宁，你们为什么要恨他们？”

当时鲜卑人都轻视汉人，唯独忌惮高敖曹。高欢号令将士，常说鲜卑语，而只要高敖曹在列，高欢就说汉语。高敖曹从上洛回来，高欢任命他为军司、大都督，统领七十六个都督。任命司空侯景为西道大行台，与高敖曹及行台任祥、御史中尉刘贵、豫州刺史尧雄、冀州刺史万俟洛共同治兵于虎牢。

高敖曹与北豫州刺史郑严祖进行握槊比赛，刘贵召郑严祖，高敖曹正在兴头上，不放他走，用枷把使者锁住。使者说：“上枷容易脱枷难。”高敖曹拿起刀，就在枷上把人头砍下，说：“又有何难！”刘贵不敢计较。第二天，刘贵与高敖曹同坐，外面有人进来报告，说整治黄河的役夫，淹死很多。刘贵说：“汉人的命就值一枚铜钱，随他死！”高敖曹怒，拔刀就砍刘贵。刘贵赶紧跑回营寨，高敖曹鸣鼓会兵，要攻打刘贵。侯景、万俟洛一起解劝，过了很久才平息。高敖曹曾经到丞相府，门卫不放他进去，高敖曹操起弓箭就射，高欢知道了，也不责备他。

16 闰九月二日，任命武陵王萧纪为都督益州、梁州等十三州诸军事、益州刺史。

宇文泰渭水河湾列阵，沙苑之战以少胜多大败高欢

17 东魏丞相高欢将兵二十万从壶口直指蒲津，命高敖曹将兵三万攻击黄河以南地区。当时关中饥荒，西魏丞相宇文泰所将将士不满一万人，在恒农就地征粮五十余日，听说高欢将要渡河，便引兵入关。高敖

曹于是包围恒农。高欢右长史薛琡对高欢说：“西贼连年饥馑，所以冒死来入陕州，想要夺取粮仓存粮。如今高敖曹已包围陕城，粮食无法运出。我们只需要在各主要道路布防封锁，不与他们野战，等到秋收之时，他们的百姓自然就都饿死了，何愁元宝炬、宇文泰不投降？最好不要渡河。”侯景说：“这次举兵，形势极大，万一不能取胜，很难收场。不如分为二军，相继而进，前军若胜，后军全力；前军若败，后军增援。”高欢不听，从蒲津渡过黄河。

西魏丞相宇文泰遣使警诫华州刺史王罴，王罴对使者说：“老罴当道卧，貉子哪得过？”高欢到冯翊城下，对王罴喊话：“何不早降？”王罴大声呼喊：“此城是王罴坟墓，死生在此。想死的就来！”高欢知道攻不下，于是渡过洛水，驻军于许原西。

宇文泰到了渭南，征发诸州士兵，都还未能会师。宇文泰想要进击高欢，诸将认为寡不敌众，建议等待高欢继续西进，观察形势，再做决定。宇文泰说：“高欢如果到了长安，则人心大为动摇；如今趁他远来新到，可以出击！”即刻在渭水建造浮桥，令军士自带三日干粮，轻骑渡过渭水，辎重则在渭水对岸沿着河岸向西运送。

冬，十月一日，宇文泰抵达沙苑，距东魏军六十里。诸将皆惧，唯有宇文深前来道贺。宇文泰问他缘故，宇文深说：“高欢镇抚河北，很得人心。他如果只是防守，我们不容易对付他。如今他悬师渡河，并不是手下将领们所情愿的，只是高欢损失了窦泰，感到羞耻，为了雪耻，不听劝谏而来，这正是兵法所谓忿兵，可以一战而擒。事理昭然，我为什么不道贺！请授给我一个符节，我去征发王罴部队，截断他的退路，杀得他们一个不剩！”

宇文泰派须昌县公达奚武去侦察高欢军情，达奚武带着三个骑兵，都穿上东魏将士衣服，日暮时分，离东魏军营数百步下马，偷听得口令，然后上马巡视诸营，跟巡夜宪兵一样，有不遵守军法的，就鞭挞惩罚，如此把全营看得清清楚楚，然后安全返回。

高欢听说宇文泰已到，十月二日，引兵前进。侦察骑兵报告说高欢兵将到，宇文泰召诸将谋议。开府仪同三司李弼说：“敌众我寡，不可平地列阵，此处往东十里有渭水河湾，可以先占领阵地，等他们来。”宇文泰听从，背水东西列阵，李弼为右拒，赵贵为左拒，命将士都偃戈埋伏于芦苇中，约定听到鼓声就起身战斗。

大约午后三时至五时，东魏兵抵达河湾，都督、太安人斛律羌举说：“宇文泰举国而来，要决一死战，譬如疯狗，或许真能吃人。况且这渭水河湾，芦苇草深，土地泥泞，无法用力，不如慢慢与他们对峙，秘密分精锐直取长安，他老巢被端，则宇文泰不战而擒。”高欢说：“纵火焚烧芦苇，如何？”侯景说：“我们应当生擒宇文泰以示百姓，如果烧死烧焦了，谁相信是宇文泰死了呢？”彭乐也盛气请斗，说：“我众贼寡，百人擒一，何忧不克？”高欢听从。

东魏兵望见西魏兵少，争相进击，阵列全乱了。两兵将交，丞相宇文泰鸣鼓，芦苇荡中将士皆奋起，于谨等六军与之合战，李弼等率铁骑拦腰横击，东魏兵中间被截断为二，于是西魏大胜。

李弼的弟弟李檦，身材短小，勇猛非凡，每次跃马陷阵，隐身于鞍甲之中，敌人望见都说：“避开这个小娃！”宇文泰叹道：“胆量、决心已到如此程度，何必非要八尺之躯？”征虏将军、武川人耿令贵杀伤甚多，盔甲衣裳全部血红，宇文泰说：“观其甲裳，足以知耿令贵之勇，何必数他割下多少首级？”彭乐乘醉深入西魏军阵，西魏兵刺中他，肠子流出来，他把肠子塞进去，继续作战。东魏丞相高欢想要收兵再战，命张华原拿名册到各营点兵，没有一个应声的，回来报告高欢说：“人都走了，全是空营！”高欢还不肯走。阜城侯斛律金说：“众心离散，不可再用，应该急向河东！”高欢据鞍不动，斛律金挥鞭抽打他的马，这才驰去。夜，渡河，船离岸较远，高欢改骑骆驼，才得以上船渡河。此战东魏丧失甲士八万人，抛弃盔甲武器十八万件。

宇文泰追高欢到河岸，选留俘虏的甲士二万余人，其他的全部放回。都督李穆说：“高欢已经被杀破了胆，速速追击，可以把他擒获。”宇文泰不听，还军渭南，之前所征召的部队才刚到，于是在战场上每人种一棵柳树，以展示武功。

侯景对高欢说：“宇文泰新胜而骄，必不为备，愿得精骑二万，径往取之。”高欢告诉娄妃，娄妃说：“如果真像他说的那样，侯景又岂有回来之理！得了宇文泰，而失去侯景，有什么好处呢？”高欢于是没有让侯景出兵。

西魏加授丞相宇文泰为柱国大将军，李弼等十二将皆进爵增邑，各有等差。

高敖曹听闻高欢战败，放弃恒农，退保洛阳。

【华杉讲透】

决策切忌情绪化

这一段精彩纷呈，可圈可点之处很多。先说高欢之才，我们可以说，高欢太难了！要团结这些骄兵悍将，协调民族矛盾，可以说他是政治太极高手。

再说那被高敖曹砍头的刘贵使者，他死在争胜之心，逞口舌之快，要和高敖曹斗气，一句话激得高敖曹激情杀人，他就做了冤鬼。

情绪影响决策，决定命运。高欢如此缜密，还是败在自己的情绪上，为雪耻而兴忿兵，《孙子兵法》说“主不可怒而兴师，将不可愠而致战”，就是说这种情况。而高欢此次出师西魏，和刘备为关羽报仇出兵东吴一样，手下没有一个人愿意跟随的，这又犯了《孙子兵法》五事七计的第一条，即“道、天、地、将、法”的“道”，道者，令民与上同意也。上下同欲者胜，这是第一条。这一仗，只有他想打，将士们不想打。而西魏呢，都是上下齐奋，决一死战，这形势就不一样了。

既已是忿兵，上了战场，又成了骄兵。那敌军埋伏在芦苇中，本来已经想到了用火攻，侯景却担心把宇文泰烧焦了认不出来！这是何等荒谬！简直让人怀疑他是不是宇文泰派来的。将领轻狂，士兵们也大意，认为自己人多，扑上去就打，以致乱了阵形，成了一盘散沙，被宇文泰收拾了。

战败之后，侯景说再给他两万人，他能打败宇文泰，那是空口说大话，还是“道、天、地、将、法”，他哪一条能有胜算？高欢派人拿名册点兵都没人应声，现在谁愿意跟他渡河去找死？天时地利自然是他都不占，论将，侯景又怎么跟宇文泰比？更何况宇文泰援兵刚到，他去面对的是一个更强大的宇文泰。

从此战前后侯景的表现来看，此人绝对不可信任，当然不能让他带走两万人自己去干。

十月十八日，西魏行台宫景寿等率军向洛阳挺进，被东魏洛州大都督韩贤击退。州民韩木兰作乱，被韩贤击破。一贼藏匿在尸体间，韩贤亲自检查战场，收拾铠甲武器，贼一跃而起，举刀就砍，韩贤小腿被砍断，去世。

西魏再派行台、冯翊王元季海与独孤信率步骑兵二万人攻向洛阳，洛州刺史李显进攻三荆，贺拔胜、李弼包围蒲坂。

东魏丞相高欢西征时，蒲坂平民敬珍对他的族兄敬祥说：“高欢逼走皇帝，天下忠义之士，都想把利刃插在他的肚腹上。如今又称兵西上，我想与兄长起兵，断其归路，这是千载一时的机会。”敬祥听从，纠合乡里，数日，有部众一万余人。正巧高欢从沙苑败归，敬祥、敬珍率众邀击，斩获甚众。贺拔胜、李弼至河东，敬祥、敬珍率猗氏等六县十余万户归附西魏，丞相宇文泰任命敬珍为平阳太守，敬祥为行台郎中。

东魏秦州刺史薛崇礼守蒲坂，别驾薛善，是薛崇礼的族弟，对薛崇礼说：“高欢有逐君之罪，我和兄长得到朝廷的赏赐，世代承蒙国家恩惠，如今朝廷大军已到，而我们还为高氏固守。一旦城池陷落，首级装在盒子里送到长安，署为逆贼，死有余愧。现在投诚，要好得多。”薛崇礼犹豫不决。薛善与族人砍开城门，纳入西魏军，薛崇礼出走，被追上抓获。丞相宇文泰进军蒲坂，派军占领汾州、绛郡，凡是薛氏参与开城之谋者，全部赐五等爵。薛善说：“背弃谋逆者，归附君王，这是做臣子的必备节操，岂容全家大小都得到封邑！”与弟弟薛慎坚决推辞，不接受。

东魏行晋州事封祖业弃城逃走，仪同三司薛修义追到洪洞，劝封祖业回去守城，封祖业不听。薛修义返回晋州，安定百姓、固守防务。西魏仪同三司长孙子彦引兵至城下，薛修义大开城门，埋伏甲士，等他进城。长孙子彦难测虚实，于是退走。丞相高欢任命薛修义为晋州刺史。

独孤信到了新安，高敖曹引兵北渡黄河。独孤信进逼洛阳，洛州刺史、广阳王元湛弃城而逃，跑回邺城。独孤信于是占据金墉城。孝武帝元修西迁之时，散骑常侍、河东人裴宽对弟弟们说："天子既已向西，我们不可以东附高氏。"率家属逃于大石岭。独孤信进入洛阳，才出山相见。当时洛阳荒废，人士流散，唯有河东人柳虬在阳城，裴诹之在颍川，独孤信征召他们，任命柳虬为行台郎中，裴诹之为开府属。

东魏颍州长史贺若统逮捕刺史田迄，举城投降西魏，西魏都督梁回进入州城据守。前通直散骑侍郎郑伟起兵陈留，攻打东魏梁州，抓获其刺史鹿永吉。前大司马从事中郎崔彦穆攻打荥阳，抓获其太守苏淑，与广州长史刘志都投降西魏。郑伟，是郑先护之子。丞相宇文泰任命郑伟为北徐州刺史，崔彦穆为荥阳太守。

十一月，东魏行台任祥率督将尧雄、赵育、是云宝攻打颍川，丞相宇文泰派大都督宇文贵，乐陵公、辽西人怡峰率步骑兵两千人救援。行军到阳翟，尧雄等军已离颍川三十里，任祥率众四万人继其后。诸将都认为"敌众我寡，不可争锋"。宇文贵说："尧雄等认为我们兵少，必定不敢前进。等他与任祥合兵攻打颍川，城池必定危急。如果贺若统陷没，我辈坐在这里干什么？如今进据颍川，有城可守，又出其不意，必定击破敌军！"于是急行军进据颍川，背靠城墙，列阵以待。尧雄等兵到，合战，西魏军大胜。尧雄逃走，赵育请降，俘虏其士卒一万余人，全部释放遣返。任祥听闻尧雄战败，不敢前进，宇文贵与怡峰乘胜进逼，任祥退保宛陵。宇文贵追上，攻击，任祥军大败。是云宝杀死阳州刺史那椿，献出阳州，投降西魏。西魏任命宇文贵为开府仪同三司，是云宝、赵育为车骑大将军。

都督、杜陵人韦孝宽攻打东魏豫州，攻拔，抓获其行台冯邕。韦孝宽名叔裕，以字行世。

【华杉讲透】

什么事都有连锁反应，决策时要多往后想几步

这一段，连锁反应。什么事都有连锁反应，所以决策时要多往后想几步，否则就难以收场。

东西魏并立，只能有一个政权是合法的。双方都争夺政权的合法性，而合法性从哪里来呢？从军事胜利来。一旦你战败，手下就人心浮动，要重新站队。而平民中的豪杰也乘势而起，要做大丈夫——大丈夫处世，立功名，取富贵，封妻荫子。敬珍对敬祥说，高欢逼走皇帝，天下忠义之士都恨不得杀他。那他早为什么不起义呢？因为那时候起义没利益，他忠义是假，机会来了是真。再说高欢只是逼走皇帝，宇文泰还杀了皇帝呢！谁的罪大？

这一段还有一个有意思的，薛修义守晋州城，留下了一个空城计的真实案例。

18 十一月十五日，东魏任命骠骑大将军、仪同三司万俟普为太尉。

19 南梁司农张乐皋等出使东魏报聘。

20 十二月，西魏行台杨白驹与东魏阳州刺史段粲战于蓼坞，西魏军战败。

21 西魏荆州刺史郭鸾攻打东魏东荆州刺史、清都人慕容俨，慕容俨昼夜抵抗二百余日，乘间出击郭鸾，大破西魏军。当时东魏黄河以南诸州多失守，唯独东荆州得以保全。

河间人邢磨纳、范阳人卢仲礼、卢仲礼的堂弟卢仲裕等都起兵占领沿海地区，以响应西魏。

东魏济州刺史高季式有部曲一千余人，马八百匹，盔甲武器完备。

濮阳平民杜灵椿等为盗，聚众近万人，又是攻城又是在野外抢劫。高季式派出骑兵三百人，一战将杜灵椿生擒，又攻击阳平贼路文徒等，全部讨平，于是远近肃清。有人对高季式说：“濮阳、阳平属于京畿内的郡，不奉诏命，贼人又没有入侵我郡境内，何必急匆匆派私人军队远战！万一失利，岂不反而获罪？”高季式说：“你这句话，就是不忠！我与国家同安共危，岂有见贼而不讨之理！况且贼人就是知道朝廷军队一时半会儿来不了，又不怀疑外州有兵去打他，我乘其无备，必定将他击破。就算因此获罪，我也无怨无悔！”

卷第一百五十八　梁纪十四

（公元538年—544年，共7年）

高祖武皇帝十四

大同四年（公元538年）

1 春，正月一日，日食。

2 东魏砀郡捕获一只巨象，送到邺城。正月七日，东魏大赦，改年号为元象。

3 二月十日，南梁皇帝萧衍亲耕天子籍田。

4 东魏大都督、善无人贺拔仁攻打西魏南汾州，刺史韦子粲投降，丞相宇文泰屠灭韦子粲全族。

东魏大行台侯景等治兵于虎牢，准备收复河南诸州，西魏梁回、韦孝宽、赵继宗都弃城西归。侯景攻打广州，数十天未能攻拔，听闻西魏救兵将至，集合诸将商议，行洛州事卢勇自告奋勇，到前线观察形势。

于是率骑兵一百人到大隗山，与西魏军遭遇。当时已是黄昏时分，卢勇多置幡旗于树顶；夜里分骑兵为十队，鸣起号角，冲入敌营，生擒西魏仪同三司程华，斩仪同三司王征蛮而还。广州守将骆超于是献出城池，投降东魏，丞相高欢任命卢勇兼管广州的事务。卢勇，是卢辩的堂弟。于是南汾州、颍州、豫州、广州等四州重新回到东魏版图。

5 当初，柔然头兵可汗刚返国时，侍奉北魏，非常尽礼。永安年以后，雄据北方，渐渐骄慢倨傲，虽然信使不绝，但不再称臣。头兵可汗曾经到过洛阳，心中向慕中国，于是设置侍中、黄门等官职。后来，他得到汝阳王的典签淳于覃，对他十分宠爱信任，任命为秘书监，让他掌管文书。两魏分裂之后，头兵可汗转而不逊，数次成为边患。西魏丞相宇文泰因为新近定都关中，又要和东魏作战，想要和他联姻，以安抚他，以舍人元翌的女儿为化政公主，嫁给头兵可汗的弟弟塔寒。宇文泰又报告西魏主元宝炬，请废黜乙弗皇后，娶头兵可汗的女儿。二月十五日，命乙弗皇后出家做尼姑，命扶风王元孚前往柔然，迎接头兵可汗的女儿为皇后。头兵可汗于是扣留东魏使者元整，也不再遣使到东魏报聘。

6 三月二日，东魏丞相高欢以沙苑之败，自请解除大丞相职务，皇帝元善见下诏批准；不久，又恢复如故。

7 柔然将头兵可汗的女儿送到西魏，嫁妆有：车七百乘、马一万匹、骆驼两千头。到了黑盐池，与西魏派往迎接的卤簿仪卫相遇。柔然的营幕，门都向东开，扶风王元孚请正南面，皇后说："我还未见到魏主，还是柔然女儿。魏国仪仗队可以面向南方，我自己面向东方。"

三月十七日，立皇后郁久闾氏。三月十八日，大赦。任命王盟为司徒。丞相宇文泰到长安朝见，再返回屯驻华州。

8 夏，四月二日，东魏高欢到邺城朝见皇帝，四月四日，返回晋阳。

9 五月十六日，东魏派兼散骑常侍郑伯猷出使南梁报聘。

10 秋，七月，东魏荆州刺史王则侵犯南梁淮南。

11 七月六日，南梁皇帝萧衍下诏，因为东冶（东郊冶炼场）苦工李胤之得到如来佛舍利子，大赦。

东、西魏对阵河桥，最终打成平手

12 东魏侯景、高敖曹等包围西魏独孤信于金墉城，东魏太师高欢率大军跟在后面。侯景纵火烧毁洛阳全部内外官衙及民居，只剩下十分之二三。西魏主元宝炬打算入洛阳祭拜园陵，正巧独孤信等告急，于是与丞相宇文泰一起东下，命尚书左仆射周惠达辅佐太子元钦守长安，开府仪同三司李弼、车骑大将军达奚武率骑兵一千人为前锋。

八月三日，丞相宇文泰抵达谷城，侯景等计划严阵以待其至，仪同三司、太安人莫多娄贷文请率所部击其前锋，侯景等坚决制止。莫多娄贷文仗恃其勇，自用自专，不接受命令，与可朱浑道元率一千骑兵前进。夜，与李弼、达奚武于孝水遭遇。李弼命军士擂鼓呐喊，在马尾后拖曳树枝来回奔走，扬起冲天尘土（假装兵多），莫多娄贷文退走，李弼追击，将他斩首，可朱浑道元单骑逃回，部众全部被俘虏，送到恒农。

宇文泰进军瀍水东岸，侯景等夜里解除洛阳包围，撤退。宇文泰率轻骑追侯景，追到黄河岸边。侯景列阵，北据河桥，南接邙山，与宇文泰合战。宇文泰的马被流箭射中，惊恐逃逸不见，宇文泰坠地，东魏兵追上来，左右都失散了，都督李穆下马，用马鞭抽打宇文泰背部，骂道："你这狼狈小兵！你的长官呢，为什么就你一个人在这里？"追兵于是不疑心他是大人物，放弃他继续向前追。李穆把自己的马给宇文泰，与他一起都逃脱了。

西魏兵重新振作起来，攻击东魏兵，大胜，东魏兵向北退走。京兆忠武公高敖曹，心中轻视宇文泰，特别在阵前竖起旗盖，西魏人尽锐攻击，高敖曹全军覆没。高敖曹单骑逃走，投奔河阳南城。守将北豫州刺史高永乐，是高欢的堂侄，与高敖曹有怨，闭门不受。高敖曹仰头大呼，请求放下吊绳，城上不给。高敖曹拔刀想要砍开城门，还没砍穿，追兵已至。高敖曹伏在桥下，追兵看见他的随从奴仆手持金带，问高敖曹何在，奴仆指示给他。高敖曹知道必死无疑了，抬头说："来！给你一个开国公。"追兵斩其首而去。高欢听闻，如丧肝胆，杖打高永乐二百棍，追赠高敖曹太师、大司马、太尉。宇文泰赏杀高敖曹者布绢一万段，每年给一点，直到北周灭亡，还没付清。西魏又杀东魏西兖州刺史宋显等，俘虏甲士一万五千人，投入黄河淹死的东魏兵数以万计。

当初，高欢因为万俟普地位尊崇且年龄大，对他特别礼遇，曾经亲自扶他上马。其子万俟受洛干脱下帽子，叩头说："愿出死力以报深恩。"等到邙山之战，诸军北渡河桥，唯独万俟受洛干勒兵不动，对西魏人说："万俟受洛干在此，能来的就来！"西魏人畏之而去，高欢将他的军营所在地命名为回洛。

这一天，东、西魏双方阵地都非常大，首尾相距很远，从天亮缠斗到下午，战了数十个回合，雾气四塞，彼此都没法辨认。西魏独孤信、李远居右，赵贵、怡峰居左，作战不利；又不知道西魏主元宝炬及丞相宇文泰所在，于是都抛下部队自己先回了。开府仪同三司李虎、念贤等为后军，见独孤信等撤退，即刻与他们一起离开。宇文泰因此只好烧营而归，留仪同三司长孙子彦镇守金墉。

王思政下马，举长槊左右横击，一举手就击倒数人。陷阵既深，跟从的人都死光了，王思政身受重伤，昏厥。这时天黑了，敌人也收兵了。王思政每次作战，都穿着破衣弊甲，敌人不知道他是将帅，所以得免于难。帐下督雷五安在战场上哭喊寻找王思政，正巧他苏醒过来，雷五安割下衣裳，为王思政包扎，扶他上马。直到深夜，才得以回营。

西魏平东将军蔡祐下马步行战斗，左右劝他乘马，以防万一，蔡祐怒道："丞相爱我如子，今日岂能爱惜生命！"率左右十余人合声大呼，攻击东魏兵，杀伤甚众。东魏人包围他十几重，蔡祐弯弓持满，四面射击。东魏人招募盔甲厚的，持长刀直进，离蔡祐三十步，左右劝他发射，蔡祐说："我们的性命，就在此一箭，岂可虚发！"走近到十步，蔡祐才发射，持刀人应弦而倒，东魏兵稍稍退却，蔡祐也徐徐带兵撤回。

西魏主元宝炬抵达恒农，守将已弃城逃走，所俘虏的东魏降卒在恒农的一同关闭城门，进行抵抗，丞相宇文泰攻拔，诛杀其魁首数百人。蔡祐在恒农追上宇文泰，夜，见宇文泰，宇文泰说："承先（蔡祐的字），你来，我就没有什么担忧了。"宇文泰心中惊恐，不得安寝，枕着蔡祐的大腿，才得以安睡。蔡祐每次跟从宇文泰作战，常常身先士卒。战斗结束回来，诸将都争功，蔡祐则始终不发一言。宇文泰每每叹息说："承先从不说自己功劳，我要替他说。"

宇文泰留王思政镇守恒农，任命他为侍中、东道行台。

西魏东伐时，关中留守兵少，前后所俘虏东魏士卒散在民间，听闻西魏兵败，密谋作乱。李虎等回到长安，无计可施，与太尉王盟、仆射周惠达等奉太子元钦出城屯驻渭北。百姓互相抢掠，关中大扰。于是在沙苑战役中被俘虏的东魏都督赵青雀、雍州平民于伏德等造反，赵青雀占据长安子城，于伏德占领咸阳，与咸阳太守慕容思庆各收东魏降卒，以抵抗西魏班师大军。长安大城百姓联合起来抵抗赵青雀，每日交战。大都督侯莫陈顺袭击东魏降卒，屡次战胜，贼兵不敢出子城。侯莫陈顺，是侯莫陈崇的哥哥。

西魏扶风公王罴镇守河东，大开城门，召集全部军士，对他们说："今闻大军失利，青雀作乱，人心不稳。王罴受任于此，以死报恩。有能同心者，可以一起固守；担心城池陷落的，可以自由出城离开。"众人被他的话感动，都没有二心。

西魏主元宝炬留在阌乡。丞相宇文泰认为士马疲弊，不可速进，并且认为赵青雀等不过是乌合之众，不能为患，说："我到长安，以轻骑临阵，必定将他绑了。"通直散骑常侍、吴郡人陆通进谏说："贼逆谋久定，必无改过之心。蜂虿尚且有毒，怎能轻视！况且贼诈言东寇将至，如今我军如果只是轻骑前往，百姓见了，必定信以为真，更加惊扰。如今大军虽然疲弊，精锐尚多。以明公之威，率大军以临之，何愁不克？”宇文泰听从，引兵西入。父老们见宇文泰到了，莫不悲喜交集，相互庆贺。华州刺史宇文导引兵袭击咸阳，斩慕容思庆，生擒于伏德。南渡渭水，与宇文泰会师攻打赵青雀，击破。太保梁景睿因病留在长安，与赵青雀一同密谋叛乱，宇文泰杀了他。

高欢攻打金墉城，长孙子彦弃城逃走

13 东魏太师高欢从晋阳率七千骑兵至孟津，还未渡河，听闻西魏军已经退走，于是渡河，派别将追击西魏军队到崤山，没有追上，撤回。高欢攻打金墉城，长孙子彦弃城逃走，焚毁城中室屋，高欢更将金墉城彻底铲平，班师。

东魏迁都邺城时，主客郎中裴让之留在洛阳。独孤信战败，裴让之的弟弟裴诹之随丞相宇文泰入关，任大行台仓曹郎中。高欢囚禁裴让之兄弟五人，裴让之说：“当年诸葛亮兄弟，事吴、蜀各尽其心，况且我家老母在此，不忠不孝的事，我必定不会干的。您若推诚待物，物亦归心；若用猜忌，离霸业就远了。”高欢于是将他们全部释放。

九月，西魏主元宝炬进入长安，丞相宇文泰还师屯驻华州。

【华杉讲透】

这一段，先同情高欢，再同情宇文泰。

高欢手下的骄兵悍将，没有一个人能全心全意地替他着想，没有一个人能百分之百地站在他的立场思考和处理问题，没有一个人纯正地忠诚于他。相反，他们每个人，都是把自己的功劳和忠诚当成筹码，绑架主公，然后相互争斗！

高敖曹之前杀刘贵使者，因为他认为他手里的筹码，杀这么个人没问题。如今高永乐也是报私仇，事实上杀了高敖曹。高敖曹杀刘贵使者，高欢根本不问。高永乐害死高敖曹，高欢如丧肝胆，但也只是打高永乐二百棍而已。所以高永乐也是算过自己的筹码，虽然不够，最多补二百军棍。

为人臣者，要始终站在老板的立场，做一件事情，要考虑是否符合老板的利益，老板是否希望我这样做，老板希望我怎么做，这才是忠臣。高欢手下，都是些以“忠诚积分”来随时套现满足自己的人，不是纯正的忠臣。

再说宇文泰，宇文泰恐惧不能入睡，要枕在蔡祐大腿上才能安心，天大英雄，他在脆弱之时，就像一个孩子。压力太大了！蔡祐更英武吗？并不是，只是因为他肩上没有那么大责任。

最后补充说一下高敖曹和王思政。高敖曹死了，因为他竖起他的主将大旗和公爵伞盖，耀武扬威，吸引了西魏兵的目光，也激起他们的斗志，所以被杀得全军覆没。王思政能活下来，因为他每次作战都身穿破衣弊甲，敌人不知道他是主帅。所以啊，不作，就不会死，都是作死的。

14 东魏大都督贺拔仁攻击河间郡变民首领邢磨纳、卢仲礼等，将他们讨平。

卢景裕本是儒生，太师高欢释放他，召他做自己的家庭教师，教儿子们读书。卢景裕讲论精微，批评他的人有时态度恶劣，大声厉色，出言不逊，而卢景裕神采俨然，风度如一，从容问对，没有一点破绽。性情清静，做官屡有进退，无得失之色；弊衣粗食，恬然自安，终日端庄严肃，如同接待宾客。

【华杉讲透】

这是学习孔子，《论语》：“子之燕居，申申如也，夭夭如也。”燕居，闲暇无事之时。“退朝而处曰燕居”，不上班的时候，待在家里，就是燕居。夭夭，指神色愉快。申申，是整齐庄重的样子。不因为在家没客人，就披头散发，没个正形，照样收拾整齐。也有点慎独的意思。孔子又说：“出门如见大宾。”出了门，就像所见一切人都是尊贵的客人，保持热情和尊敬。卢景裕呢？他在家独处的时候，也申申如也，夭夭如也，如见大宾。

15 冬，十月，西魏将高敖曹、窦泰、莫多娄贷文的首级归还给东魏。

16 南梁散骑常侍刘孝仪等出使东魏报聘。

17 十二月，西魏车骑大将军是云宝袭击洛阳，东魏洛州刺史王元轨弃城逃走。西魏都督赵刚袭广州，攻拔。于是自襄州、广州以西城镇又纳入西魏范围。

18 北魏自正光年以后，四方多事，百姓逃避税赋劳役，多出家为僧尼，以至二百万人，寺庙三万余座。至此，东魏朝廷下诏："州牧、郡守、县令、县长擅自建立寺庙的，计算其耗费的工程费用，以枉法论处。"

19 当初，北魏伊川土豪李长寿任防蛮都督，积功升迁至北华州刺史。孝武帝元修西迁，李长寿率其徒众抵抗东魏，西魏任命李长寿为广州刺史。侯景攻拔其壁垒，杀了他。他的儿子李延孙再收集父兵以拒东魏，西魏的贵臣、广陵王元欣和录尚书长孙稚等都携家带口前往投奔他，李延孙资助路费，派人护送他们抵达关中。

东魏高欢深以为患，数次遣兵攻打李延孙，不能攻克。西魏任命李延孙为京南行台、节度河南诸军事、广州刺史。李延孙以荡平伊水、洛阳地区为己任。西魏认为李延孙兵少，又任命李长寿的女婿、京兆人韦法保为东洛州刺史，配兵数百人以协助他。韦法保名韦祐，以字行世，到任之后，与李延孙连兵，构筑营垒栅栏于伏流。

独孤信进入洛阳时，想要缮修宫室，派外兵郎中、天水人权景宣率工程兵三千人出去采运。正巧东魏兵到，黄河以南地区全部叛变，权景宣从小道向西，与李延孙相会，攻打孔城，攻拔，洛阳以南地区不久也归附西魏。丞相宇文泰随即留权景宣镇守张白坞，让他统率东南诸军响应关西。这一年，李延孙被他的长史杨伯兰所杀，韦法保即刻引兵接收李延孙大营。

东魏将领段琛等据守宜阳，派阳州刺史牛道恒引诱西魏边民。西魏南兖州刺史韦孝宽深以为患，于是伪造牛道恒给自己的书信，其中谈到有投诚之意，让间谍把信遗失在段琛军营，段琛果然怀疑牛道恒。韦孝宽乘他们猜疑不和之际，出兵袭击，生擒牛道恒及段琛，崤山、渑池地区于是得以平定。

东道行台王思政认为玉壁地形险要，请求在那里筑城，从恒农迁往镇守，朝廷下诏，加授王思政为都督汾州、晋州、并州诸军事及并州刺史，行台职务如故。

20 东魏任命高澄为摄吏部尚书，废黜崔亮的年资排队制度（见公元519年记载），遴选贤能人才；又淘汰原有尚书郎，精心选择世家门第的子弟担任。凡有才有名之士，就算没有人举荐擢升，高澄也把他们吸引到自己门下，与之游宴、讲论、赋诗，士大夫以此称颂高澄。

五年（公元539年）

1 春，正月一日，南梁任命尚书左仆射萧渊藻为中卫将军，丹杨尹何敬容为尚书令，吏部尚书张缵为仆射。张缵，是张弘策之子。自东晋、刘宋以来，宰相们都做文章，清谈义理而怡然自得，不处理具体事务，唯独何敬容日理万机，处理公文，核查簿计，日夜不休，为时俗所嗤笑鄙视。自从徐勉及周舍去世，当权大臣，外朝政府有何敬容，宫廷内省则有朱异。何敬容诚实、质朴、谨慎，没有什么花架子，以维护国家纲纪和社会秩序为己任；朱异则文采飞扬，敏捷广博，善用手段以沽名钓誉。二人行为相异，而都得幸于皇帝。朱异善于伺候人主，察言观色，阿谀奉承，用事三十年，广纳贿赂，欺罔视听，人们无论远近，对他无不忿恨。园宅、玩好、饮食、声色，穷极一时之盛。每逢休假回家，车马多得把家门都堵塞住了，唯独王承、王稚及褚翔不去。王承、王稚，是王暕之子；褚翔，是褚渊的曾孙。

2 正月三日，御史中丞、参礼仪事贺琛上奏说：“南、北二郊祭祀及天子亲耕籍田典礼，往返都应该乘坐御辇（人力车），不宜乘辂（马车）。”皇帝下诏听从，祭祀宗庙仍乘玉辇。贺琛，是贺玚弟弟的儿子。

3 正月七日，东魏任命尚书令孙腾为司徒。

4 正月十七日，南梁皇帝萧衍祭祀南郊。

5 西魏丞相宇文泰在行台设置学校，挑选丞郎、府佐中德行明敏者为学生，命他们白天处理公务，晚上讲习学问。（柏杨注：似是中国历史上第一座夜校。）

6 东魏丞相高欢，因为徐州刺史房谟、广平太守羊敦、广宗太守窦瑗、平原太守许惇有政绩显著、廉洁有能力，特地写信给诸州刺史，表扬房谟等，以劝勉大家。

7 夏，五月二十二日，东魏立丞相高欢之女为皇后；五月二十三日，大赦。

8 西魏任命开府仪同三司李弼为司空。秋，七月，西魏任命扶风王元孚为太尉。

9 九月十四日，东魏征发京畿内十万人筑邺城，四十日结束。冬，十月十四日，以新宫建成，大赦，改年号为兴和。

10 西魏置纸笔于阳武门外，鼓励百姓批评政府，以求政事得失。

11 十一月二十六日，东魏派散骑常侍王元景、魏收出使南梁报聘。

12 东魏因为《正光历》错误严重，命校书郎李业兴重新修正，以甲子日为元旦，号为《兴光历》，制成之后开始实行。

13 南梁散骑常侍朱异上奏说："近来设置的新州逐渐增多，而小大不均，请分为五品，各州刺史级别高低，参僚多少，都以此为标准。"皇帝下诏听从。于是上品二十州，第二品十州，第三品八州，第四品二十三州，第五品二十一州。当时皇帝正东征西伐，开疆拓土，北边越过淮河、汝水，东边逼近彭城，西边开拓牂柯，南边平定俚洞，建置州郡，十分紊乱，所以朱异建议分出品级。其中下品都是异国之人来归附的，徒有州名，而无土地，或者在蛮夷所居住的村落设置州及郡县，刺史、郡守、县令都是用的当地人，尚书也管不到他们，山川险远，与朝廷联络和进贡都很难打通。五品之外，又有二十余州，在哪儿都不知道。一共一百零七州。又有些边境镇戍，虽然居民不多，但为了显示对镇守将帅的重视，也都设置建制为郡，有一人兼领两三个郡的太守的情况，于是州郡虽多，而户口却在减少。

14 西魏自西迁长安以来，礼乐散逸，丞相宇文泰命左仆射周惠达与吏部郎中、北海人唐瑾对旧的章程进行增减，至此大致完备。

【华杉讲透】

有挑战才算幸运

高欢、宇文泰因为有竞争，有挑战，所以励精图治，既东征西讨，又尊师敏学，宇文泰还开设夜校，就跟高欢比赛谁比谁更勤奋！而南梁呢，在一片升平当中，腐化松懈，而它的升平，只是因为东西魏两虎相争，来不及对付它罢了。

生于忧患，死于安乐，文明诞生于挑战，有挑战，才是幸运的！

六年（公元540年）

1 春，正月二十三日，东魏任命广平公库狄干为太保。

2 正月二十八日，东魏主元善见入住新宫，大赦。

3 西魏扶风王元孚去世。

4 二月二十一日，南梁皇帝萧衍亲耕天子籍田。

5 西魏铸五铢钱。

6 东魏大行台侯景从三鸦南下，准备收复荆州。西魏丞相宇文泰派李弼、独孤信各率五千骑兵出武关，侯景于是撤退。

宇文泰屯驻沙苑以防备柔然入侵

7 西魏被废黜的乙弗皇后已出家为尼，居住别宫，现任郁久闾皇后（柔然公主）还是忌恨她，皇帝于是任命乙弗皇后的儿子、武都王元戊为泰州刺史，让乙弗皇后跟儿子一起住到泰州去。西魏主元宝炬虽然为了顾全大局，换了皇后，但并未忘记和乙弗皇后的恩爱，密令她留养长发，有追还之意。正巧柔然举国渡河南侵，当时颇有人说柔然是为了皇后而兴兵的，皇帝说："岂有为一女子而征发百万人的事情呢！不过，让人家这么说，朕又有何脸面以见将帅！"于是派中常侍曹宠带着自己的手敕，赐乙弗皇后自尽。皇后哭泣着对曹宠说："愿至尊千万岁，天下康宁，我死而无恨！"于是自杀。皇帝叫人在麦积崖开凿墓穴安葬她，称为寂陵。

夏，西魏丞相宇文泰召诸军屯驻沙苑，以防备柔然入侵。右仆射周惠达征发士马守京城，在各街巷挖掘战壕，召雍州刺史王罴商议，王罴不应召，对使者说：“如果柔然人抵达渭北，王罴自能率乡里击破他们，不用麻烦国家兵马，何故在天子城中作如此惊扰！都是因为周家小儿胆怯，搞到这个地步。”柔然至夏州而退。不久，郁久闾皇后因病去世（年十六岁）。

8 五月二日，西魏行台宫延和、陕州刺史宫延庆投降东魏，东魏在河北牧马场设置义州，安置他们。

9 东魏阳州武公高永乐去世。

10 闰五月一日，日食。

11 闰五月十三日，东魏封皇兄元景植为宜阳王，皇弟元威为清河王，元谦为颍川王。

12 六月六日，东魏华山王元鸷去世。

13 秋，七月十二日，东魏派兼散骑常侍李象等出使南梁报聘。

14 八月十三日，南梁大赦。

15 九月二十四日，南梁司空袁昂去世，留下奏章说不接受赠谥，又嘱咐儿子们，不要上奏自己的传记及立墓志铭。皇帝萧衍不许，仍追赠他本官爵位，谥号为穆正公。

【华杉讲透】

做事不要搞特殊化，要随大流

这些事，你最好随大流，不要搞特殊，特殊拔高自己或特殊降低自己都不好！为什么呢？大臣死后，都要追赠官爵和树碑立传，而且好多人盼望着。你要清高，那别人就难受了。所以皇帝不搭理他。

在华与华有一个也算“习惯法”，跟老板一起吃工作午餐，不管谁买单，开发票报销。那工作午餐呢，也没多少钱。有一次，我们一个合伙人买完单，他说不用开发票了。我制止他，必须开。后来我就跟他说，你不开，下次别人买单，他也不好意思开了。大家都不开发票，我就只好“亲自”买单，你这是给大家添乱，又给我添麻烦。

16 冬，十一月，西魏太师念贤去世。

17 吐谷浑自从莫折念生之乱，与北魏邦交中断。慕容伏连筹去世，儿子慕容夸吕继位，正式开始称可汗，居住在伏俟城。其地东西三千里，南北一千余里，官职有王、公、仆射、尚书、郎中、将军等。本年，开始遣使借道柔然，向东魏报聘。

七年（公元541年）

1 春，正月九日，南梁皇帝萧衍祭祀南郊，大赦。

正月二十九日，祭祀明堂。

2 半独立的宕昌王梁企定被部下所杀，弟弟梁弥定继位。二月三日，南梁朝廷任命梁弥定为河州、梁州二州刺史，宕昌王。

3 二月九日，南梁皇帝萧衍亲耕天子籍田。

4 西魏幽州刺史、顺阳王元仲景被控有罪，赐死。

5 三月，西魏夏州刺史刘平伏占据上郡，造反，大都督于谨征讨，将他生擒。

6 夏，五月，南梁派兼散骑常侍明少遐等出使东魏报聘。

7 秋，七月九日，东魏宜阳王元景植去世。

8 西魏任命侍中宇文测为大都督、行汾州事。宇文测，是宇文深的哥哥，为政简惠，得士民人心。汾州土地与东魏相接，东魏人经常侵犯抢掠，宇文测擒获他们，下令松绑，与他们相见，摆设酒食，待之以客礼，然后赠送粮食，护送出境。东魏人大为羞惭，不再侵犯，汾、晋之间居民，婚丧嫁娶都互相往来庆吊，当时舆论都称颂。有人告发说宇文测里通外国，丞相宇文泰怒道："宇文测为我安边，我知道他的志向，此人为何离间我骨肉！"下令将告发者斩首。

9 西魏丞相宇文泰想要改革时政，找到强国富民之法，大行台、度支尚书兼司农卿苏绰尽其智能，协助他完成改革大事，削减官员编制，设置二长（里长、党长），并设置屯田，以资军国之用。又制定六条诏书，九月，上奏皇帝，批准执行：

一是清心，要官员们清心寡欲；二是敦教化，推广教育；三是尽地利，开垦土地，并提高土地产能；四是擢贤良，擢升贤良人才；五是恤狱讼，司法公正并从宽；六是均赋役，赋税和劳役都要公平。宇文泰非常看重这六条，放在自己案头，又下令百司背诵学习，各州牧、郡守、县令、县长不通晓这六条以及不能记账的，不得做官。

10 东魏朝廷下诏，命百官于麟趾阁议定法制，称为《麟趾格》，冬，十月十六日，颁布执行。

11 十一月一日，东魏征发民夫五万人修筑漳滨堰，三十五日完成。

12 十一月十八日，东魏任命彭城王元韶为太尉，度支尚书胡僧敬为司空。胡僧敬名虔，以字行世，是胡国珍（胡太后的父亲）哥哥的孙子，东魏主元善见的舅舅。

13 十二月，东魏派兼散骑常侍李骞出使南梁报聘。

14 南梁交趾人李贲世代为当地豪门，但是做官不得志。同郡人并韶，有文学才能，到官府请求选拔他做官，吏部尚书蔡撙认为并姓前代没有出过有名望的贤才，只给他一个广阳门郎的官职（建康南城门）；并韶引以为耻。李贲与并韶回到乡里，阴谋作乱，正巧交州刺史、武林侯萧谘因为苛刻暴虐，有失众心，当时李贲监察德州，于是联结数州豪杰，一起造反。萧谘向李贲行贿，逃回广州。皇帝萧衍派萧谘与高州刺史孙冏、新州刺史卢子雄率军出击。萧谘，是萧恢之子。

15 本年，西魏又新增制度十二条。

16 东魏丞相高欢因为诸州征调绸缎的长短没有依照旧有规定，给百姓带来困苦，上奏皇帝，下令全部以四十尺为一匹。

北魏自丧乱以来，农商失业，六镇之民相继向内地迁徙，于齐、晋地区寻求生路，高欢利用这些势力，以成霸业。东西分裂，连年战争，河南各州郡官府都因荒废太久，长满茅草，公私都贫困不堪，民多饿死。高欢命诸州于沿河或渡口、桥梁所在，都设置粮仓，积蓄粮谷，通过水道转运，供应军旅，防备饥馑，又在幽州、瀛州、沧州、青州四州海滨煮盐。于是军国之费，稍微得到解决。至此，东方连年大丰收，谷价降到每斛九钱，山东之民稍微得到复苏，休养生息。

17 东魏尚书令高澄，娶了孝静帝元善见的妹妹冯翊长公主，生下儿子高孝琬，朝贵祝贺，高澄说：“这是皇帝的外甥，先贺皇帝。”三天后，皇帝到高澄宅第，赏赐锦彩布绢一万匹。于是诸朝贵竞相礼赠，财货堆满十个房间。

18 东魏临淮王元孝友上表说：“按制度，一百户为族，二十五户为闾，五户为比。一百户之内就有比帅、闾帅、族帅二十五人可以免除兵役、劳役，苦乐不均，羊少狼多，更何况平时狼还要蚕食羊，这都是很久以来的弊病了。京城各街坊，有的七八百户才有一个里正、两个史（里正的助手），并没有耽误什么公事，更何况外州呢！请依照旧制，设置三长（五户设邻长，五邻设里长，五里设村长），官名也不用改，而每闾只设二比，这样算下来，每族能免除差役的就可以减少十一丁，绸缎缴纳和民夫差役，都可以增加很多。”事情交给尚书办理，但搁置没有施行。

【华杉讲透】

当官就免税，还免除差役，进入统治阶层，就只有权利，没有纳税义务，这是非常不好的文化。

19 南梁安成郡望族刘敬躬以妖术惑众，很多人都相信他。

八年（公元542年）

刘敬躬据郡造反，事败后建康斩首

1 春，正月，南梁刘敬躬据郡造反，改年号为永汉，设置官属，进攻庐陵，进逼豫章。南方已经长久没有战争，百姓不习军事，人心惶惶，豫章内史张绾招募军队抵抗。张绾，是张缵之弟。

二月二日，江州刺史、湘东王萧绎派司马王僧辩、中兵参军曹子郢讨伐刘敬躬，受张绾指挥。

三月二日，生擒刘敬躬，送到建康，斩首。

王僧辩，是王神念之子，学识渊博，口才辩捷，器宇肃然，虽然射箭不能射穿铠甲，但志气高远。

【华杉讲透】

王僧辩“射不穿札”，这是书生射箭，从小是当“射礼”即礼仪来练的，不是当武功来练的。《论语》有子曰：“射不主皮，为力不同科，古之道也。”射箭的礼仪，只在于射中，不在于贯穿箭靶皮革，因为每个人的力气不一样。射箭比的是技巧，不是蛮力。这个老规矩什么时候开始的呢？是从周武王开始的。武王灭商之后，认为天下干戈已息，射箭不以杀人为标准，而是体育运动，就不要比力气，把大家拉到一个起跑线，射中就行。到了孔子的时代，诸侯争雄，贯革之射又起，与孔子差不多同时代的楚国大将养由基，以一箭贯穿七层铠甲闻名。孔子此论，也是心忧天下吧。

2 西魏开始设置六军。

3 夏，四月丙寅（四月无此日），东魏派兼散骑常侍李绘出使南梁报聘。李绘，是李元忠的侄子。

4 东魏丞相高欢到邺城朝见。司徒孙腾犯错被免。

五月二十日，任命彭城王元韶为录尚书事，侍中、广阳王元湛为太尉，尚书右仆射高隆之为司徒。

当初，太傅尉景与丞相高欢一起归附尔朱荣，他妻子是高欢的姐姐。他自恃勋戚身份，贪纵不法，为有司弹劾，关进监狱；高欢三次到宫中哭泣着向皇帝求情，尉景才得以免死。五月二十二日，他降为骠骑大将军、开府仪同三司。高欢前往造访，尉景高卧不起，大叫："要杀我就赶快啊！"高欢安抚他，向他道歉。

五月二十六日，任命库狄干为太傅，以领军将军娄昭为大司马，封祖裔为尚书右仆射。

六月十日，高欢返回晋阳。

5 八月十六日，东魏以开府仪同三司、吏部尚书侯景为兼尚书仆射、河南道大行台，享有全权，可以随机应变，自行决定防御或出兵征讨。

6 西魏任命王盟为太保。

高欢攻击西魏，于玉壁遇大雪后退兵

7 东魏丞相高欢攻击西魏，从汾州、绛郡出兵，连营四十里。西魏丞相宇文泰派王思政镇守玉壁，以阻断其前进道路。高欢写信招降王思政说："如果投降，把并州给你。"王思政回信说："可朱浑道元降了，为什么没有给他并州？"

冬，十月六日，高欢包围玉壁，前后九日，遇上大雪，士卒饥冻，死了很多人，于是解围而去。

西魏派太子元钦镇守蒲坂。丞相宇文泰出军蒲坂，到了皂荚，听闻高欢退兵，已渡过汾水，立即追击，但没有追上。

十一月，东魏任命可朱浑道元为并州刺史。

【华杉讲透】

说话算话便可不战而屈人之兵

高欢基地在晋阳，是并州首府。并州地位在各州之上，并州刺史实际上相当于“京兆尹”了。所以，高欢开出的条件是很高的，王思政并没有以君臣大义拒绝，而是说可朱浑道元怎么没当上，表示对高欢的承诺不信。高欢记住这句话，回来马上任命可朱浑道元为并州刺史，这就向王思政和所有西魏官员传递了一个强烈的信号：我说话算数！

高欢此举，也是《孙子兵法》所谓“不战而屈人之兵”，下次再要招降谁，开出价码，就信誉卓著，无人不信了。

8 十二月，西魏主元宝炬在华阴狩猎，大宴将士，丞相宇文泰率诸将朝见。又在沙苑以北修筑万寿殿。

9 十二月十九日，东魏派兼散骑常侍杨斐出使南梁报聘。

萧衍任命陈霸先为直阁将军

10 南梁高州刺史孙冏、新州刺史卢子雄讨伐起兵反叛的李贲，当时是春天，瘴气方起，他们申请等秋天再用兵；广州刺史、新渝侯萧映不许，武林侯萧谘又催促。孙冏等到了合浦，死者十分之六七，全军溃散而归。萧映，是萧憺之子。武林侯萧谘上奏弹劾孙冏及卢子雄与反贼勾结，逗留不进，皇帝下令，于广州将二人赐死。卢子雄的弟弟卢子略、卢子烈，主帅、广陵人杜天合以及弟弟杜僧明，新安人周文育等率卢子雄部众攻打广州，想要杀死萧映、萧谘，为卢子雄报仇。西江督护、高要太守、吴兴人陈霸先率精甲三千前往救援，大破卢子略等，杀死杜天合，生擒杜僧明、周文育。陈霸先认为杜僧明、周文育骁勇过人，释放他们，在自己军中为主帅。皇帝下诏，任命陈霸先为直阁将军。（陈霸先登上历史舞台。）

11 西魏丞相宇文泰的妻子冯翊长公主生下儿子宇文觉。

12 东魏任命光州刺史李元忠为侍中。李元忠虽处要任，却不关心公务，唯饮酒自娱。丞相高欢想要用他做仆射，世子高澄说他生活放荡，常在醉中，不可委之以台阁重任。李元忠的儿子李搔听闻，请父亲节制饮酒，李元忠说："我认为，做仆射不如饮酒快乐，你喜欢当仆射，不妨戒酒。"

九年（公元543年）

1 春，正月一日，东魏大赦，改年号为武定。

高仲密投降西魏，高欢率军渡过黄河抗击西魏

2 东魏御史中尉高仲密娶吏部郎崔暹的妹妹为妻，既而又将她抛弃，由此与崔暹有矛盾。高仲密选用御史，多用自己的亲戚乡党，高澄奏令改选。崔暹正为高澄所宠任，高仲密怀疑是他构陷自己，更加怀恨在心。高仲密后娶的妻子李氏美艳而聪慧，高澄见了，非常喜欢她，即刻求欢，李氏不从，衣服都撕裂了，告诉高仲密，高仲密更加怨恨。不久，他被外放为北豫州刺史，阴谋外叛。丞相高欢对他起疑，派镇城奚寿兴负责军事，高仲密只管民政。高仲密置酒宴请奚寿兴，埋伏壮士，将他逮捕，二月十二日，高仲密献出虎牢，投降西魏。西魏任命高仲密为侍中、司徒。

高欢认为，高仲密之叛由崔暹而起，将要杀他，高澄藏匿崔暹，为

他坚持求情。高欢说："我饶他一命，但必须让他吃点苦头。"高澄于是交出崔暹，并对大行台都官郎陈元康说："你如果让崔暹挨了一棍，咱们这辈子就不要见面了。"陈元康为此对高欢说："大王正以天下托付给大将军（高澄），大将军有一崔暹，都不能保护他免于杖打，父子尚且如此，何况他人！"高欢于是将崔暹释放。

高季式（高仲密的弟弟）在永安驻防，高仲密送信告诉他消息。高季式即刻前往晋阳向高欢报告，高欢待他和以前一样。

西魏丞相宇文泰率诸军以接应高仲密，以太子少傅李远为前锋，抵达洛阳，派开府仪同三司于谨攻打柏谷，攻拔。三月二日，包围河桥南城。东魏丞相高欢将兵十万到黄河北岸，宇文泰撤退到瀍上，纵火船于上游，准备烧毁河桥。斛律金派行台郎中张亮以小艇一百余艘，装载长锁链，等火船快到时，把锁链钉在船上，将船牵引到岸边，大桥于是获得保全。

高欢渡过黄河，占据邙山，构筑阵地，几天也不向前进。宇文泰把辎重留在瀍曲，夜，登邙山以袭击高欢。侦察骑兵报告高欢说："贼距此四十余里，是清早吃了一顿干饭之后来的。"高欢说："他们自当渴死！"于是严阵以待。（高欢列阵之后，数日不进，本来就是要以逸待劳，等宇文泰来。）

彭乐因贪财放走宇文泰，高欢放弃全力追击而东归

三月十八日，黎明，宇文泰军与高欢军遭遇。东魏大将彭乐以数千骑为右翼，冲击西魏军北翼，所向披靡，于是冲进西魏军营。有人报告说彭乐叛变，高欢甚怒。一会儿西北尘土大起，彭乐使者来告捷，俘虏西魏侍中、开府仪同三司、大都督、临洮王元柬，蜀郡王元荣宗，江夏王元升，巨鹿王元阐，谯郡王元亮，詹事赵善及督将僚佐四十八人。诸将乘胜攻击西魏，大破之，斩首三万余级。

高欢派彭乐追击宇文泰，宇文泰窘迫，对彭乐说："你不是彭乐吗？傻瓜！今天如果我没了，明天岂有你的活路！何不赶快还营，去收拾你

的金银财宝！”彭乐听了他的话，拿了宇文泰一囊金带而回，对高欢说：“宇文泰刀下逃生，吓破了胆！”高欢虽然高兴他得胜，但愤恨他放走了宇文泰，令他趴在地上，亲自抓着他的头发，不断撞击地面，并数落他沙苑之败，举起刀三次要砍他，咬牙切齿好半天。彭乐说：“乞请给我五千骑兵，再为大王去抓获宇文泰。”高欢说：“那你放走他又是什么意思？现在又说去抓！”命人取来绸缎三千匹，压在彭乐背上，然后宣布把这些绸缎都赏赐给他。

第二天，再战，宇文泰为中军，中山公赵贵为左军，领军若干惠等为右军。中军、右军合击东魏，大胜，俘虏东魏全部步兵。高欢的马跑掉了，赫连阳顺下马，把自己的马给高欢。高欢上马逃走，跟从的仅有步骑兵七人，追兵赶到，亲信、都督尉兴庆说：“大王快走，兴庆腰间还有一百支箭，足以杀一百人。”高欢说：“事情如果成功，任命你为怀州刺史；如果你死了，用你的儿子！”尉兴庆说：“我的儿子还小，希望用我哥哥！”高欢许诺。尉兴庆抵抗，箭尽而死。

东魏军士有逃奔西魏的，说出高欢所在，宇文泰招募敢死队三千人，都手执短兵器，由大都督贺拔胜率领，前往攻击。贺拔胜在战场上认出高欢，手执长槊，与十三个骑兵上前追逐，奔驰数里，槊刃几乎刺到高欢，大喊说：“贺六浑（高欢小名），贺拔破胡今天一定要杀了你！”高欢几乎气绝，河州刺史刘洪徽从旁边射击贺拔胜，射中他身旁两名骑兵，武卫将军段韶射贺拔胜坐骑，射毙。等副马送来，高欢已逃去无踪。贺拔胜叹息说：“今天没有带弓箭，真是天意！”

西魏南郢州刺史耿令贵，大声呼喊着独自冲入敌阵，锋刃乱下，人们都以为他死了，一会儿后他又举着刀返回自己的营地。如此来回四次，阻挡耿令贵的东魏兵死伤相继。他对左右说：“我岂是乐意杀人！壮士除贼，不得不如此。如果不能杀贼，又不为贼所伤，和那些坐着空谈的人，有什么区别！”

西魏左军赵贵等五将作战不利，东魏兵又振作起来。宇文泰与之交战，又不利。这时天黑了，西魏兵于是遁去，东魏兵追击。西魏大将独孤信、于谨收拾战场上的散卒，从后面攻击，追兵惊扰，西魏诸军由此得以保全。若干惠夜里逃走，东魏兵追击。若干惠徐徐下马，回头命厨师准备饭食，吃完饭，对左右说：“死在长安，和死在这儿，有什么区别？”于是竖起军旗，吹起号角，收拾散卒，徐徐撤退；追骑怀疑有伏兵，不敢进逼。宇文泰于是进入潼关，屯驻在渭水河岸。

【华杉讲透】

所有的成功都有运气的参与

高欢之前任命可朱浑道元，和这次他对彭乐、尉兴庆的安排，可以看见他赏罚的手腕。

另外，从这一战中，我们可以看到，高欢、宇文泰能活下来，都是偶然！可以说，失败是必然的，甚至死亡也是必然的；活下来都是偶然，活下来还能成功，更是偶然中的偶然，都是小概率事件。

我们学习所谓“成功人士”，什么都可以学，但是学不到他的运气。所有的成功都有运气的参与。他成功了，因为他有运气。

高欢进兵到陕县，宇文泰派开府仪同三司达奚武等抵抗。东魏行台郎中封子绘对高欢说：“统一东西方，正在今日。当年魏太祖曹操平定汉中，不乘胜取巴、蜀，失在迟疑，后悔无及。愿大王不以为疑。”高欢深以为然，召集诸将商议进止，都认为“野无青草，人马疲瘦，不可远追”。陈元康说：“两雄交争，岁月已久。如今幸而大捷，是上天授给我们的机会，时不可失，当乘胜追击。”高欢问：“若遇伏兵，你怎么办？”陈元康说：“大王之前沙苑失利，他们尚且没有伏兵；如今奔败若此，何能远谋！如果舍而不追，必成后患。”高欢不听，只派刘丰生率数千骑兵追宇文泰，自己率军东归。

宇文泰召王思政于玉壁，准备让他镇守虎牢关，王思政还没到，而宇文泰已经战败，于是让他镇守恒农。王思政入城，下令大开城门，解衣而卧，慰勉将士，表示不足畏惧。后来过了数日，刘丰生至城下，忌惮，不敢前进，引军退走。王思政修城郭，建起城楼、瞭望塔，开垦农田，积蓄粮草，于是恒农才开始有了守御之备。

丞相宇文泰请求自贬，西魏主元宝炬不许。这次战役，西魏诸将都没有功劳，唯独耿令贵与太子武卫率王胡仁、都督王文达力战功多。宇文泰想要把雍州、岐州、北雍州这三州授给他们，因为三州有优劣，命他们抓阄决定。他还赐王胡仁名为王勇，耿令贵名耿豪，王文达名王杰，以表彰他们的功劳。于是，西魏广招关、陇豪杰来增强部队的力量。

东魏北豫州刺史高仲密将要叛变时，秘密派人煽动冀州豪杰，让他们做内应，东魏派高隆之乘驿马车前往慰抚，由此得以安定。高澄写密信给高隆之说："高仲密党羽中与他一起投西的，应该全部逮捕其家属，以惩戒警告后人。"高隆之认为既然已有恩旨宽大处理，没理由反悔改变政策，如果再逮捕治罪，向百姓显示朝廷不讲信用，如果引起惊骇骚扰，损失一定不小，于是启奏丞相高欢后，没有照高澄的意见办。

3 南梁任命太子詹事谢举为尚书仆射。

4 夏，四月，南梁林邑王攻打叛军首领李贲，李贲手下将领范修击破林邑王于九德。

5 清水氐人酋长李鼠仁，乘西魏战败，据险作乱。陇右大都督独孤信屡次派军攻击，不能攻克。丞相宇文泰派典签、天水人赵昶前往晓谕，诸酋长聚议，有的想投降，有的不愿意；其中不愿意的人，打算诛杀赵昶，赵昶神色自若，辞气更加严厉，李鼠仁感悟，于是相率投降。氐人酋长梁道显叛变，宇文泰再次派赵昶去晓谕招降他，把他们四十多个酋长并部落迁移到华州安置，宇文泰即任命赵昶为都督，管辖他们。

6 宇文泰派间谍潜入虎牢，命守将魏光固守。间谍被侯景截获，把信改成："宜速去。"然后放间谍入城，魏光连夜遁走。

侯景抓获高仲密的妻子儿女，送到邺城，北豫州、洛州二州重新回到东魏版图。

五月三日，东魏庆祝收复虎牢，将死罪以下囚犯，都降一等处罚，唯独不赦免高仲密一家。丞相高欢因为高乾有起义功勋，高敖曹又战死沙场，高季式又先自首，就为他们求情，免除他们连坐之罪。高仲密的妻子李氏当死，高澄盛装见她，问道："今天怎么样？"李氏默然，于是纳她为妾。

五月六日，任命侯景为司空（赏平虎牢之功）。

【胡三省注】

高澄为了渔猎美色，既逼得国家元勋外叛，又使父亲几乎命丧沙场，恶性不改，又盛装炫耀自己权势，征服一个女人。之后发生杨燕之祸（见公元580年记载），叔侄相屠，矛盾都是因李氏而起。这岂不是天意！

7 秋，七月，西魏大赦。任命王盟为太傅，广平王元赞为司空。

8 八月八日，东魏任命汾州刺史斛律金为大司马。

9 东魏派兼散骑常侍李浑等出使南梁报聘。

10 冬，十一月八日，东魏主元善见到西山狩猎。十一月十九日，还宫。高澄上奏，自请解除侍中职务，东魏主任命他的弟弟、并州刺史、太原公高洋替代他。

11 丞相高欢筑长城于肆州北山，西自马陵，东至土墱，四十日完成。

12 西魏诸州牧、郡守一起谒见丞相宇文泰，宇文泰命河北太守裴侠出列，单独站立，对诸州牧、郡守说："裴侠清慎奉公，为天下之最。有自认为可与裴侠相比者，可以和他站在一起！"众人默然，都不敢回应。宇文泰于是重赏裴侠。朝野叹服，称他为"独立君"。

十年（公元544年）

1 春，正月，南梁李贲自称越帝，设置百官，改年号为天德。

2 三月九日，东魏丞相高欢巡行冀州、定州二州，查核河北户口损益，并到邺城朝见。

3 三月十日，南梁皇帝萧衍前往兰陵，拜谒建宁陵（萧衍母亲的陵墓），令太子入守京城；三月十七日，再祭拜修陵（萧衍亡妻的陵墓）。

4 三月二十二日，东魏任命开府仪同三司孙腾为太保。

5 三月二十五日，南梁皇帝萧衍巡幸京口城北固楼，将它更名为北顾楼；二十六日，回到宾亭，宴请乡里故老及所经过的附近县里前来迎接的人，老少数千人，各赏钱两千。

6 三月二十八日，东魏任命高澄为大将军、领中书监，元弼为录尚书事，左仆射司马子如为尚书令，侍中高洋为左仆射。

丞相高欢多在晋阳，孙腾、司马子如、高岳、高隆之，都是高欢的亲信旧友，委以朝政，邺城人称之为“四贵”，其权势熏灼中外，又大多专权恣意，骄纵贪暴。高欢想要削弱他们的权力，所以任命高澄为大将军、领中书监，把门下所掌机密事务，全部总归到中书省，文武百官的赏罚，都向高澄禀告。

孙腾见高澄，态度不够恭敬，高澄呵斥左右，将孙腾从座位上拉下来，用刀柄捶打，教他站在门外。太原公高洋，在高澄跟前向高隆之下拜，称呼他为叔父，高澄怒骂高洋。高欢对群公说：“儿子长大了，你们注意避免与他冲突。”于是公卿以下，见高澄无不毛骨悚然、感到害怕。库狄干，是高澄姑姑的夫婿，从定州来谒见，站在门外，三天后才得到接见。

高澄想要把自己心腹安排在东魏主元善见左右，擢升中兵参军崔季舒为中书侍郎。高澄每次向皇帝上奏折，有所谏请，有时文辞繁杂，崔季舒就为他修改通顺。而皇帝回复高澄父子之话，也常与崔季舒讨论，高澄说：“崔中书啊，就像我的乳母一样。”崔季舒，是崔挺的侄子。

7 夏，四月一日，南梁皇帝萧衍从兰陵回京。

8 五月一日，西魏丞相宇文泰到长安朝见。

9 五月十一日，东魏派散骑常侍魏季景出使南梁报聘。魏季景，是魏收的族叔。

10 尚书令何敬容小妾的弟弟盗卖官米，何敬容写信给领军、河东王元誉说情；五月十四日，何敬容被免官。

11 东魏广阳王元湛去世。

12 西魏琅琊贞献公贺拔胜在东魏的儿子们，全部被东魏丞相高欢诛杀，贺拔胜愤恨发病而死。西魏丞相宇文泰常对人说：“诸将对敌神色皆动，唯独贺拔公临阵如平时，真是大勇！”

13 秋，七月，西魏更改度量衡，命尚书苏绰损益三十六条制度，总编为五卷，颁行。又搜索简选贤才为州牧、郡守、县令、县长，都依新制而派遣。数年之间，百姓都从中得到了好处。

14 北魏自正光年以后，政刑松弛，在位官员大多贪污。丞相高欢启奏，以司州中从事宋游道为御史中尉，高澄坚决请求让吏部郎崔暹担任这一职务，以宋游道为尚书左丞。高澄对崔暹、宋游道说：“你们一人在南面的御史台，一人在北面的尚书省，将会使天下安定。”崔暹选毕义云等为御史，时人都称赞他用人得当。毕义云，是毕众敬的曾孙。

高澄想要提高崔暹的威势，诸公在座，令崔暹后到，先通报姓名，然后两眼望天，慢慢步入，两人在身后为他拿着衣襟；高澄以平等地位起身与他相对作揖，崔暹也不谦让，直接就坐，酒过两巡，即刻辞去。高澄留他吃饭，崔暹说："刚才接到皇上敕令，要去御史台查案。"不等饭菜上桌，直接就走，高澄走下台阶相送。有一天，高澄与诸公外出，到东山，路上到崔暹，崔暹卫队拿着红色开道棍，打了高澄前导卫队，高澄回马避让。

尚书令司马子如自认为是丞相高欢的故人，又身当重任，意气自高，与太师、咸阳王元坦贪得无厌。崔暹前后弹劾司马子如、元坦及并州刺史可朱浑道元等罪状，都做出最严厉指控，引用最严重的条款。宋游道也弹劾司马子如、元坦及太保孙腾、司徒高隆之、司空侯景、尚书元羡等。高澄逮捕司马子如下狱，一夜之间，司马子如头发尽白，写信给高澄说："司马子如从夏州就带了一根木棍投奔相王（高欢），大王给了敞篷车一乘，弯角母牛犊一头，小牛犊在路上死了，弯角还在，除此之外，其他财产都是在别人那儿取来的。"丞相高欢写信给高澄说："司马令，是我的故旧，你应该宽待他。"高澄就在大街上停下马，下令把司马子如释放带来，为他解开枷锁。司马子如惧怕说："不是要在这里动手吧？"

八月二十一日，削夺司马子如官爵。

九月三日，任命济阴王元晖业为太尉；太师咸阳王元坦以亲王身份回家，元羡等皆免官，其余处死或罢黜的人很多。过了很久，高欢见到司马子如，哀悯他的憔悴，让他把头靠在自己膝盖上，亲自为他抓虱子，赐给他酒一百瓶，羊五百只，米五百石。

高澄对诸显贵极言褒美崔暹，并且警告他们听话。丞相高欢写信给邺城诸权贵说："崔暹居于宪台，咸阳王元坦、司马子如都是我布衣时期的旧友，尊贵亲昵，没有超过这二人的，而他们同时获罪，我也救不了，诸君自己谨慎！"

宋游道上奏驳斥尚书错失数百条，尚书省中豪吏王儒等都被鞭打斥责，令、仆以下都侧目而视。高隆之诬告宋游道有不臣之言，罪当死。

给事黄门侍郎杨愔说：“养狗，就是要它叫；如今因为它叫了几声就杀它，恐怕将来没有狗愿意叫了。”宋游道最终因此被除名。高澄对宋游道说：“你早点跟我去并州，不然，他们迟早会杀了你。”宋游道跟高澄到晋阳，被任命为大行台吏部。

【华杉讲透】

权贵骄纵不法，君王就要动用酷吏，放狗咬人。崔暹、宋游道就出场了。酷吏无所忌惮，越残暴越好，越不守过去的惯例，就越是政治正确。而权贵们还按老规矩出牌的，就要倒大霉。不过，酷吏咬人太多，而且咬的都是树大根深的权贵。所以，自己要想平安降落，也不容易。不被君王抛弃，用完就扔，就是万幸了。这也是历代不断重复的老戏码。

15 九月八日，南梁大赦。

16 东魏在丧乱之后，户口失实，徭役税赋分摊不均。冬，十月六日，任命太保孙腾、大司徒高隆之为括户大使，分别巡视诸州，查验户籍，检查出无籍之户六十余万，侨居到外乡外郡的，一律勒令回到本地。

十一月四日，任命高隆之为录尚书事，以前大司马娄昭为司徒。

17 十一月二十日，东魏主到圜丘祭天。

18 东魏丞相高欢袭击山胡，击破，俘虏一万余户，分配到各州。

19 本年，东魏任命散骑常侍魏收兼中书侍郎，修国史。自从南梁、东魏通好，东魏国书上每次都有这样的话：“想彼境内宁静，此率土安和（想来你们境内宁静，我们这里也平安祥和）。”南梁皇帝萧衍回信，也用这话，但是去掉一个“彼”字。魏收于是确定修改为：“想境内清晏，今万里安和。”于是萧衍也效仿他，使用这一句。

卷第一百五十九　梁纪十五

（公元545年—546年，共2年）

高祖武皇帝十五

大同十一年（公元545年）

1 春，正月十七日，东魏派兼散骑常侍李奖出使南梁报聘。

2 东魏仪同尔朱文畅与丞相司马任胄、都督郑仲礼等，密谋利用正月十五观看“打簇戏”的时机作乱，杀丞相高欢，奉尔朱文畅为主。事情泄露，全部被处死。尔朱文畅，是尔朱荣之子。他的姐姐，过去是敬宗元子攸的皇后，现在与郑仲礼的姐姐郑大车都是高欢的妾，备受宠爱，所以只诛杀他们本人，兄弟们都没有连坐。

高欢上书说：“并州是生产军事武器和装备的地方，需要妇女纺织劳动，请设置行宫，以收容被罚没或发配的女囚。再者，陛下应该娶吐谷浑的女儿，以招抚他。”

正月二十八日，设置晋阳宫。

二月十一日，东魏主元善见纳吐谷浑可汗的堂妹为容华（较低级别的嫔妃）。

3 西魏丞相宇文泰派酒泉匈奴人安诺槃陀始通使于突厥。突厥本是西方小国，姓阿史那氏，世代居住在金山之南，为柔然做铁匠。到了酋长土门统治时期，开始强大，颇为侵扰西魏西部边境。安诺槃陀到了突厥，其国人都喜悦道：“大国使者到来，我们国家将要兴起了！”

4 三月十六日，东魏丞相高欢到邺城朝见，百官都到紫陌迎接。高欢握着崔暹的手，慰劳他说：“以前朝廷岂无法官，只是他们不肯纠查弹劾。中尉尽心徇国，不避豪强，于是让远近肃清。能冲锋陷阵的，大有其人；而能做官刚正的，今天我才见到。你的富贵，是自己凭本事换来的，高欢父子无以相报。”赐给崔暹良马。崔暹下拜，马惊走，高欢亲自拉住马，把马辔授给崔暹。

东魏主元善见在华林园设宴，让高欢向朝廷官员中最公正正直的人劝酒。高欢走下台阶，跪下说：“唯独崔暹一人有资格接受我劝酒，同时请把刚才宴会前射箭比赛，臣得到的一千匹绸缎赏赐，转赐给他。”高澄退下后，对崔暹说：“我尚且畏惧羡慕你，何况别人！”

但是，崔暹心中自有他机巧狡诈的一面。当初，高阳王元斌有一个庶出的妹妹元玉仪，不为家人所齿，做孙腾的家妓，孙腾又把她抛弃了。高澄在路上与她偶遇，喜欢她，纳她为妾，于是她特别受宠，被封为琅琊公主。高澄对崔季舒说：“崔暹必定要来找我进谏，我自有办法对付他。”等到崔暹来谈公事，高澄就一脸严肃，不给他好脸色。过了三日，崔暹怀里的名帖掉在地上。高澄问：“带着名帖干啥？”崔暹悚然说：“还没有拜见公主。”高澄大悦，把着崔暹的手臂，进去见元玉仪。

崔季舒对人说：“崔暹时常忿忿地说我谄媚，在大将军跟前，总说我这个叔父该杀；看他自己谄媚起来，比我高多了！”

【华杉讲透】

高欢、高澄、崔暹，都是演戏，戏里有真有假，剧本他们自己掌握。外人不知道剧本，所以看不懂。崔季舒说崔暹谄媚，倒也未必，崔暹可能没有那么迂腐，觉得这事根本不重要，故意表演，逗高澄开心罢了。一个地方的开心，能换来另一个地方的让步，外人哪知道他的算盘。

5 夏，五月二十六日，东魏大赦。

6 西魏太傅王盟去世。

7 晋朝以来，文章竞相攀比浮华，西魏丞相宇文泰想要革新除弊。六月十日，西魏主在太庙祭祀。宇文泰命大行台度支尚书、领著作苏绰作《大诰》，宣示群臣，劝诫大臣勤于政事；并下令说："以后文章都按照这种文体。"

8 南梁皇帝萧衍派交州刺史杨瞟讨伐李贲，以陈霸先为司马，命定州刺史萧勃与杨瞟在西江会合。萧勃知道军士们不愿意远征，于是诡秘地劝说杨瞟也留下。杨瞟集合诸将问计，陈霸先说："交趾叛变，罪由宗室激起，扰乱数州，几年都不能平定。萧勃只管偷安于眼前，不顾大计。您奉命讨伐有罪之人，应当生死不顾。岂可逗留不进，长贼寇志气，灭自家威风！"于是勒兵先发。杨瞟任命陈霸先为前锋。到了交州，李贲率众三万抵抗，先败于朱鸢，又败于苏历江口。李贲逃奔嘉宁城，诸军进兵包围。萧勃，是萧昺之子。

西魏与柔然头兵可汗密谋连兵讨伐东魏，高欢娶柔然公主

9 西魏与柔然头兵可汗密谋连兵讨伐东魏，丞相高欢很担忧，派行台郎中杜弼出使柔然，为世子高澄求婚。头兵可汗说："高王自己娶就可以。"高欢犹豫未决。娄妃说："国家大计，希望您不要再犹豫。"世子高澄、尉景也劝他。高欢于是派镇南将军慕容俨前往礼聘，号称蠕蠕公主。

秋，八月，高欢亲自到下馆迎亲。公主到了之后，娄妃让出正室给她。高欢向娄妃跪拜感谢，娄妃说：“她会察觉的，希望您与我断绝来往，不要来看我。”头兵可汗派他的弟弟秃突佳来送女儿，并报聘，告诫他说：“等看见生下外孙再回来。”公主性格严肃刚毅，终身不肯说汉话。有一次高欢生病，无法前往，秃突佳怨忿，高欢只好扶病上轿前往。

【华杉讲透】

《孙子兵法》说：“不战而屈人之兵。”又说：“上兵伐谋，其次伐交。”这三句话在这儿都用上了。通过联姻避免战争，打掉了头兵可汗与西魏连兵讨伐东魏的念头，瓦解了柔然和西魏的军事同盟。事体重大，人人都明白，所以娄妃和高澄都坚决支持。

头兵可汗要高欢自己娶，而不要女儿嫁给世子高澄，这是他太贪心了！他想什么呢？他想要女儿生下继承人，在他的支持下取代高澄，以后东魏之主，就是他的外孙。所以他嘱咐弟弟一定要等看到生下外孙再回来。如此，他就是高澄的敌人。高澄也知道这一点，但是这一步现在必须走，以后的事以后再说。形势随时会变，头兵可汗怎么控制得了那么远的事情呢？头兵可汗父女二人，把高欢一家欺负得够呛！人们总是在形势对自己有利的时候谋求最大的要价，但是你要价越高，以后风险就越大。

10 冬，十月十四日（原文乙未，根据柏杨考证修改），南梁皇帝下诏，恢复允许有罪者用钱赎罪的制度。

11 东魏派中书舍人尉瑾出使南梁报聘。

12 乙未（十月无此日），东魏丞相高欢请释放在邙山战役中俘虏的西魏战俘，并将民间寡妇与他们婚配。

13 十二月，东魏任命侯景为司徒，中书令韩轨为司空。十二月十四日，任命孙腾为录尚书事。

14 西魏筑祭天的圜丘于长安城南。

贺琛上疏陈述朝廷弊习，惹萧衍大怒驳斥

15 南梁散骑常侍贺琛启奏，陈述四事：

其一，认为："如今北边（东魏）已经向我们稽首顺服（吹牛，人家是远交近攻，安抚南方，专心对付西魏而已），正是生聚教训之时（引用《左传》典故，伍子胥的话：'越十年生聚，十年教训，二十年之外，吴其为沼乎！'生聚：繁殖人口，聚积物力；教训：教育，训练。越国积蓄力量二十年，吴国就成了他的小池塘了），而今天下户口减落，边关之外，尤其严重。郡不堪州的压榨，县不堪郡的剥削，更是互相骚扰，横征暴敛，民不堪命，各自流亡他乡，这岂不是州牧郡守之过！东部户口空虚，都是因为朝廷派去各种摊派的钦差太多，穷幽极远的地方，也没有放过一个，钦差所到之处，骚扰县邑，懦弱的县令，则拱手听其渔猎，狡黠的长吏，又乘机加倍贪残，就算有清廉公平的县官，郡里也不会放过他们。如此，虽然每年都颁布减免税赋徭役，让百姓恢复生业的诏书，但百姓仍然不能返回故土家园。"

其二，认为："如今天下郡守县宰之所以贪婪残暴，都是风俗奢靡使然。如今的宴会，竞相攀比夸耀豪富，水果堆成山，菜肴摆得像绣花的绸缎，汉文帝当年盖露台花了一百金，那钱放到今天都不够一次酒席的开支！而宾主之间，也不过吃饱而已，人还没下桌，菜肴已经撤下抛弃，变成腐臭。再者，什么人可以畜养歌伎，也没有等级规定，身为牧民的官吏，搜刮到亿万家财，退休回家之后，也支持不了几年，就全被这种豪华宴会和歌舞用具消耗一空。花费的是金山银山，得到的不过是片刻欢愉，于是更加追恨在任时捞得太少！如果有机会再回来做官，一定变本加厉，吞噬民财，这是何等荒悖！其余各种荒淫奢侈之事，再写一百条也不够，习以成俗，一天比一天严重。再想要郡守们清廉，还做得到吗？应该严格禁制，教导大家节俭，纠察举报浮华之事，改变他们

的耳目所欲。人们并不愿意失去操守，只是耻于赶不上别人，所以勉强为之；如果朝廷能以淳厚朴素为先，一定可以矫正流弊。”

其三，认为：“陛下忧念四海，不惮勤劳，至于百官，无不上奏言事。但是，一些斗筲小人，得了这种机会，就想用诡计手段，谋求升迁，不论国之大体，不心存宽厚；唯务吹毛求疵，专门深挖别人的过失，以苛刻为务，想方设法，把别人绳之以法。表面上是为了国家，实际上是自己作威作福，犯罪的人越来越多，而逃避法律惩罚的路子也越来越广，增长了弊病，增加了邪恶，原因都在这里。如果能要求他们有公平之心，摒弃内心的奸诈，则在下位的人可以安心，在上位的人可以清净，就不会再有人心存侥幸。”

其四，认为：“如今天下无事，但劳民伤财的事情却好像永远也做不完，应该减少工程，节省开支，工程减少了，百姓得到休养生息，开支减少，财富就能积聚起来。朝廷各部门，应自纠自查，不要大兴楼堂馆所：凡京师所有官署、官邸、市场及礼乐、车服、旗章、军事装备，四方各驻军基地、驿站、宾馆，凡是应该废除的，一概废除；可以裁减的，一律裁减。不是急需的建筑，不是急需的差役，最好全部停止，以息费休民。这样畜积财富，是为了真有大用的时候有得用；休养百姓，也是为了将来有大战役、大工程时能够征调。如果说小事不足害财，就终年不息；如果认为小役不足妨民，则终年不止。如此，就难说怎么让国家富强，而图谋远大了。”

奏书递上去，皇帝萧衍大怒，把主书召到跟前，口授敕书以斥责贺琛。大意是：

“朕有天下四十余年，从公车转来的谏言，每天都会听到，所陈述的事情，跟你说的也差不多，只是苦于公务繁多紧迫，也不想让这些琐事来添乱。你不应该跟那些烂人一样，只是为了自己扬名，在道路上宣扬，说：‘我能上事，只恨朝廷不用我的话。’你为什么不分别明说：某刺史横暴，某太守贪残，尚书、兰台某人奸猾，使者渔猎百姓。他们都姓甚名谁？他们向谁索取？谁又给了他们？你把具体事实明说，我也可以诛杀罢黜，更择良才。再者，士民饮食过分奢侈，如果朝廷要加以严禁，那各家各户，房屋密集，曲里拐弯，朝廷怎么能知道？如果挨家挨户去搜检，恐怕更增苛扰。如果你所指的是朝廷，那我没有这样的事。之前祭祀用的牺牲太牢，早就不再宰杀，朝中宴会，菜蔬而已；如果还要减省，恐怕人家要讥刺我是《蟋蟀》了（《蟋蟀》是《诗经》里的一篇，讥讽鲁僖公过分节俭，不合礼仪）。如果你是指我做的佛事功德，那用的都是自家菜园里的蔬菜，一种瓜做成几十种菜，一种菜做成几十种味道；因为变化，所以显得多，又有何奢侈浪费可言！

"我的宴会，都是私宴，不是公宴，从来不用国家的钱，这么多年来，下到宫人，都不吃国家之食。我所营造的工程，也不用材官及国匠，都是我自己私人出钱，雇人完成。官员有勇有怯，有贪有廉，各有各的用处，也不是朝廷给他们插上翅膀，放他们出去作恶！你认为朝廷有错，你自己不也甘之若饴吗？你应该想想，让朝廷犯错的人是谁（萧衍的意思，是说贺琛自己也奢侈）！你说：'应该导之以节俭。'朕断绝房事三十余年，所住的房间不过一床之地，宫中没有雕饰之物；平生不饮酒，不好音乐，所以朝中宴会，也未尝奏乐，这是大家都看见的。朕三更大就起床治事，随事多少，事少时中午可以处理完毕，事多时到太阳偏西才能吃饭，一天就吃一餐，不分昼夜；以前我腰围超过十尺，如今瘦削，才二尺有余，旧的腰带还在，不是我妄说。我这是为了谁？不是为了拯救天下苍生吗？

"你又说：'百官无不奏事，用诡计谋求升官。'如今不让百官奏事，那让谁来奏事？难道专门委派一个人负责奏事吗？那会得到什么？古人云：'专听生奸，独任成乱。'如果专听一个人的话，就委任给一个人，就像秦二世委任赵高，王政君托付给王莽，指鹿为马，又值得效法吗？你说'吹毛求疵'，是指何人？'擘肌分理'，又是何事？要裁减官署、官邸、市场，你具体说，哪一所应该裁除？哪一所应该缩减？哪一处兴造不是急务？哪一处征求可以缓行？每一件你都说具体，然后再奏闻！富国强兵之术，息民省役之宜，你都具体一条条列出来！如果没有具体条目，就是欺罔朝廷。我拿到你重新上奏的奏书之后，再详细阅览，并批转给尚书省，正式向全国颁布，让除旧布新的善政美德能出现在今世。”

贺琛只能承认自己错误，不敢再说。

皇帝为人，孝慈恭俭，博学能文，阴阳、卜筮、骑射、声律、书法、围棋，无不精妙。勤于政务，冬天四更天就起床视事，执笔批阅奏章，手都冻得皴裂了。自天监年开始修佛，长期斋食，不吃鱼肉，每天就吃一顿饭，只有菜羹粗粮而已，有时遇到事务繁重，到了中午就漱漱口，也不吃饭。身穿布衣，木绵床帐，一顶帽子戴三年，一条棉被盖二年，后宫贵妃以下，长裙都不拖到地面。也不饮酒，除非宗庙祭祀、大宴会及诸法事，未尝演奏音乐。就算独坐在幽暗的房间里，也衣冠端正，大热天小坐，也未尝卷起袖子或露出手臂。对宫内的小臣奴仆，也像面对国宾一样彬彬有礼。但是，对士人太过宽大，州牧、郡守大多渔猎百姓，使者干扰郡县。又好亲任小人，挑剔别人的小毛病。多造佛塔寺庙，公款私财都没少花。江南久安，风俗奢靡。所以贺琛启奏进谏。皇帝厌恶他说到实情痛处，所以发怒。

【司马光曰】

梁高祖不能善终，也是应得的吧！人主听人进谏，容易犯的毛病在于细碎而无大略；人臣进谏的毛病也在于烦碎。所以，明主以掌握大方向和关键，为驾御万机之本；忠臣也陈述大体，以格正君心之非。如此，身体不必劳苦，而功效长远，言辞简约，而获益甚大。看贺琛的谏言，并不算多么切直，而高祖已赫然震怒，护自己的短，夸矜自己所长；诘问贪暴之人具体名字，问劳费的具体是哪个项目，知道贺琛难以回答，故意去刁难他，让他理屈词穷。自以为蔬食之俭为自己盛德，日夜操劳为天下大治，自己做君王，已经够可以了，群臣的箴规，也就不足为听。如此，其他那些切直之言还超过贺琛者，谁还敢说话！于是，奸佞居前，视而不见（指朱异、周石珍、萧正德之徒），大谋颠错，而不自知（指之后接受侯景而又出卖侯景），名辱身危，邦国颠覆，宗庙绝祀，为千古所笑，岂不哀哉！

16 南梁皇帝崇尚文雅，疏远忽视刑法，自公卿大臣，都不把司法当回事。奸吏们就招权弄法，收受贿赂，像市场一样公开交易，被冤枉滥杀的人很多。大概被判处两年以上徒刑的，每年有五千人；被罚做苦工的，分为五种（会木工的当木匠，会炼铁的当铁匠，会制皮的当皮匠，会染布的当染匠，会烧窑的当窑工），没有专长的，则戴上脚镣，关进牢房；如果生病，可以暂时解下，于是囚徒能有钱行贿的，没病也说有病，可以解下；没钱行贿的，有病也不能解，更加剧痛楚。当时王侯子弟，多骄淫不法。皇帝年老，厌倦政事，又专精佛门戒律，每次裁决重罪，则终日感到凄凉；遇到谋反的大逆之罪，事情被发觉后，他也哭泣而宽宥。于是王侯们更加骄横，甚至白天在大街上杀人，或者暮夜公行抢掠，有犯罪亡命的，藏匿于亲王家中，有司也不敢搜捕。皇帝自己也深知其弊，而溺于慈爱，不能禁止。

【华杉讲透】

老板的错误是不解决问题，只解决提出问题的人

《论语》中的“老而不死，是为贼”，说的就是梁武帝这样的人！老而不死，怎么就是贼呢？偷了什么呀是贼？是偷了光阴，偷来了寿命，而于国于家无用，啥贡献没有，还活那么长！而梁武帝呢，更成了祸国殃民的国贼，不仅是国贼，而且是国贼的保护伞。他的所谓慈爱，只是对权贵阶层；就给权贵们祸国殃民发了免死金牌，给他们为非作歹发了专利牌照。他自己一句话说中了，他说不是朝廷给权贵们插上翅膀，放他们出去作恶。他的所谓“溺于慈爱”，就是这些人作恶的翅膀。

国家之于君王，和公司之于老板一样，搞得好，是你荣华富贵的生产机器；搞不好，就是吞噬你财富和性命的黑洞。萧衍就要被自己创建的国家吞噬了。因为他懈怠了，懈怠必昏庸。贺琛给他指出问题，他不解决问题，而是解决贺琛。那就没救了。

17 西魏东阳王元荣为瓜州刺史，与女婿邓彦同行。元荣去世，瓜州地方望族上表，请以元荣的儿子元康为刺史，邓彦杀元康而夺其位。西魏不能征讨，就以邓彦为刺史，屡次征召他进京，他都不去，又南通吐谷浑。丞相宇文泰认为道路遥远，难于兴师动众，决定计取，以给事黄门侍郎申徽为河西大使，密令他对付邓彦。申徽只带五十骑兵，到了之后，住宿在宾馆。邓彦见申徽单人出使，不以为疑。申徽派人暗中劝邓彦归朝，邓彦不从；申徽于是公开赞成他留下，邓彦相信他的真心，于是来宾馆相见。申徽事先已与州主簿、敦煌人令狐整等密谋好了，就在座位上将邓彦逮捕，斥责并捆缚；然后宣诏慰谕吏民，并且说“大军陆续就到”，城中无人敢动，于是申徽将邓彦送到长安。宇文泰擢升申徽为都官尚书。

中大同元年（公元546年）

1 春，正月十日，南梁交州刺史杨瞟等攻克嘉宁城，李贲逃奔新昌獠人地区，诸军屯驻于江口。

2 二月，西魏任命义州刺史史宁为凉州刺史。前刺史宇文仲和占据州城，拒绝移交。瓜州平民张保杀刺史成庆，起兵响应宇文仲和。晋昌平民吕兴杀太守郭肆，献出郡城，响应张保。丞相宇文泰派太子太保独孤信、开府仪同三司怡峰与史宁会师讨伐。

3 三月三日，南梁大赦。

4 三月八日，南梁皇帝萧衍前往同泰寺，于是住在寺里，讲《三慧经》。

夏，四月十四日，皇帝讲解完毕，大赦，改年号为中大同。当夜，同泰寺佛塔火灾，皇帝说：“这是魔劫，应该大做法事。”群臣都说好。

于是下诏说："道高一尺，魔高一丈，每逢推行善事，必有孽障横生。应当大兴土木，倍增于往日。"于是建造十二层佛塔。将要建成时，遇到侯景之乱，停止。

5 西魏史宁晓谕凉州吏民，全都归附，唯独宇文仲和据城不投降。五月，独孤信派诸将乘夜攻城东北，自己率壮士攻城西南。天快亮的时候，攻克，生擒宇文仲和。

当初，张保想要杀死州主簿令狐整，但是因为他很有声望，害怕失了人心，所以虽然表面上相敬于他，但内心里非常忌恨。令狐整假装亲附张保，派人游说他说："如今东军渐渐逼近凉州，宇文仲和孤立无援，恐怕不能抵御，应该紧急分精锐以救援。但是，成败在于将领，令狐整文武双全，派他带兵前往，一定成功。"张保听从。

令狐整走到玉门，召集豪杰，叙述张保罪状，带领骑兵返回袭击。先攻克晋昌，斩吕兴；再进击瓜州，州人一向信服令狐整，都抛弃张保，前来投降。张保逃奔吐谷浑。

众议推令狐整为刺史，令狐整说："我们因为张保逆乱，担心全州之人都陷于不义，所以一起讨诛他；今天你们如果再推举我，那是学张保了。"于是推举西魏所派遣出使波斯的使者张道义行州事，把详情向朝廷报告。丞相宇文泰任命申徽为瓜州刺史，召令狐整为寿昌太守，封襄武男。令狐整率宗族乡里三千余人入朝，跟从宇文泰征讨，一路升迁到骠骑大将军、开府仪同三司，加侍中。

6 六月二十九日，东魏任命司徒侯景为河南大将军、大行台。

7 秋，七月一日，东魏派散骑常侍元廓出使南梁报聘。

8 七月二十三日，南梁皇帝萧衍下诏："犯罪除非大逆，父母、祖父母不连坐。"

9 之前，江东除了建康及三吴、荆州、郢州、江州、湘州、梁州、益州使用钱币，其余州郡杂以谷物和布帛为交易媒介，交州、广州则专用金银为货币。朝廷自铸五铢钱及女钱（萧衍的五铢钱，面值五铢，实际重量只有二铢多，另外铸一种“五铢钱”，重量与前一种一样，但是没有轮边和方孔，称为“女钱”），二品并行，禁止使用各种古钱。普通年间，又铸铁钱。由此民间私铸的人很多，物价暴涨，交易者以至用车载钱，不再计数。再者，自破岭以东，一百钱值八十，称为“东钱”；江州、郢州以上，一百钱值七十，称为“西钱”；建康以一百钱值九十，称为“长钱”。

七月二十五日，南梁皇帝下诏说：“朝四暮三，猴子们都很欢喜，实际上并未改变，而喜怒不同（引用《庄子》典故，喂猴子的人分配橡栗，说‘早餐三个，晚餐四个’，群猴不满。改为‘早餐四个，晚餐三个’，群猴满意）。最近听说外间多用九陌钱（一百值九十），比值减少，则物价腾贵，比值增足，则物价低贱，不是物有贵贱，而是心有颠倒。至于远方，更加严重，扰乱王制，无益民财。从今天开始，可以通用足值的钱！令书颁布施行后，以百日为期，如果还有违犯，男子罚做苦工，女子罚做劳役，为期三年。”诏书颁下，而人们并不听从，钱的比值越来越少；到了第二年，一百钱只值三十五钱了。

10 南梁皇帝年高（本年八十三岁），儿子们谁也不服谁，互相猜忌。邵陵王萧纶为丹杨尹，湘东王萧绎在江州，武陵王萧纪在益州，权力都与君王相当；太子萧纲对此十分厌恶，常选精兵以保卫东宫。

八月，任命萧纶为南徐州刺史。

11 东魏丞相高欢进入邺城。高澄迁洛阳《石经》五十二碑于邺城。

12 西魏改任并州刺史王思政为荆州刺史，让他举荐诸将中可以代他镇守玉壁的人。王思政举荐晋州刺史韦孝宽，丞相宇文泰听从。

东魏丞相高欢动员崤山以东的全部兵马，将要讨伐西魏。八月二十三日，从邺城出发，在晋阳会师。九月，抵达玉壁，围城，向西魏军挑战，西魏军坚守不出。

13 李贲再次率众二万人从獠人地区杀出，屯驻在典澈湖，大造船舰，充塞湖中。众军忌惮他，停驻在湖口，不敢前进。陈霸先对诸将说：“我军出师已久，将士疲劳，而且孤军无援，进入敌人腹心地区，如果一战不捷，岂能生还！现在趁他们奔波未定，人心未固，夷人、獠人乌合之众，容易摧毁。正当同生共死，决力攻取；如果无故停留，大事去矣！”诸将都默然不应。当夜，江水暴涨七丈，注入湖中。陈霸先率所部兵马乘流先进，众军鼓噪俱前。李贲部众大溃，逃窜入屈獠洞中。

14 冬，十月六日，南梁任命前东扬州刺史、岳阳王萧詧为雍州刺史。皇帝萧衍舍弃萧詧兄弟而立太子萧纲，内心时常觉得惭愧（萧詧兄弟是嫡孙，按礼制，嫡长子死，应由嫡孙继承），对他们的宠爱，仅次于皇子。因为会稽地杰人灵，物产丰富，所以用萧詧兄弟轮流做东扬州刺史，以抚慰其心。而萧詧兄弟内心也愤愤不平。

萧詧认为皇帝衰老，政治腐败，于是蓄聚货财，礼贤下士，招募勇者，左右发展到有数千人。他认为襄阳是军事重镇，地形险要，是建国大业的发源地（萧衍当年就在襄阳举事），如果遇上天下大乱，可以建立大功。于是励精图治，抚顺士民，多施恩惠，延纳规谏，他管辖的地区，秩序井然。

高欢苦攻玉壁五十日后无功而返

15 东魏丞相高欢攻打玉壁，昼夜不息，西魏守将韦孝宽则随机应变，坚持抵抗。城中没有井水，完全依靠汾水（汾水流经玉壁城北），高欢派人将汾水改道，一晚上就完成。高欢于城南起土山，想要从土山攻入城内。城墙上之前有两座碉楼，韦孝宽在楼上加盖，让碉楼始终高于土山。高欢派人告诉他说："你就是把楼加到天一样高，我照样可以挖地道进去。"于是挖掘十条地道，又用术士李业兴"孤虚法"，聚攻城北。城北，是天险。韦孝宽横着挖掘长壕，用以截断高欢的地道，选战士屯驻在壕沟上。高欢军的地道挖出来，战士们就擒杀东魏兵。又在壕沟外积蓄柴火，有敌人在地道内的，就塞柴点火，用皮风箱鼓风，把里面的人烧得焦烂。东魏兵以攻车撞城，车之所及，无不摧毁，没有人能抵御。韦孝宽用布缝成幔帐，攻车到哪里，就垂下幔帐阻挡，攻车冲力被幔帐消减，不能造成破坏。东魏军又把松枝、麻秆捆缚在长竿上，灌油加火以烧幔帐，并想要焚毁城楼。韦孝宽制作长钩，磨利锋刃，火竿将至，远远地用长钩去割，松枝、麻秆都掉落下来。东魏军又在城四面挖掘二十条地道，中间用梁柱支撑，再纵火烧毁。梁柱折断，城墙崩塌。韦孝宽在崩塌处竖起木栅栏工事，东魏军还是攻不进去。城外用尽攻击之术，而城中守御有余。韦孝宽又夺取占据了东魏军的土山。

高欢无可奈何，于是派仓曹参军祖珽游说韦孝宽："君独守孤城，而西方没有救兵，恐怕终究不能保全，为什么不降？"韦孝宽回复说："我城池严固，兵食有余。攻者自劳，守者常逸，岂有十天半月就要救援之理！需要为自己担心的是你们，不要到时候回不去了。韦孝宽身为关西男子，必不做投降将军！"

祖珽又对城中人喊话说："韦城主接受他的荣华富贵，或许可以这样。其他军民，何必和他一起赴汤蹈火？"然后用箭将赏格射入城中说："能斩城主降者，拜太尉，封开国郡公，赏绸缎一万匹。"韦孝宽在悬赏文告背面书写："能斩高欢者，赏格与此相同。"再给城外射回去。

祖珽，是祖莹之子。

东魏苦攻五十日，士卒战死及病死者七万人，埋葬在一个大冢中。高欢智力皆困，因而发病。有流星坠入高欢营中，士卒惊惧。十一月一日，东魏解围而去。

之前，高欢另派侯景率军攻打齐子岭，西魏建州刺史杨檦镇守车厢，担心侯景侵犯邵郡，率骑兵抵御。侯景听闻杨檦到了，砍树木阻断道路六十余里，仍然惊恐不安，于是还师河阳。

十一月十一日，高欢命段韶跟从太原公高洋镇守邺城。

十一月十二日，征召世子高澄到晋阳相会。

西魏任命韦孝宽为骠骑大将军、开府仪同三司，进爵建忠公。时人都称赞王思政有知人之明。

十二月十一日，高欢因为西征无功，上表自请解除都督中外诸军职务，东魏主元善见批准。高欢从玉壁回来，军中谣言说韦孝宽以定功弩射杀丞相。西魏人听闻，发布文告说："劲弩一发，凶徒陨命。"高欢听到了，勉强起身，接见诸亲贵，命斛律金作《敕勒歌》，高欢亲自和唱，哀感流涕。

【华杉讲透】

攻城是下策，不得已而为之

《孙子兵法》说："故上兵伐谋，其次伐交，其次伐兵，其下攻城。攻城之法，为不得已。修橹轒辒，具器械，三月而后成，距堙，又三月而后已。将不胜其忿而蚁附之，杀士三分之一，而城不拔者，此攻之灾也。"

攻城是下策，不得已而为之。

"修橹轒辒"，"橹"是大盾，可以挡住整个身体的。轒辒，是一种四轮的攻城车辆，蒙以皮革，算古代的装甲运兵车吧，里面可以藏几十人，一直推到城墙下。其他器械，如飞楼、云梯、板屋、木幔等，准备这些东西至少得三个月。

"距堙"，是土方工程，堆土为坡，可以登高和守城的士兵作战。其他工程如挖地道、搭桥越壕、运土填壕等，做这些准备也得三个月时间。

攻城是个慢功夫，是个细活。如果大将是个急躁性格，搞"蚁附"战术，士兵死了三分之一，还攻不下来，那是灾难性的。

"蚁附"，顾名思义，就是步兵密集强攻，像蚂蚁一样往上爬。城楼上的招待，就是矢石汤火——射箭、扔石头、倒开水、倒滚油再给你点火。蚁附又叫蛾傅，飞蛾扑火，倒也形象。

所以攻城是非常惨烈的，是下策的下策的下下策。高欢攻玉壁城五十天，留下一座七万人的大坟，智力俱困，愤懑发病，并在其后病死。这就是《孙子兵法》说的情况了。

16 西魏大行台、度支尚书、司农卿苏绰，性情忠俭，常以丧乱未平为己任，选拔贤能，纲纪民政；丞相宇文泰推心置腹地任用他，没有人能离间。宇文泰出游，常预先签署空纸给苏绰；有需要决策处分的，就由他全权随事施行，宇文泰回来之后，报告他知道而已。苏绰常说："为国之道，当爱人如慈父，训人如严师。"每与公卿论议，从早到晚，事无巨细，都了如指掌。最终积劳成疾而卒。宇文泰深为痛惜，对公卿们说："苏尚书平生廉洁谦让，我想要保全他生前志向，又怕大家不理解；如果厚加赠谥，又违背我和他相知之心。怎样才合适？"尚书令史麻瑶越级建议说："俭约，正是表彰他的美德。"宇文泰听从，将他归葬武功，载以布车一乘，宇文泰与群公步行送出同州城外。宇文泰在车后用酒浇地祭奠说："尚书平生为事，您的妻子兄弟所不知道的，我都知道。唯有您知道我的心，唯有我知道您的志向，正要与您共定天下，您却舍我而去，奈何！"然后举声恸哭，酒杯落在地上也没察觉。

17 东魏司徒、河南大将军、大行台侯景，右足偏短，弓马非其长，而多谋善算。诸将高敖曹、彭乐等都勇冠一时，而侯景常轻视他们，说："这些人不过就是像野猪一样狂奔，有勇无谋！"侯景曾经对丞相高欢说："愿得兵三万，横行天下，渡江缚取萧衍那个老头，让他来做太平寺主持（太平寺在邺城）。"高欢命他将兵十万，全权管辖黄河以南各州，对他的倚仗信任，就像是自己的半个身体。

侯景一向轻视高澄，曾经对司马子如说："高王在，我不敢有异；高王如果死了，我不能与鲜卑小儿共事！"司马子如捂住他的嘴。等到高欢病重，高澄伪造高欢书信以召侯景。之前，侯景与高欢约定："如今我握兵在远，容易被人欺诈，大王写信给我时，一定加上一个小点作为暗号。”高欢听从。侯景收到信，没有小点暗号，于是推辞不来；又听闻高欢病重，用他的行台郎、颍川人王伟的计策，拥兵自固。

高欢对高澄说：“我虽病，你脸上的忧愁，恐怕还有其他事，是什么？”高澄还未及回答，高欢说：“是不是担忧侯景叛变？”高澄说：“是的。”高欢说：“侯景专制河南，已经十四年了，常有飞扬跋扈之志，我还能畜养他，但恐怕不是你所能驾御的。如今四方未定，不要急于为我发丧。库狄干鲜卑老人，斛律金敕勒老人，都性格遒直，终究不会辜负你。可朱浑道元、刘丰生，远来投我，必无异心。潘相乐本是修道之人，内心和厚，你们兄弟当得到他的助力。韩轨从小戆直，应该多多宽容他。彭乐难以对人忠心，对他要多加防备。能击败侯景的，唯有慕容绍宗，我故意不给他显贵，是把他留给你用。”又说：“段韶忠亮仁厚，智勇兼备，亲戚之中，唯有此子，军旅大事，应该跟他商量（段韶的母亲与高澄的母亲是姐妹，高欢是段韶的姨父）。”又说：“邙山之战，我没有听陈元康的话（没有乘胜追击消灭宇文泰），给你留下后患，死不瞑目！”

潘相乐，是广宁人。

【华杉讲透】

对下属有知遇之恩能让其更忠心

君王去世，就有主少国疑之忧，因为跟着老王打天下的人，把新君看成小孩子，侄儿辈，轻视他，不仅不听指挥，而且认为新君应该听自己指挥。同时，又有另一些人，希望一朝天子一朝臣，自己能有出头之日。高欢利用这种形势，故意压下一个自己最看重的慕容绍宗，留给儿子去提拔他，如此，高澄就对慕容绍宗有知遇之恩，慕容绍宗就成了高澄的人。这比临死时苦口婆心地任命几位“顾命大臣”高多了。

卷第一百六十　梁纪十六

（公元547年，共1年）

高祖武皇帝十六

太清元年（公元547年）

1 春，正月一日，日食，未食尽，残留一部分在外，形状如钩。

2 正月四日，南梁荆州刺史、庐陵威王萧续去世。任命湘东王萧绎为都督荆州、雍州等九州诸军事，荆州刺史。萧续一向贪婪，临终，派中录事参军谢宣融向皇帝献上金银器一千余件，皇帝才知道他这么富有，问谢宣融："王爷的金银财宝全在这里了吗？"谢宣融说："这已经很多了，怎么可能更多呢？大王之过，如日月之食，想要让陛下知道，所以临死就不再隐瞒。"皇帝这才解开心里的疙瘩。

当初，湘东王萧绎为荆州刺史，有小过，萧续接任后，向皇帝报告，从此兄弟俩不再联系。萧绎听说萧续死了，一进家门，就抑制不住高兴得跳起来，木屐都摔破了。

【华杉讲透】

谢宣融的话，引用《论语》，子贡曰："君子之过也，如日月之食焉：过也，人皆见之；更也，人皆仰之。"君子的过失，就像日食、月食一样，他犯错的时候，所有人都看见了。他改正错误的时候，所有人都仰望着。这里的君子，指在上位者、领导者。领导者是万众瞩目的，大家都盯着他，所以他犯错是藏不住的，很容易被人发现。但是他及时改正，大家也仰望着。这是鼓励领导者勇于改过的话，所以萧衍听后打消了怒气。

萧绎的小过，是他离任回京时，带了一个宠爱的官人李桃儿，而这位李桃儿是营户，归军队管辖，按制度不能离开本地。萧续据实报告，萧绎被迫把李桃儿送回荆州。

高欢病亡，侯景叛东魏

3 正月八日，东魏勃海献武王高欢去世。高欢性格深沉缜密，终日俨然，别人都不知道他在想什么，机谋权变之际，变化如神。制驭军旅，法令严肃。听断明察，谁也不能欺骗他。擢升人才，委任官职，全看才能，只要能胜任，不问出身；有虚名而无实干的，都不任用。又一向节俭朴素，刀剑马鞍都没有金玉装饰。年轻时酒量很大，自从身当大任，每次喝酒不过三杯。知人好士，对有功勋的人和微贱时的旧友，多有爱护保全；每次俘虏敌国尽节之忠臣，多不加罪。因此文武官员都乐于为他所用。

世子高澄秘不发丧，唯有行台左丞陈元康知道。

侯景自念已与高氏有矛盾，内心不能自安。正月十三日，据河南反叛东魏，归顺西魏。颍州刺史司马世云献出州城响应。侯景又引诱抓捕豫州刺史高元成、襄州刺史李密、广州刺史怀朔暴显等。侯景派军士二百人，带着武器，夜里进入西兖州，准备袭击夺取。刺史邢子才发觉此事，趁敌不备而捕，全部抓获。邢子才传檄东方诸州，各自防备，于是侯景未能继续攻取。

诸将都以为侯景之叛由崔暹引起，高澄不得已，想要杀崔暹，以向侯景交代。陈元康进谏说：“如今虽然四海未清，但纲纪已定。如果为了取悦几个在外的将领，而枉杀无辜，亏废刑典，岂只是上负天神，又何以下安百姓！晁错前事，愿公慎之。”高澄于是停止，派司空韩轨督诸军讨伐侯景。

【华杉讲透】

西汉七国之乱，吴王刘濞为首的七国诸侯以“请诛晁错，以清君侧”为名，举兵反叛。汉景帝听从袁盎之计，腰斩晁错，向叛军道歉，结果除了自剪羽翼，并没有什么用。侯景已经叛变投敌，岂会因为杀了崔暹，他就幡然悔悟？高澄惊慌之下，和汉景帝一样，病急乱下药，好在之前有景帝案例，陈元康一句话，救了崔暹性命。

晁错、崔暹等忠臣的命运，就是随时会被他效忠的君王抛弃。

4 正月二十三日，南梁皇帝萧衍在南郊祭天，大赦。正月二十六日，祭祀明堂。

5 二月，西魏朝廷下诏：“从今天开始，应处宫刑的，直接罚没入官府为奴，不再用刑。”

6 西魏任命开府仪同三司若干惠为司空，侯景为太傅、河南道行台、上谷公。

二月十三日，侯景又派他的行台郎中丁和到南梁，上表说：“臣与高澄有矛盾，请举函谷关以东，瑕丘以西，豫州、广州、颍州、荆州、襄州、兖州、南兖州、济州、东豫州、洛州、阳州、北荆州、北扬州等十三州内附，还有青州、徐州数州，只需要写几封信招降就够了。况且黄河以南，都是臣的辖区，易如反掌。齐、宋地区一旦平定，就可进一步安排燕、赵事务。”皇帝萧衍召群臣廷议。尚书仆射谢举等都说：“过去这些年与魏国通和，边境无事，如今纳其叛臣，我认为不合适。”皇帝说：“虽然如此，得到侯景，则塞北可以肃清，机会难得，岂能死脑筋？”

这年正月十七日，萧衍梦见中原各州牧郡守都献出土地来降，举朝称庆。第二天早上醒来，见中书舍人朱异，把梦告诉他，并说：“我一向很少做梦，如果有梦，必定是真的。”朱异说：“这是天下统一的吉兆。”等到丁和到来，说侯景决定归降那天，正是正月十七日，萧衍更加觉得神奇。但是他还没有下最后决心，自言自语说：“我国家如金瓯，没有一点伤痕或缺口，如今忽然接受侯景这么大土地，合适吗？如果造成混乱，悔之何及？”朱异揣摩知道皇帝的心意，回答说：“圣明天子，驾御宇内，南北百姓，都仰慕归附，只是没有机会，一直无法表达。如今侯景分魏土之半而来，如果不是上天诱发他的衷心，百姓赞同他的计谋，又何以至此！若拒而不纳，恐怕让以后想要归附的人绝望。这是很明显的道理，愿陛下不要再犹疑。”皇帝于是定议接纳侯景。

二月十五日，任命侯景为大将军，封河南王，都督河南北诸军事、大行台，按当年邓禹前例，承制行使皇帝职权。

平西咨议参军周弘正，善于占卜，之前对人说：“国家数年后当有兵起。”等到听闻接纳侯景，说：“祸乱由此而起！”

7 二月二十日，南梁皇帝萧衍亲耕天子籍田。

8 三月三日，皇帝萧衍抵达同泰寺，第四次舍身，跟大通元年那次一样。

9 三月七日，皇帝萧衍派司州刺史羊鸦仁督兖州刺史桓和、仁州刺史湛海珍等，将兵三万人向悬瓠进军，运粮食接应侯景。

10 西魏大赦。

11 东魏高澄担心诸州有变，于是亲自出行巡视抚慰。留段韶守晋阳，委以军事；任命丞相功曹赵彦深为大行台都官郎中。命陈元康仿照丞相高欢笔迹，书写数十条教令交给段韶及赵彦深，命他们之后依次颁行。临出发，高澄握着赵彦深的手，哭泣说："我把母亲和弟弟们都托付给你，希望你了解我的心！"

夏，四月六日，高澄入朝于邺城。东魏主元善见设宴欢迎，高澄起舞，有见识的人都知道他不能善终。

【华杉讲透】

司马光的意思是，父亲刚死，就欢宴歌舞，可见为人轻佻，在此乱世，自然难得善终。不过，此时高澄秘不发丧，欢宴起舞正是理所应当，"有识之士"也过分预测了。如果高澄善终了，恐怕史书也就不会写下这样的预测。

12 四月十日，南梁群臣到同泰寺交上赎金，赎回皇帝。四月二十一日，萧衍还宫，大赦，改年号，与大通年间那次一样。

13 四月二十八日，东魏派兼散骑常侍李系出使南梁报聘。李系，是李绘的弟弟。

14 五月一日，东魏大赦。

东魏、西魏、南梁三方军队会聚颍川

15 五月二日，东魏任命襄城王元旭为太尉。

高澄派武卫将军元柱等将兵数万人昼夜兼行以袭击侯景，在颍川北与侯景遭遇，元柱等大败。侯景因为南梁羊鸦仁等军还未抵达，于是退保颍川。

16 五月八日，东魏任命开府仪同三司库狄干为太师，录尚书事孙腾为太傅，汾州刺史贺拔仁为太保，司徒高隆之录尚书事，司空韩轨为司徒，青州刺史尉景为大司马，领军将军可朱浑道元为司空，仆射高洋为尚书令、领中书监，徐州刺史慕容绍宗为尚书左仆射，高阳王元斌为右仆射。

五月二十二日，尉景去世。

17 东魏司徒韩轨等包围侯景于颍川。侯景惧怕，割东荆州、北兖州、鲁阳、长社四城贿赂西魏以求救。西魏尚书左仆射于谨说："侯景年轻时就熟习军事，奸诈难测，不如封他高官厚爵，以观其变，不可派兵。"荆州刺史王思政认为："如果不乘机进取，后悔无及。"即刻以荆州步骑兵一万余人从鲁阳关向阳翟进发。丞相宇文泰听闻，加授侯景为大将军兼尚书令，派太尉李弼、仪同三司赵贵将兵一万奔赴颍川。

侯景担心南梁皇帝萧衍责备他，派中兵参军柳昕到建康，上奏说："王师未到，死亡交急，于是求援于关中，自救于眼前。臣既不能安于高氏，又岂能见容于宇文！只是壮士断腕，事不得已，一切都是为了国家，希望陛下不要怪罪！臣既然获得他们的帮助，也不方便马上就背弃他们，如今以四州之地为饵，换取敌人帮助，已经让宇文泰派人进驻。自豫州以东，齐地海滨以西，都在臣的掌控之中；现有土地，全部归附圣朝，悬瓠、项城、徐州、南兖州，还需要接应。愿陛下速速下令边境各区，各置重兵，与臣密切联系，不要有差错！"

萧衍回复说："大夫出境，尚且有所专权；何况你始创奇谋，将建大业，理当适事而行，随机应变。朕知道你的诚心坚定，何必解释！"

18 西魏任命开府仪同三司独孤信为大司马。

19 六月三日，南梁任命鄱阳王萧范为征北将军，总督汉北征讨诸军事，攻打西魏穰城（接应侯景）。

侯景弃西魏奔南梁，西魏撤军

20 东魏司徒韩轨等包围颍川，听闻西魏李弼、赵贵等军队将至，六月四日，引兵回邺城。侯景设下宴会，邀请李弼和赵贵，想要乘机逮捕二人，吞并他们的部队。赵贵疑心，不去。赵贵想要引诱侯景进入自己军营，逮捕他，李弼制止。南梁司州刺史羊鸦仁派长史邓鸿率军到汝水，李弼引兵回长安。王思政入据颍川。侯景声称要攻略土地，引军出城，屯驻悬瓠。

侯景再次向西魏请救兵，丞相宇文泰派同轨防主韦法保及都督贺兰愿德等率军救援。大行台左丞、蓝田人王悦对宇文泰说："侯景之于高欢，始于乡党之情，终定君臣之约，侯景位居上将，权倾朝廷；如今高欢刚死，侯景就叛变，他的野心很大，终究不肯为人之下。况且他能背德于高氏，岂肯尽节于朝廷！如今我们扩大他的势力，派兵援助他，恐怕朝廷将来要贻笑天下了。"宇文泰于是召侯景入朝。

侯景阴谋背叛西魏，公开行动之前，特别优厚拉拢韦法保等，希望他们能为自己所用，外示亲密无间，毫无猜疑，每次往来各军营，所带侍从都很少，西魏军中名将，他都亲自登门造访。同轨防长史裴宽对韦法保说："侯景狡诈，必定不肯入关，想要与您交结，恐怕他不可信。如果伏兵斩了他，也是一时之功。如果做不到，就应该深为防备，不可相信他的欺诳诱骗，到时候自己后悔。"韦法保深以为然，但是也不敢图谋侯景，只是自己防备而已；不久，向侯景告辞，返回本镇。王思政也觉得侯景有诈，密召贺兰愿德等撤回，部署诸军，守卫侯景交出的七个州、十二镇。侯景果然推辞，不入朝，写信给丞相宇文泰说："我耻与高澄雁行，安能比肩大弟！"收到信后，宇文泰便派行台郎中赵士宪召回前后所派出救援侯景的全部军队。侯景于是决意投降南梁。西魏将领任约以所部一千余人投降侯景。

宇文泰把之前授给侯景的使持节、太傅、大将军、兼尚书令、河南大行台、都督河南诸军事回授王思政，王思政全部推辞不受。宇文泰频频派出使者晓谕敦促，王思政只接受都督河南诸军事职务。

【华杉讲透】

永远不要认为你一定能驾驭谁

侯景的毛病，就一句话：不肯为人之下，一定要当老板。有人压得住他的时候，他暂时委屈着，一旦没有让他畏服的人，他就要伸展伸展。他写给宇文泰的信："吾耻与高澄雁行，安能比肩大弟！"把宇文泰称为"大弟"，也就是说他根本就看不上宇文泰。如果能取代宇文泰，他还能接受。所以，他决意投降南梁，是要去做南梁的高欢、宇文泰。

侯景就是那种俗话说的"养不家的人"，无论你对他多好，他都不会跟你做一家人；无论这个家多好，他都在找下一家。这样的人不能收，萧衍却接收了他，就要闯下大祸了。

永远不要认为你一定能驾驭谁，因为你驾驭不了人的性格。你认为你能驾驭他，但是他不这么认为，最后就要拼个鱼死网破。高欢能驾驭侯景，那是从小到大一起摸爬滚打出来的，对于侯景来说，居然能认高欢是老板，已经是极限了，除此之外，他谁都不认。

21 高澄将要前往晋阳，任命弟弟高洋为京畿大都督，留守邺城，派黄门侍郎高德政辅佐他。高德政，是高颢之子。

六月十二日，高澄回到晋阳，才正式为高欢公开发丧。

22 秋，七月，西魏长乐武烈公若干惠去世。

23 七月二日，东魏主元善见为丞相高欢举哀，服缌缞（五服中最轻的一种丧服，服丧三个月），葬礼依汉朝霍光规格，追赠为相国、齐王，备九锡殊礼。

七月三日，任命高澄为使持节（直接代表皇帝行使权力）、大丞相、都督中外诸军、录尚书事、大行台、勃海王。高澄启奏，推辞爵位。

七月七日，皇帝下诏，命太原公高洋摄理军国，派宦官前往晋阳晓谕敦促高澄接受封爵。

24 七月二十五日，南梁援军将领羊鸦仁进入悬瓠城。

七月二十九日，南梁皇帝萧衍下诏，改悬瓠城为豫州，改寿春为南豫州，改合肥为合州。任命羊鸦仁为司州、豫州二州刺史，镇守悬瓠；西阳太守羊思达为殷州刺史，镇守项城。

南梁派大将萧渊明率兵攻打东魏

25 八月一日，萧衍下诏，大举讨伐东魏。派南豫州刺史、贞阳侯萧渊明，南兖州刺史、南康王萧会理分别统领诸将。萧渊明，是萧懿之子；萧会理，是萧续之子。

开始时，萧衍想要以鄱阳王萧范为元帅。朱异休假在家，听到消息，紧急入宫，说："鄱阳王雄豪盖世，许多人为他竭力效劳，但所到之处，都非常残暴，不是个能爱惜百姓的人。况且陛下之前登北顾亭眺望，说长江西岸有反气，骨肉亲人为反贼之首。今日之事，尤其应该详细思量。"萧衍默然，说："用萧会理，如何？"朱异回答说："陛下已经得到理想人选。"

萧会理懦弱无谋，所乘的轻便小轿，都加装木板，再蒙上牛皮。皇帝听闻，不悦。贞阳侯萧渊明当时镇守寿阳，屡次请命，皇帝准许。萧会理自以为是皇孙，又是都督，自萧渊明以下，一概不见。萧渊明与诸将密告朱异，追回萧会理，于是任命萧渊明为都督。

26 八月七日，高澄入朝于邺城，坚决辞让大丞相。东魏主元善见下诏，命高澄继续担任大将军如故，其他官职，一律依照之前的任命。

八月二十日，东魏将齐献武王高欢的假棺材葬于漳水之西，而秘密在成安鼓山石窟佛寺之旁开凿墓穴，把真灵柩塞进去，杀死全部工匠。后来，北齐灭亡，一个工匠的儿子知道这个秘密，发掘墓穴，取出金银珍宝而逃。

27 八月二十四日，南梁武州刺史萧弄璋攻打东魏碛泉、吕梁两个戍防据点，攻拔。

28 有人告诉东魏大将军高澄说：“侯景有北归之志。”正巧侯景部将蔡道遵北归，说：“侯景颇知悔过。”侯景的母亲及妻子儿女都在邺城，高澄于是写信晓谕侯景，告诉他全家平安，如果回来，许诺任命他终身为豫州刺史，还给他宠妻、爱子，所部文武官员，也都不追究。侯景派王伟回信说：“如今，我已引导二邦（西魏和南梁），扬旌北讨，熊豹齐奋，收复中原，我自己来取，不用麻烦你恩赐！当年王陵投奔刘邦，母亲没有同行；太上皇（刘邦的父亲）被项羽囚禁，刘邦说你把咱爹杀了煮成肉汤，也分我一碗。父母都不顾，妻子儿女，何足介意！如果杀了他们对你有好处，我也制止不了，不过对我也没什么损失。这又杀人又挖坑的，都是你的麻烦，关我什么事！”

八月二十四日，南梁皇帝萧衍下诏，任命侯景为录行台尚书事。

元善见不堪高澄侮辱，密谋诛杀高澄反被告密幽禁

29 东魏孝静帝元善见，容仪俊美，膂力过人，能挟着石狮子翻越宫墙，射无不中；又喜好文学，从容沉雅。时人认为他有孝文帝元宏的风范，大将军高澄对他深为忌惮。

开始时，高欢觉得逐走皇帝（元修）是自己的污点，侍奉孝静帝持礼甚恭，事无大小，都必定向孝静帝汇报，是否可行，也听孝静帝旨意。每次侍宴，都跪伏在地，向孝静帝敬酒；孝静帝设法会，乘辇进香，高欢手执香炉，步行跟从，鞠躬屏气，承望孝静帝脸色，所以他的部下，侍奉孝静帝也不敢不恭敬。

等到高澄当国，顿时十分倨傲，派中书黄门郎崔季舒监视皇帝动

静，皇帝一举一动，无论小大，都要让崔季舒知道。高澄写信给崔季舒说："那傻子最近怎么样？傻劲儿有没有减轻？要用心检校。"皇帝曾经在邺城东打猎，驰逐如飞，监卫都督乌那罗受工伐在后面呼喊说："天子不要跑马，大将军不高兴！"高澄曾经侍奉皇帝饮酒，像平辈一样，举起大杯向皇帝致意说："臣澄劝陛下酒。"皇帝不胜其忿，说："自古无不亡之国，朕何必眷念此生！"高澄怒道："朕，朕，狗脚朕！"让崔季舒殴打皇帝三拳，奋衣而出。第二天，高澄派崔季舒入宫向皇帝道歉。皇帝也表示歉意，赐给崔季舒绸绢一百匹。

皇帝不堪忧辱，咏诵谢灵运的诗说："韩亡子房奋，秦帝仲连耻。本自江海人，忠义动君子（韩国灭亡，张良发奋。秦王称帝，鲁仲连引以为耻。本是江湖浪人，忠义却能感动君子）。"常侍、侍讲、颍川人荀济知道皇帝的心意，于是与祠部郎中元瑾、长秋卿刘思逸、华山王元大器、淮南王元宣洪、济北王元徽等密谋诛杀高澄。元大器，是元鸷之子。

皇帝发敕书假意问荀济："准备哪天开讲？"于是假装在宫中堆土山，实际上是挖掘地道向北城。挖到千秋门，门卫察觉地下有响声，报告高澄。高澄勒兵入宫，见了皇帝，不拜而坐，说："陛下何意谋反？臣父子功存社稷，有什么辜负陛下吗？这必定左右妃嫔辈所为。"然后想要杀胡夫人及李嫔。皇帝正色说："自古只听说臣反君，没听说君反臣。大王自己要反，为什么要责怪我？我杀了大王，则社稷安；不杀，则灭亡无日，我对自己的生命尚且来不及珍惜，何况于妃嫔？如果一定要弑逆，要快要慢，都在大王你自己！"高澄于是下床叩头，大哭谢罪。于是两人酣饮，深夜才出宫。过了三天，高澄将皇帝幽禁于含章堂。八月二十八日，将荀济等人烹杀于街市。

当初，荀济少年时居住在江东，博学能文。他与南梁皇帝萧衍是布衣时的旧交，知道萧衍有大志，但是负气不服，常对人说："他什么时候作乱，我就在盾牌上磨墨，撰写檄文，宣告他的罪状。"萧衍对此愤愤不平。后来萧衍即位，有人向他举荐荀济，萧衍说："此人虽然有才，但是喜欢扰乱风俗，什么事总想反其道而行之，不可用。"荀济又上书进谏，劝萧衍不要崇信佛法、为佛塔佛寺奢侈浪费，萧衍大怒，想要集合百官，把他当众处斩。朱异秘密告诉他消息，荀济逃奔东魏。

高澄为中书监时想要用荀济为侍读，高欢说："我喜爱荀济，想要保全他，所以不用他。荀济入宫，必败。"高澄坚持请求，高欢才同意。等到荀济事败，侍中杨愔问他："人都老了，何苦如此？"荀济说："壮气还在！"杨愔于是下判词说："自伤年纪衰老，而功名不立，所以想挟天子，诛权臣。"高澄想要宽恕他，免他一死，亲自问他说："荀公为何谋反？"荀济说："奉诏诛高澄，何谓谋反！"有司因为荀济老病，用鹿车把他载到东市，连人带车一起焚烧。

高澄怀疑咨议温子升也知道元瑾等的阴谋，因为当时正在让他撰写献武王高欢碑文，等他写完之后，将他投入晋阳监狱，不给饭吃，温子升吃破旧棉袄，活活饿死。弃尸于路边，罚没其全家男女老幼为奴。太尉长史宋游道收葬了温子升的尸体。高澄对宋游道说："我最近写信给京师诸权贵，论及朝士，都说你喜欢交朋结党，将来肯定出事。今天才知道你是真重故旧、尚节义之人，天下人替你感到害怕的，是不知道我的心。"

九月七日，高澄回到晋阳。

【华杉讲透】

看性格便能知命运

高欢说荀济"乱俗好反"，什么事他都要反其道而行之，别人不敢干，或认为不该干的事，他就一定要干！这种人，就是无所忌惮，谁都不在他眼里，谁都不服，萧衍不在他眼里，高澄他也不服。所以，只要给他机会，他一定会闯祸。因为他一定要搞事，一定要出头，一定要表现自己。但是，他又没有真本事，干不成正事，他就会用"乱俗好反"来发泄。

被审判时，杨愔问他缘故，他说："壮气还在。"壮气二字，对了一半，气还在，但不是壮气，是血气。《论语》，孔子曰："君子有三戒：

少之时，血气未定，戒之在色；及其壮也，血气方刚，戒之在斗；及其老也，血气既衰，戒之在得。”荀济的气，是血气，所以他有血气之勇，谁他都敢斗一斗。

“自伤年纪衰老，而功名不立”，这是孔子说的第三戒，老年人戒得，因为他老了，还没得到，他着急。而且反正老病，要死了，无所谓了，风险偏好增大，就更要冒险。

最后，高澄想要饶他一命，他拒绝，还要把血气进行到底。

这就是性格即命运，高欢早已看到他的命运。

30 南梁皇帝萧衍命萧渊明在寒山筑起堰坝，堵塞泗水倒灌彭城，准备攻下彭城之后，进军与侯景形成掎角之势。九月九日，萧渊明驻军于寒山，离彭城十八里，断流立堰。侍中羊侃监督做堰，二十天完成。东魏徐州刺史、太原人王则环城固守，羊侃劝萧渊明乘水攻打彭城，萧渊明不听。诸将与萧渊明商议军事，萧渊明不能回答，只是说“临时制宜”。

31 冬，十一月，西魏丞相宇文泰跟着西魏主元宝炬在岐阳狩猎。

萧渊明因延误战机而败，南梁失土损将

32 东魏大将军高澄派大都督高岳救援彭城，想要以金门郡公潘乐为副将。陈元康说：“潘乐缓于机变，不如慕容绍宗。况且用慕容绍宗，是先王的安排。您只管推心置腹于此人，侯景不足为忧。”当时慕容绍宗在外，高澄想要召见他，担心他惊疑叛变。陈元康说：“慕容绍宗知道我受您看重，最近特别派人给我送来金子。我想要让他安心，所以收下，并诚厚地回复他的信，保证不会有意外。”

十月二十二日（原文为乙酉日，根据柏杨考据修改），任命慕容绍宗为东南道行台，与高岳、潘乐同行。

当初，侯景听说韩轨来，说：“一个吃猪肠的小儿，能干啥！”听说

高岳来，说："兵是精兵，但将领很平凡。"东魏诸将，没有一个他不轻视的。后来听闻慕容绍宗来，手指叩着马鞍，面有惧色，说："谁教鲜卑儿（高澄）派慕容绍宗来！难道是高王还没死吗？"

高澄任命廷尉卿杜弼为军司，摄行台左丞，临出发，问他政事关键，有什么可以作为借鉴的，写下一两条。杜弼申请当面口述，说："天下大务，莫过于赏罚。赏一人而使天下人都喜悦，罚一人而使天下人都畏惧，如果做到这两条，自然尽美。"高澄大悦，说："话虽不多，却抓住了核心！"

慕容绍宗率众十万人进抵橐驼岘。羊侃劝贞阳侯萧渊明乘他远来刚到，即刻出击，萧渊明不听，第二天，又劝出战，也不听。羊侃于是率自己所部出大营，屯驻在堰上。

【华杉讲透】

萧渊明是个草包，做不出任何决策，羊侃知道必败，自己先抢占安全退路。萧渊明也管不了他，因为他不能做出行动，对部下的擅自行动也说不出反对意见，总之就是他前面说的"临时制宜"，到时候再说。到时候，到时候，这样一直无所作为到等死或被俘。世间有这样一种做不成任何事的人，萧衍却用他做主帅。

十一月十三日，慕容绍宗抵达彭城城下，引步骑兵一万人攻打潼州刺史郭凤军营，箭如雨下。萧渊明酒醉，不能起床，命诸将救援，都不敢出兵。北兖州刺史胡贵孙对谯州刺史赵伯超说："我们将兵而来，是来做什么的，如今遇敌而不战吗？"赵伯超无言以对。胡贵孙独自率自己麾下与东魏军交战，斩首二百级。赵伯超拥众数千，不敢相救，对部下说："虏盛如此，与战必败，不如全军早归，可以免罪。"部下们都说："善！"于是遁还。

当初，侯景常告诫南梁人说："乘胜追击，一定不要超过二里。"慕容绍宗将战，认为南梁人急躁剽悍，担心自己的兵不能支持，把将士们一一带到自己跟前，嘱咐说："我当假装撤退，引吴儿向前，然后你们从敌人身后出击。”初交锋时，东魏兵确实败走，南梁人不听侯景的话，乘胜深入。东魏将卒按慕容绍宗的布置，争相从背后忽然发起攻击，南梁兵大败，贞阳侯萧渊明及胡贵孙、赵伯超等都被东魏俘虏，伤亡失散士卒数万。羊侃结阵徐徐撤退。

南梁皇帝萧衍正在午睡，宦官张僧胤报告说朱异有事启奏，皇帝惊骇，即刻起床上轿，到文德殿阁。朱异说："寒山会战失利。"皇帝听闻，恍然将坠落床下。张僧胤扶他就坐，皇帝叹息说："难道我会步晋朝后尘？"

郭凤退保潼州，慕容绍宗进兵包围。

十二月一日，郭凤弃城逃走。

东魏命军司杜弼撰写文告，移檄南梁说：

"我皇家继承正统，光耀上天，唯独你们吴、越，阻碍教化。元首（元善见）心怀止戈之心，上宰（高欢）更不愿轻易出动战车，于是释放你们的俘虏，晓谕以友好和睦。虽然这个良好而长远的打算，是由我们发起，而罢战息民，你们也获得其利益。侯景竖子，自生猜疑二心，投靠关、陇，依附奸伪，逆主（元宝炬）跟他定下君臣之分，伪相（宇文泰）和他结下兄弟之亲。岂是朝廷对他没有恩情吗？而他终究成了养不家的人，顷刻之间，翻脸相对，再动干戈。侯景恶贯满盈，走投无路，认为金陵是能庇护逃犯的地方，江南是流亡寓居之地，于是甘辞卑礼，希望你们能收留他，其诡言浮说，也可以想象了。而你们伪朝大小官员，幸灾忘义，君主荒唐于上，臣子蒙蔽于下，联结奸恶，断绝邻好，征兵保境，纵盗侵国。

"但是，任何一件东西，都没有固定的去向；任何一件事情，都没有固定的形势。你想要图利，却可能反受其害；你想要得到，结果却失去更多。所以当年吴国侵入齐境，却引来勾践举兵入侵；赵国接受韩国土地，却带来长平之战（秦军坑杀赵军四十万人）。何况你们用皮鞭驱赶疲惫的百姓，来侵犯我徐州，修筑营垒，阻断河川（指修筑寒山大坝），舍弃你们擅长的舟船，在陆地上追求侥幸。所以，我军擂动战鼓，挥舞军旗的将领，拔出桩木，投掷巨石的战士，含怒作色，如报私仇。你们连营拥众，依山傍水，举起螳螂前臂一样的斧头，披上屎壳郎一样的盔甲，深陷于车辙之中，等着被车轮碾毙；坐在柴堆之上，等着我们来点火。刚一交兵，你们便已亡戟弃戈，土崩瓦解，满船都是砍下来的手指，到处都是还穿着铠甲就绑在战鼓下的俘虏，同宗的亲王，异姓大夫，捆绑在我们的监狱里，互相都可以望见。

“是非曲直，是如此明显；强弱大小，又差距悬殊。为了得到一个人，而失去了一个国家；看见黄雀，而忘记了有陷阱。这是智者不会做、仁者不会效法的事。诚然，已经过去的事，难以追悔了，而将来怎样，还可以补救。侯景一个卑贱鄙夫，以风云际会，位列三公，采邑多达一万家，揣量一下自己的身份，早就应该知足了。而他却心怀反覆，离叛不可收拾，这难道是我们空头乱说吗？你们也可看得见他的意图。你们授之以利器，鼓励他生出轻视你们的贪念，造成这种容纳他奸恶的形势，让他更得以乘势而起。如今，他看见南风无力，上天要你们灭亡的征兆已经出现，侯景老贼的奸谋，又要开始作了。

“要想摇动强者，难以成功，而摧枯拉朽，却很容易。侯景虽然不是孙武、吴起那样的猛将，他所率领的也不是燕、赵精兵，但都是久经沙场的老兵老将，岂同于你们那些游击队一样的乌合之众，脆弱不堪。他要想抵抗我们，则力有不足；要攻打你们，则为势有余。恐怕终将尾大于身，脚粗于腿，倔强不掉，狼戾难驯。你们如果现在征召他进京，祸事来得快，但为害小；如果不征召他，他反叛推迟，而为祸更大。他一定会遥望着廷尉监狱，而不肯俯首为臣，自己占据淮南，也想称帝。恐怕就像当年楚国跑掉了一只猿猴，祸及砍伐林木；城门失火，殃及池鱼。使江、淮士子，荆、扬人物，横死于矢石之下，夭折于雾露之中。

“你们梁国君主，没听说他有什么好的德行和节操，却一向轻浮弄险，射死一只麻雀，就自以为立了大功，荡起一叶小舟，就号称力大无穷，八九十岁了，昏聩不堪，政治涣散，百姓流离，礼崩乐坏。加上用人不当，立太子又次序混乱，装腔作势，惊世骇俗，自以为智慧，愚弄百姓。满怀恶毒心思，却想用佛法拯救；心中贪婪躁进，却假装清心寡欲。灾异降于上，怨愤兴于下，人人厌苦，家家思乱，寒霜已久，坚冰就要结成。传播危险躁进之风俗，任用轻薄之子孙。朋党之路大开，而兵权在外。必将祸生骨肉，衅起腹心，强弩冲击京城，长戈指向宫阙。那时候，就是爬上树把鸟巢都掏光，也救不了府藏之空虚；就算想吃熊掌，也不能延长顷刻之性命（《左传》记载，楚成王罢黜太子芈商臣，立幼子王子职。太子发兵包围王宫，逼父亲自杀。楚成王请求吃一只熊掌再死，想拖延时间。太子拒绝，楚成王只得上吊自杀）。外部瓦解，内部崩溃，就在今日。你们鹬蚌相持，我们渔翁得利。我军将骏骑追风，精甲辉日，四七并列（四七二十八，指汉光武帝云台二十八将），百万为群，就像从高山上滚下巨石，势如破竹！我军将把钟山搬到长江以北，把你们的所谓皇帝青盖送到洛阳。荆棘将生于建业之宫，麋鹿将游于姑苏之馆。只怕战车所到，碾碎土地；剑骑蹂躏，山河摧残。如果你们有吴之王孙，蜀之公子（引用左思《三都赋》典故），到我军门前送上降表，委命于下吏，我们当即就授以客卿待遇，并特加骠骑将军之号。各位君子，请自求多福吧！”

其后梁室祸败，全都应验了杜弼的预言。

侯景包围谯城，不能攻下。退而攻城父，攻拔。

十二月九日，侯景派他的行台左丞王伟等到建康，报告南梁皇帝萧衍说：“邺城文武官员合谋，召臣共讨高澄。事情泄露，高澄幽禁元善见于金墉城，杀元氏宗族六十余人。河北人心，都怀念旧主，请立元氏一人为主，以顺应百姓的愿望。如此，则陛下有继绝之名（存亡国，继绝嗣，是齐桓晋文那样的霸业），臣侯景有立功之成就。黄河南北，成为圣朝之封国；国中男女，成为大梁之臣妾。”

萧衍信以为然，十二月十二日，下诏封太子舍人元贞为咸阳王，资以兵力，让他回北方为东魏之主，渡江之后，许诺让他即皇帝位，仪仗卫队则把皇帝乘舆的副车给他。元贞，是元树之子。

萧渊明到了邺城，东魏主登阊阖门接受献俘，责备后释放他，送到晋阳，大将军高澄对待他非常优厚。

慕容绍宗引军攻击侯景，侯景辎重车数千辆，马数千匹，士卒四万人，退保涡阳。慕容绍宗士卒十万，旗甲耀日，鸣鼓长驱而进。侯景派人问他："你是来送客呢，还是来决一雌雄呢？"慕容绍宗曰："要和你决一胜负。"于是顺风布阵。侯景紧闭营垒，等风停了才出来（避免逆风作战）。慕容绍宗说："侯景多诡计，喜欢攻击人身后。"派人防备，果如其言。侯景命战士都身披短甲，手执短刀，冲入东魏阵地，低着头，只管砍人腿马脚。东魏兵战败，慕容绍宗坠马，仪同三司刘丰生受伤，显州刺史张遵业被侯景生擒。

慕容绍宗、刘丰生都逃奔谯城，裨将斛律光、张恃显怪罪他们，慕容绍宗说："我打仗多了，从未见过像侯景这么难搞的。你不信就去试试！"斛律光等披甲将出，慕容绍宗告诫说："不要渡过涡水。"二人驻军于涡水北岸，斛律光轻骑向南岸射击。侯景在河边对斛律光说："你是为了求功勋而来，我呢，是怕死要逃走。我是你父亲的朋友，你为什么要射我？你自己能知道不要渡河吗？是慕容绍宗教你的吧！"斛律光无言以对。侯景命他的部属田迁射斛律光的马，一箭洞穿马胸。斛律光躲在树后换马，马又被射中，只好退入军阵。侯景生擒张恃显，既而又把他放了。斛律光走入谯城，慕容绍宗说："怎么样？还说我不行吗！"斛律光，是斛律金之子。

东魏开府仪同三司段韶夹涡水两岸扎营，秘密在上风口纵火，侯景率骑兵入水，出水后再撤退，草被沾湿，火燃不起来。

33 西魏岐州久经丧乱，刺史郑穆初到，只有户口三千，郑穆安抚慰百姓，使其逐渐集结而居，数年之间，至四万余户，考绩为诸州之最；丞相宇文泰擢升郑穆为京兆尹。

34 侯景与东魏慕容绍宗相持数月，侯景粮食吃尽，第一个响应他的颍州刺史司马世云投降慕容绍宗。

卷第一百六十一　梁纪十七

（公元548年，共1年）

高祖武皇帝十七

太清二年（公元548年）

1 春，正月七日，慕容绍宗以铁骑五千夹击侯景，侯景骗他的部众说："你们的家属已被高澄所杀。"众人信以为真。慕容绍宗远远地高呼说："你们的家属都平安无事，如果回头，官职和功劳照旧。"他披头散发，向北斗星发誓。侯景士卒不愿南渡，部将暴显等各率所部投降慕容绍宗。于是侯景部众大溃，争相渡过涡水，涡水为之不流。侯景与几位心腹将领从硖石渡过淮河，稍稍收集散卒，得步骑兵八百人，向南经过一座小城，城中有人登上城垛骂他："跛奴（侯景右腿稍短）！意欲何为！"侯景怒，攻破城池，杀了骂他的人而去。昼夜兼行，追军也不敢进逼。侯景派人对慕容绍宗说："侯景如果被擒，你又还有什么用！"慕容绍宗于是放纵他逃走。

2 正月九日，南梁任命尚书仆射谢举为尚书令，守吏部尚书王克为仆射。

3 正月十二日，南梁豫州刺史羊鸦仁因东魏军渐渐进逼，声称粮食运输跟不上，放弃悬瓠，回到义阳；殷州刺史羊思达也放弃项城逃走。两城都被东魏人占据。皇帝萧衍怒，斥责羊鸦仁。羊鸦仁惧，启奏说限期收复，驻军于淮河岸边。

侯景战败，暂居寿阳

4 侯景既败，不知道该投向何方，当时鄱阳王萧范刚刚被任命为南豫州刺史，还未到任。马头戍主刘神茂，一向为监州事韦黯所不容，听说侯景到了，特别前往迎候，侯景问他："寿阳离此不远，城池险固，我想要前往投奔，韦黯能接纳我吗？"刘神茂说："韦黯虽然占着城池，但只是监州而已。大王如果驰马至近郊，他必定出城迎接，乘机逮捕他，可以成事。得城之后，再慢慢启奏皇帝，朝廷高兴大王南归，必定不会责备。"侯景拉着刘神茂的手说："这是上天派你来教我啊！"刘神茂自请率步骑兵一百人先为向导。

正月二十日，侯景夜里抵达寿阳城下。韦黯开始时以为是贼，全副武装，登城戒备。侯景派部下告诉他说："河南王战败来投此镇，愿速开门。"韦黯说："没有皇帝诏书，不敢奉命。"侯景对刘神茂说："事情搞不成了。"刘神茂说："韦黯懦弱而寡智，可以说服。"于是派寿阳人徐思玉入城见韦黯说："河南王为朝廷所重，这你是知道的。如今失利来投，为什么不接受？"韦黯说："我接受的命令，只是守城；河南王自己战败，关我什么事！"徐思玉说："国家把边疆重镇托付给你，你却不肯开城，如果魏国追兵来到，河南王为魏兵所杀，你岂能独存！就算你不死，又有何颜面以见朝廷？"韦黯被说服了。徐思玉出城报告，侯景大悦说："让我活命的，就是你！"

正月二十一日，韦黯开门，接纳侯景进城，侯景派他的部将分别把守四门，诘责韦黯，说要将他斩首，既而又拉着他的手大笑，设置酒宴，极尽欢乐。韦黯，是韦睿之子。

南梁朝廷听闻侯景战败，还没得到详情。有人说："侯景与将士全军覆没。"上下都以为忧。侍中、太子詹事何敬容到东宫，太子说："淮北传来进一步消息，侯景一定是逃脱了，不像之前传言的那样。"何敬容回答说："如果侯景死了，才是朝廷之福。"太子失色，问他缘故，何敬容说："侯景是反覆叛臣，终当乱国。"太子在玄圃亲自讲解《老》《庄》，何敬容对学士吴孜说："当年西晋崇尚玄虚，使中原沦于胡、羯。如今东宫太子又这样，江南也将落入蛮夷之手吧！"（皇帝念佛，太子讲《老》《庄》，国家不亡是没天理了。）

正月二十二日，侯景派仪同三司于子悦飞驰进京，报告战败消息，并自求贬官削爵。皇帝优诏不许。侯景又请求补给，皇帝萧衍因为侯景刚刚战败，不忍心把他调离寿阳。

正月二十三日，正式任命侯景为南豫州牧，其他官职如故；将鄱阳王萧范改任为合州刺史，镇守合肥。光禄大夫萧介上表进谏说："我听说侯景以涡阳败绩，单人匹马，逃得一命，陛下不追悔之前闯下的大祸，反而又容纳他。臣听闻，凶徒本性难移，天下恶人是一样的。当年吕布杀丁原以事董卓，最后又杀董卓而为贼；刘牢出卖王恭以归晋，之后又背叛晋朝，促使桓玄做出妖孽之事。为什么呢？狼子野心，终究不可能驯顺，养虎为患，必见饥噬之祸。侯景以凶狡之才，受高欢的豢养保护，身居高位，独据一方，然而高欢坟土未干，即刻反噬。只是反叛的能力不足，才又逃奔关西；宇文不容，又再投身于我。陛下之前能包容各方人才，只是要利用侯景，像属国那些投降的胡人一样，让他们去讨伐匈奴，希望获得一战之胜而已。如今既已亡师失地，就只是境上一个匹夫，陛下爱一匹夫，而抛弃盟国（东魏），臣窃以为不可取。如果国家还期待侯景能重新振奋，晚年尽节，臣认为侯景绝非晚年尽节之臣。他抛弃祖国，就像脱下木屐；背弃君亲，如同丢掉一粒芥籽。他岂知远慕圣德，来做江、淮之纯臣！事迹显然，无所疑惑。臣以老病之身，不应干预朝政；但楚国令尹子囊在临死前，还叮嘱子庚修筑郢都的城墙保卫社稷；卫国的史鱼将死之时，尚有让儿子置尸窗下进谏卫灵公之举。臣身为皇族遗老，怎么敢忘记刘向的一片忠心！”皇帝叹息其忠，但不能用他的话。萧介，是萧思话的孙子。

【华杉讲透】

出了问题，买单止损就是智慧

萧介最后引用了三个典故，一是楚囊，指楚国令尹芈囊，临死时吩咐继承人芈庚一定要兴筑首都郢都的城墙。二是卫鱼，指春秋时卫国大夫史鱼，临死向卫灵公尸谏。三是刘向，西汉宗室，上书皇帝，指出大将军王凤的奸恶。

萧介道理讲得很明白，第一，侯景是狼子野心，跟吕布一样的人，不可信任。第二，他已经输光了，一个匹夫，没有任何价值，没理由再去扶持他。但是萧衍不听。为什么不听呢？这是一个心理学现象——人们会在他已经下注的地方继续下注，因为他不肯买单，总想让游戏继续下去，然后能翻本！

出了问题，买单止损就是智慧；想翻本就会输得精光。

5 正月二十七日，东魏大将军高澄到邺城朝见。

6 西魏任命开府仪同三司赵贵为司空。

7 西魏皇孙出生，大赦。

8 二月，东魏诛杀其南兖州刺史石长宣，他是侯景的党羽；其余被侯景所胁迫跟从的，全部赦免。

9 东魏既得悬瓠、项城，全部收复旧境。大将军高澄数次送信给南梁，请求通好。南梁朝廷一直拒绝。高澄对贞阳侯萧渊明说：“先王与梁主和好，十有余年。我听说他礼佛的祷文也说：‘奉为魏主，并及先王。’这是梁主厚意。不要因为一朝失信，就带来纷纷扰扰，我知道，这并非梁主本心，只是侯景煽动而已，应该派出使者商讨。如果梁主不忘旧好，我也不敢违背先王的意愿，留在我们这里的贵国人士，现在就遣还，侯景的家属，也可以一起送去。”

萧渊明于是派省事夏侯僧辩带着奏章启禀皇帝，称：“勃海王（高澄）是弘厚长者，如果重新通好，可以让萧渊明回来。”皇帝看到奏章，流涕，于是与朝臣商议。右卫将军朱异、御史中丞张绾等都说：“平靖贼寇，休养百姓，确实是应该和平。”唯独司农卿傅岐说：“高澄有什么事需要和平呢？必定是设一个离间计，所以让贞阳侯派使者来，想要让侯景自疑。侯景心中不安，必然图谋祸乱。如果我们允许通好，正好堕入他的计中。”朱异等坚持说应该和平，皇帝也厌倦用兵，于是听从朱异的话，赐信给萧渊明说：“知道高大将军对你不薄，看了你的奏章，非常宽慰。我会另外派出使者，重敦邻睦友好。”

【华杉讲透】

不要跟耳根子软的人合作

萧衍流涕，他流什么涕呢？他这是心理学上的一种知觉效应，叫“近因效应”，最新、最近、最后获得的刺激和印象，会冲淡过去的印象。这样的人，没有定见，他的看法和决策，取决于最后发生的事，所以随时会变。

萧衍心软，耳根子更软，谁在他跟前，他就爱谁，敌人在他跟前说点好话，他也能爱敌人。至于不在眼前的人，就眼不见为不存在，他考虑不到。这样的人，除非你跟他睡在一起，否则你永远不知道他的下一个主意是什么。遇到这样的人，要马上放弃他，远离他，不要跟他有合作。

夏侯僧辩回去，经过寿阳，侯景秘密调查，已经知道实情，把他抓来审问，夏侯僧辩全部交代。侯景重新写了一封皇帝回复萧渊明的信，又陈启于皇帝说："高氏心怀鸩毒，民怨满盈于北土，幸而人愿天从，高欢殒命。高澄继承其恶，灭亡就在眼前，上天之所以让他得到涡阳战胜，是要让他心荡神驰，加速他的恶贯满盈而已。高澄的行为如果符合天心，没有什么心腹大患，又何必急急奉璧求和？岂不是因为秦兵（西魏）扼其喉，胡骑迫其背，所以甘辞厚币，取安于大国。臣听闻：'一日纵敌，数世之患。'何必为怜悯高澄一个竖子，而抛弃亿兆之人心！我认为，北魏之强，在天监年已达到巅峰，而钟离战役，他们全军覆没，连一匹马也没有跑回去。在他们最强盛的时候，陛下尚且能伐而取之；如今它如此衰弱，反而心怀忧虑，和他们握手言和。抛弃已成之功，放纵垂死之敌，让他们得到强大的梁国庇护，把祸患留给后世，这不仅让愚臣我扼腕叹息，也让天下志士痛心。当年伍子胥奔吴，楚国很快就灭亡；陈平离开项羽，刘邦用陈平而兴起。臣虽然才干不如古人，我的心却同他们一样。我知道高澄是忌惮我像贾季逃奔翟国，随会居于秦国，所以求盟请和，是希望除其祸患。如果臣死有益，万死不辞。唯恐千载之后，成为历史上污秽的一页。"

侯景又写信给朱异，送上黄金三百两。朱异收下金子，但并不为他转达皇帝。

二月十七日，萧衍遣使慰问高澄。侯景又启奏说："臣与高氏，衅隙已深，臣仰仗您的威灵，期雪仇耻；如今陛下复与高氏联合，使臣何地自处！乞请与高澄再战，宣畅皇威！"

皇帝回复说："朕与公大义已定，岂有成功则相接纳，失败就抛弃的呢！如今高氏有使求和，朕也想停止战争。进退之宜，国家自有一定标准。公只需清静自居，不要多虑！"

侯景又启奏说："臣如今蓄粮聚众，厉兵秣马，指日计期，克清赵、魏，只是不能师出无名，所以愿以陛下为主而已。如今陛下弃臣于荒郊野外，南北复通，将来恐怕微臣之身，不免于高氏之手。"

皇帝又回复说："朕为万乘之主，岂可失信于一物！想来你也非常了解我的内心，不要再写奏章了。”

侯景又伪造一封邺城来信，请求以贞阳侯萧渊明交换侯景。皇帝准备批准。舍人傅岐说：“侯景因为山穷水尽才归附，舍弃他不详；况且他百战之余，宁肯束手就擒！”谢举、朱异说：“侯景奔败之将，一个使者就把他擒了。”皇帝听从，回信说：“贞阳侯早上到，侯景晚上就送回。”

侯景拿到回信，对左右说：“我就知道这个老家伙凉薄心肠！”王伟对侯景说：“如今坐着不动是死，举大事也是死，请大王决断！”于是决意造反，属城居民，全部招募为军士，停止征收市场税及田租，百姓之女，全部配给将士。

【华杉讲透】

萧衍说：“朕与公大义已定，岂有成功则相接纳，失败就抛弃的吗！”又说：“朕为万乘之主，岂可失信于一物！”他说这些话的时候，他都不知道自己在说什么，他把自己的话，当放屁一样。这样的人很多，比如我们会听人讲：“我们这么大的公司，能差你这点钱吗？”听到这话你赶紧转身就走，他一分钱也掏不出来。

《中庸》里孔子说：“言顾行，行顾言，君子胡不慥慥尔！”君子言行相顾，言辞要合乎自己的行动，行动要合乎自己的言辞，要言行一致。萧衍身为天子，对君臣大义已定的臣子，怎么能耍这样的手段呢？这根本就是没手段！特别可笑的是，一切尽在侯景操纵掌握，他是傻乎乎地上当，心肝肠肺全都被人看了个透明，真是丢人丢了一千年！

之前杜弼檄文骂萧衍：“毒螫满怀，妄敦戒业，躁竞盈胸，谬治清净。”满怀蛇毒心肠，却成天修佛念经；心胸浮躁贪婪，却宣扬清心寡欲。这样的人太多了！我称之为“自欺欺人之至”，他们说不出一句真话，干不出一件真事，一生只活一个字：装！

10 三月二日，东魏任命太尉、襄城王元旭为大司马，开府仪同三司高岳为太尉。

三月二十日，大将军高澄南下抵达黎阳，从虎牢渡河到洛阳。西魏同轨防长史裴宽与东魏将彭乐等交战，被彭乐生擒，高澄对他礼遇甚厚，裴宽找到机会逃归西魏。高澄由太行返晋阳。

11 屈獠洞蛮夷斩变民首领李贲，把其首级送到建康。李贲的哥哥李天宝逃入九真郡，收集余兵二万人，包围郡府爱州，交州司马陈霸先率众将他讨平。南梁皇帝下诏，任命陈霸先为西江督护、高要太守、督七郡诸军事。

12 夏，四月三日，东魏吏部令史张永和等人用伪造的人事任命书授任官职，事情被发觉，纠检、自首的假官有六万余人。

13 四月十三日，东魏派太尉高岳、行台慕容绍宗、大都督刘丰生等将步骑兵十万人攻打西魏王思政于颍川。王思政命人放倒战鼓，降下军旗，好像城中无人一样。高岳仗恃兵多，四面进逼。王思政选骁勇开门出战，高岳兵败走。高岳又堆筑土山，昼夜攻城，王思政随机应变，夺取东魏军土山，就在土山上筑起城堡，协助防守。

14 五月，西魏任命丞相宇文泰为太师，广陵王元欣为太傅，李弼为大宗伯，赵贵为大司寇，于谨为大司空。太师宇文泰陪同太子元钦巡视抚慰西境，翻越陇山，抵达原州，再越过北长城，向东抵达五原，走到蒲州，听到西魏主元宝炬病倒的消息，即刻还京。等到抵达的时候，元宝炬已经病愈，宇文泰回华州。

15 南梁皇帝萧衍派建康令谢挺、散骑常侍徐陵等出使东魏报聘，重修前好。徐陵，是徐摛之子。

16 六月，东魏大将军高澄巡视北部边境。

17 秋，七月一日，日食。

18 七月二十六日，东魏大将军高澄到邺城朝见。认为道士太多，假道士更多，于是撤除南郊道坛。八月二日，高澄回晋阳，派尚书辛术率诸将攻略南梁长江、淮河以北土地，共夺得二十三州。

侯景举兵反梁，直攻建康

19 侯景自从到了寿阳，征求无度，朝廷未尝拒绝。侯景请娶王、谢两家女儿为妻，皇帝萧衍说："王、谢两家门第太高，你配不上，可以从朱、张以下访求。"侯景怒道："有一天我会将他们的儿女许配给家奴！"又启求锦缎一万匹为军人做战袍，中领军朱异建议给他青布。侯景又启奏说朝廷给他的武器多不精良，启请征调东郊冶炼厂锻工给他，他自己营造，皇帝全部批准。侯景任命安北将军夏侯夔之子夏侯谲为长史，徐思玉为司马，夏侯谲于是去掉"夏"字，改名为"侯谲"，托为侯景族子。

皇帝萧衍既然不用侯景的意见，与东魏和亲，这以后侯景上表章就渐渐狂悖傲慢，之后又听说徐陵等出使东魏，反谋更加紧锣密鼓。元贞知道侯景有异志，多次申请回朝。侯景对他说："河北的事虽然没有成功，江南未必不能得到，何不稍微忍耐一下！"元贞大惧，逃归建康，向皇帝报告。皇帝任命元贞为始兴内史，也不过问侯景。

临贺王萧正德，所到之处，贪暴不法，屡次得罪于皇帝，由是愤恨，阴养死士，储米积货，希望国家有变。侯景知道他的情况。萧正德在投奔北魏时，与徐思玉相知，侯景派徐思玉写信给萧正德说："如今天子年老，奸臣乱国。在我看来，祸败就在眼前。大王本当是储君，中途被废黜，天下危惧，归心于大王。侯景虽然不才，也希望能报效大王。愿大王为了天下苍生，明察我的诚意！"萧正德大喜说："侯公之意，暗与我同，天授我也！"回复说："朝廷之事，如公所言。我有此心，为日已久。如今我在其内，公在其外，内外配合，何事不成！机事在速，现在就干！"

鄱阳王萧范密启侯景谋反。当时皇帝以边事专委朱异，一切动静都咨询他的意见，朱异认为必无此理。皇帝回复萧范说："侯景孤危寄命，譬如婴儿仰人哺乳，以此形势，他怎么会造反！"萧范再次上奏说："不早日剪扑，祸及生民。"皇帝回复："朝廷自有处分，不用你深忧。"萧范又申请自带合肥军队讨伐，皇帝不许。朱异对萧范的使者说："鄱阳王就容不下朝廷有一个客人吗！"从此萧范的奏章，朱异不再为他送交皇帝。

侯景邀羊鸦仁同反，羊鸦仁逮捕他的使者，押送京师。朱异说："侯景就那几百人叛军，能做什么！"下令把使者关进建康监狱，很快又把他释放。侯景更加无所忌惮，启奏皇帝说："如果臣谋反的事是实，应受国法制裁；如果能把事实查清，请诛杀羊鸦仁！"侯景又上书说："高澄狡猾，怎可全信！陛下接纳他的诡话，与他联合，臣私底下觉得可笑。臣岂能粉身碎骨，投命于仇门？乞请陛下把江西地区给我，由我控督。如果不许，我将率领甲骑，南下长江，向闽、越挺进。到那时候，不仅朝廷自取羞耻，恐怕三公们忙得吃不上饭啊！"皇帝派朱异宣语回答侯景使者说："譬如贫穷人家，养了十个客人、五个客人，尚且能让他们满意；朕只有这一个客人，却让他有忿恨之言，这也是朕的过失了。"更加赏赐锦彩钱布，信使往来，相望于道路。

八月十日，侯景在寿阳公开叛变，以诛中领军朱异、少府卿徐驎、太子右卫率陆验、制局监周石珍为名。朱异等都以奸佞骄贪，蔽主弄权，为时人所忿恨，所以侯景以此为借口兴兵。徐驎、陆验，是吴郡人；周石珍，是丹杨人。徐驎、陆验轮流担任少府丞，因为做事苛刻，各行各业的商贾都怨恨他们，而朱异和他们尤其亲昵，世人称之为"三条蠹虫"。

【华杉讲透】

要允许下属犯错误

如果说元贞、萧范的举报，还不足为信；羊鸦仁送来的使者，就不能不信了。如果不信，就是羊鸦仁诬告，那就该斩羊鸦仁。但是朱异把使者先关押，然后又放了。他说侯景就几百人，能干什么，这根本不是重点，重点不是他能干什么，而是他到底有没有谋反。朱异放过侯景有两个原因，一是他一直坚持侯景不会反，如果承认侯景谋反，就是他错了。这个原因很重要，很多人坚持在错误道路上走，就是因为承认错误会损害他的权位，他要把错误一直掩盖到爆炸为止。所以，作为领导者，要允许下属犯错误，要让下属不必为工作上的错误承担责任。这样才能鼓励大家把自己的错误暴露出来。这是一种领导力智慧。

第二个原因，就比较简单了，朱异收了侯景的钱。

再说萧衍，侯景已经赤裸裸地威胁他，毫无人臣之礼，把他的脸都撕破了。按理说该摊牌了吧？他却居然能马上把脸皮裱糊起来，说出一番“这是朕的过失”的道理，真是让人叹为观止！他这是做什么呢？他真的相信和爱护侯景吗？当然不是，他早都把侯景出卖了。但是，接二连三的举报，他为什么不处理呢？很简单，懦弱！极度的懦弱！他不敢动侯景，于是自欺欺人，采取鸵鸟政策，不求骗过别人，但求骗过自己。他这种懦弱暴露于侯景，也暴露于自己的朝廷。所以，侯景无所忌惮，朝中也没人为他卖命了。

南梁司农卿傅岐，是耿直之士，曾经对朱异说：“你掌握国柄，荣宠如此。而近来听到大家对你的评价，都是些污秽、狼藉之事，如果圣主醒悟，你还能免罪吗！”朱异说：“外间对我的诽谤，我很久以来就知道了。我自己问心无愧，何惧人言！”傅岐对人说：“朱异就要死了。靠谄媚以求包容，以狡辩以拒谏劝，闻难而不惧，知恶而不改，这是上天要惩罚他，他能长寿吗！”

侯景向西进攻马头，派他的部将宋子仙向东攻木栅，抓获戍主曹璆等人，南梁皇帝听闻，笑道：“他有多大本事！我折下一根小木棍，就能鞭笞他。”下令悬赏，能斩侯景者，封三千户公爵，委任为州刺史。

八月十六日，皇帝下诏，以合州刺史、鄱阳王萧范为南道都督，北徐州刺史、封山侯萧正表为北道都督，司州刺史柳仲礼为西道都督，通直散骑常侍裴之高为东道都督，以侍中、开府仪同三司、邵陵王萧纶持节，总督众军以讨侯景。

萧正表，是萧宏之子；柳仲礼，是柳庆远的孙子；裴之高，是裴邃哥哥的儿子。

20 九月，东魏濮阳武公娄昭去世。

萧正德为内应迎侯景入建康，包围宫城

21 侯景听闻朝廷大军讨伐他，问计于王伟。王伟说："萧纶如果抵达，彼众我寡，必定为他所困。不如放弃淮南，决志东向，率轻骑直扑建康。萧正德反于其内，大王攻于其外，天下可一举而定。兵贵拙速，应该即刻出发！"

【华杉讲透】

王伟给出了最正确的战略，用现代军事理论来说，叫"战略瘫痪"，就是闪电战，斩首行动，直接打击敌人的神经中心，把他打瘫痪，其他仗就不用打了。

造反这件事，时间对皇帝有利，因为皇帝是合法政权，勤王之师越聚越多；而造反者是乌合之众，夜长梦多，一旦形势不利，皇帝开出赏格，身边就会有人斩了侯景人头去取三千户公爵的富贵。所以，一定是不顾一切，直取首都，以搏一胜。后世明朝朱棣夺权，也是一样的战略和经过。

王伟说"兵贵拙速"，出自《孙子兵法》，原文："故兵闻拙速，未睹巧之久也。"没有什么绕来绕去的奇谋巧计，就是简单、直接、快速。军事家克劳塞维茨也有类似说法：与其在复杂的巧计上胜过敌人，不如在简单直接的行动上始终走在敌人前面。

侯景留表弟、中军大都督王显贵守寿阳。

九月二十五日，侯景诈称游猎，出了寿阳城，人们都没有察觉。

冬，十月三日，侯景声言前往合肥，而实际上突袭谯州，助防董绍先开城投降。抓获谯州刺史、丰城侯萧泰。萧泰，是萧范的弟弟，之前为中书舍人，倾尽家财以巴结当权人物，得以破格被提拔为谯州刺史。到任之后，到处征发民夫，不管是士人还是庶人，一律让他们给自己抬轿、摇扇、打伞。耻于为之的，就重加杖责；多送钱财的，就可以免除，由此人心思乱。等侯景杀到，人无战心，所以失败。

十月十三日，皇帝萧衍下诏，派宁远将军王质率众三千人负责长江防务。侯景攻打历阳太守庄铁，十月二十日，庄铁献出城池投降，并向侯景献计说："国家长久和平，人们不习征战，听闻大王举兵，内外震骇。应乘此际速趋建康，可以兵不血刃而成大功。如果让朝廷慢慢得以准备，内外人心稍微安定，派羸兵一千人直据采石，大王虽有精甲百万，也不得渡江了。"侯景乃留仪同三司田英、郭骆守历阳，以庄铁为向导，引兵临江。江上各镇戍据点相继向朝廷报告军情。

皇帝萧衍问讨伐侯景之策于都官尚书羊侃，羊侃说："以二千人急行军占据采石，令邵陵王萧纶袭取寿阳；让侯景进不得前，退失巢穴，乌合之众，自然瓦解。"朱异说："侯景必无渡江之志。"于是搁置了羊侃的建议。羊侃说："今天一定是要败了！"

【华杉讲透】

死要面子的人会为自己的面子而死

朱异好理解，他就是要坚持自己过去的立场和意见，以维护自己的权位和禄位，所以一口咬定侯景不会渡江，以图侥幸。那侯景不渡江，他来干嘛呢？不好理解的是萧衍，他居然也放弃驻防采石。你派两千人去，是有备无患，做这样一个安排，你会死吗！为什么不采取行动？

昏庸的决策，都没有逻辑！那有什么呢？就是情绪！就是面子！人会为自己的面子而死，很多人都是要面子不要命。萧衍还在护着他折根小木棍就能打死侯景的面子，硬撑着说侯景不敢渡江。

十月二十一日，任命临贺王萧正德为平北将军、都督京师诸军事，屯驻丹杨郡。萧正德派大船数十艘，诈称运载荻草，实际上是去接侯景渡江。侯景将要渡江，担心王质阻截，派间谍去侦察。正巧临川太守陈昕启奏说："采石亟须重兵镇守，王质水军轻弱，恐怕不行。"皇帝任命陈昕为云旗将军，替代王质戍防采石，征召王质任丹杨尹。陈昕，是陈庆之之子。

王质离开采石，而陈昕还未到任。间谍告诉侯景说："王质已退。"侯景让他折下江南树枝为信物，证明他确实去过，间谍如言而返，侯景大喜说："我的事办成了！"十月二十二日，从横江渡江，在采石上岸，当时有马数百匹，兵八千人。当晚，朝廷才下令戒严。

侯景分兵袭击姑孰，抓获淮南太守、文成侯萧宁。

南津校尉江子一率舟师一千余人，想要在长江下游邀击侯景。但是，他的副将董桃生，家在江北，带自己的部众先溃败逃走。江子一收集余众，步行回建康。江子一，是江子四的哥哥。

太子见事急，戎服入宫见皇帝，请皇帝指示方略，皇帝说："这是你自己的事，问我做什么！内外军队，全部交给你。"太子于是停驻在中书省，指授军事，当时人心惶骇，都没有人响应招募。朝廷还不知临贺王萧正德的阴谋，命萧正德屯驻朱雀门，宁国公萧大临屯驻新亭，大府卿韦黯屯六门，缮修宫城，准备迎敌。萧大临，是萧大器的弟弟。

同日，侯景抵达慈湖。建康大骇，御街上人们相互劫掠，不能通行。朝廷赦免东、西冶炼场，尚方钱署及建康所有囚犯，任命扬州刺史、宣城王萧大器都督城内诸军事，以羊侃为军师将军，做他的副将，南浦侯萧推守东府，西丰公萧大春守石头城，轻车长史谢禧、始兴太守元贞守白下，韦黯与右卫将军柳津等分守宫城诸门及朝堂。萧推，是萧秀之子；萧大春，是萧大临的弟弟；柳津，是柳仲礼的父亲。把各官府衙门仓库里的公款，全部担来，聚集在德阳堂，以充军费。

十月二十三日，侯景抵达板桥，派徐思玉来求见皇帝，实际上是观察城中虚实。皇帝召他问话。徐思玉诈称背叛侯景，请皇帝单独说话，皇帝将要屏退左右，舍人高善宝说：“徐思玉从贼中来，情伪难测，怎么能让他独留在殿上！”朱异侍坐，说：“徐思玉不是刺客吧！”徐思玉于是拿出侯景奏章，奏章上说：“朱异等弄权，乞请让我带甲入朝，除君侧之恶。”朱异非常羞惭惊悚。侯景又申请派一个明事讲理的宦官来，听他的解释。皇帝派中书舍人贺季、主书郭宝亮跟着徐思玉，到板桥慰劳侯景。侯景面朝北方，接受皇帝敕书，贺季问：“你这次来，是想要干什么？”侯景说：“想当皇帝！”王伟上前说：“朱异等乱政，想要铲除奸臣而已。”但侯景既已口出恶言，于是扣留贺季，只放郭宝亮还宫。

百姓听闻侯景兵到，竞相入城，政府与民间一片混乱，社会秩序瓦解，羊侃划分防区，都以宗室皇族来隔开。军人争相进入武库，自己取武器盔甲，有司也不能禁止，羊侃下令斩了数人，才停止。当时，南梁建国四十七年，境内无事，在位的公卿及闾里士大夫都没见过兵甲，贼军突然杀到，官员和百姓都一片震骇。打过仗的老将都已死尽，新生代将领又都驻防在外，军旅指挥，全部由羊侃决定，羊侃胆力俱壮，太子深为仰仗他。

十月二十四日，侯景抵达朱雀桁南，太子以临贺王萧正德守宣阳门，东宫学士、新野人庾信守朱雀门，自己率宫中文武三千余人扎营在朱雀桁北。太子命庾信断开浮桥，阻止侯景前锋，萧正德说：“百姓看见开桁，必定大为惊骇。应该暂且安定人心。”太子听从。一会儿工夫，侯景到了，庾信率众断开浮桥，刚刚拆除一条船舶，见侯景军都戴着铁面帽盔，都退到门后隐蔽。庾信正在吃甘蔗，有飞箭射中门柱，庾信手中甘蔗应弦而落，于是他弃军逃走。南塘游军沈子睦，是临贺王萧正德的党羽，上前重新把浮桥接上，让侯景渡河。太子派王质率精兵三千援助庾信，到了领军府，与贼军遭遇，未及列阵，直接退走。萧正德率众于张侯桥迎接侯景，就在马上相互作揖，既入宣阳门，望宫阙而拜，嘘唏流涕，跟随侯景渡过秦淮河。侯景军都身穿青袍，萧正德军穿绛红色战袍，却是青色衬里，既与侯景联合，全部反穿战袍。侯景乘胜杀到宫门，城中恐惧，羊侃诈称得到城外射进来的信说：“邵陵王（萧纶）、西昌侯（萧渊藻）援兵已至近路。”众人乃稍微安心下来。西丰公萧大春放弃石头城，逃奔京口；谢禧、元贞也抛弃白下逃走；津主彭文粲等献出石头城投降侯景，侯景派他的仪同三司于子悦镇守。

十月二十五日，侯景列兵绕行宫城，幡旗全部是黑色，用箭射奏章入宫城中说：“朱异等人专权，作威作福，臣被他们构陷，他们想要杀我。陛下如果诛杀朱异等，臣则掉转马头，回归北方。”皇帝问太子：“有这回事吗？”太子回答：“是的。”皇帝将要诛杀朱异。太子说：“贼以朱异等为名而已；今天杀了朱异，并不能救急，只是贻笑于将来，等平定了反贼，再杀不晚。”皇帝于是停止。

侯景将宫城团团包围，百道俱攻，鸣鼓呼啸，喧声震地，纵火烧大司马、东华、西华诸门。羊侃派人在城门上凿洞，灌水灭火。太子亲自捧着银鞍，前往赏赐战士。直阁将军朱思率战士数人翻墙出城洒水，很久才把火扑灭。贼军又以长柄斧头砍东掖门，门将要被砍开，羊侃在门扇上凿出洞孔，以长槊刺杀二人，砍门的人才退走。侯景占据公车府，萧正德占据左卫府，侯景的党羽宋子仙占据东宫，范桃棒占据同泰寺。侯景取东宫歌舞伎数百人，分给军士们。东宫靠近宫城，侯景部众登上东宫城墙，往宫城内射击。到了夜里，侯景在东宫置酒奏乐，太子派人纵火，台殿及所藏图书全部被烧光。侯景又火烧皇家马厩、士林馆、太府寺。

十月二十六日，侯景制作木驴数百攻城（木驴是攻城车，用木材制作，顶上再蒙上牛皮，车内可掩护六人，靠近城墙攻击），城上投石将木驴击碎。侯景再制作尖背木驴，石头不能击破。羊侃派人做雉尾火炬，灌以膏蜡，大量投掷焚烧，一会儿就全部烧光了。侯景又制作登城楼，高十余丈，准备推到城墙边向内射击。羊侃说：“车高而新填平的护城堑沟泥土松软，那车推过来，必然倾倒，可以躺着看它。”等到推动楼车，果然倒下。

侯景既不能攻克宫城，士卒死伤又多，于是筑长围以隔绝内外，又启奏要求诛杀朱异等。城中也射出赏格说：“有能送来侯景首级的，就授给他侯景的官位，并赏钱一亿万，棉布绸缎各一万匹。”朱异、张绾商议出兵攻击，皇帝问羊侃，羊侃说：“不可。如今我们出击的人如果少，不足以破贼，白白挫伤自己锐气；如果多，则一旦失利，门窄桥小，必定大致伤亡。”朱异等不听，派一千余人出战。还未交锋，退走，争桥落水，死者大半。

羊侃的儿子羊鷟，被侯景抓获，绑到城下给羊侃看，羊侃说：“我倾宗报主，犹恨不足，岂会爱惜这一个儿子，你们早早地把他杀了吧！”过了几天，又绑来，羊侃对羊鷟说：“我以为你早就死了，怎么还在！”拉弓就射他。侯景以其忠义，也不杀羊鷟。

投降侯景的庄铁，担心他不能成功，托称去接母亲，与左右数十人前往历阳。先写信骗侯景所派镇守历阳的田英、郭骆说：“侯王已为朝廷军所杀，国家命我复职。”郭骆等大惧，弃城逃奔寿阳，庄铁入城，也不敢守，带着母亲逃奔寻阳。

十一月一日，皇帝杀了一匹白马，祭祀蚩尤于太极殿前（蚩尤是兵神），以求福祥。

临贺王萧正德即帝位于仪贤堂，下诏称：“普通年间以来，奸邪乱政，皇帝久病不愈，社稷将危。河南王侯景，离开封国，前来朝见，听命于朕，可大赦，改年号为正平。”立他的世子萧见理为皇太子，以侯景为丞相，把自己的女儿嫁给侯景为妻，并拿出家财珍宝，全部用于军费。

侯景扎营于宫门之前，分兵二千人攻东府。南浦侯萧推抵抗，三日，不能攻克。侯景亲自前往攻击，矢石雨下，宣城王防阁许伯众秘密引领侯景部众登城。十一月四日，东府陷落；杀南浦侯萧推及城中战士三千人，把尸体运到杜姥宅堆积，远远地对宫城中人呼喊说：“若不早降，正当如此！”

侯景声言皇帝已晏驾，连宫城中的人也信以为真。太子请皇帝巡城，皇帝到大司马门，城上听到警跸声，都鼓噪流涕，众心稍微安定。

江子一之败还京师时，皇帝责备他。江子一拜谢说：“臣以身许国，常恐不得其死；如今我的部下都弃臣而去，臣一个人怎能击贼！如果贼军能攻到京师，臣誓当粉身碎骨以赎前罪，不死在宫门前，就死在宫门后。”

十一月六日，江子一启奏太子，与弟弟、尚书左丞江子四，东宫主帅江子五率所领一百余人开承明门出战。江子一直抵贼营，贼伏兵不动。江子一呼喊道："贼辈何不速出！"过了很久，贼骑兵出，左右夹攻。江子一径直向前，引槊刺贼，但是部下没有一个人敢跟进，贼兵一刀砍下他的肩膀，江子一阵亡。江子四、江子五相互说："与哥哥一起出来，有何面目独自回去！"两人都脱下头盔，直冲敌阵。江子四被槊刺中，洞穿胸膛而死；江子五脖颈受伤，回到城堑，一恸而绝。

侯景初到建康时，认为很快就能攻下，号令严整，士卒不敢侵暴。等到后来，屡攻不克，人心离散沮丧。侯景担心朝廷援兵四集，自己的军队随时会崩溃；石头城中各常平仓的粮食也吃尽了，军中缺粮。于是放纵士卒掠夺民间米及金帛子女。之后米价涨到一升值七八万钱，人相食，饿死者十分之五六。

十一月八日，侯景于宫城东、西堆起土山，驱迫士民，不论贵贱，乱加殴打，疲劳羸弱的就直接杀了填山，号哭动地。百姓不敢逃窜藏匿，全都出来跟从，十天之间，参加堆山的有数万人。宫城中也筑土山以应对。太子、宣城王以下，都亲自背土，手拿簸箕、铁锹，在山上建起芙蓉层楼（层层叠出，像芙蓉花一样的高楼），高四丈，用绸缎和毛毡装饰，招募敢死士二千人，身穿厚袍铠甲，称为"僧腾客"，分别配置在两座土山上，昼夜交战不息。正巧天降大雨，城内土山崩塌，贼军乘机进攻，几乎攻入，朝廷军苦战不能阻挡。羊侃下令多掷火把，积成一道火墙以阻断其路，再慢慢在城中筑起第二道城墙，于是贼军不能前进。

侯景在投降的人当中，挑选出奴隶出身的士卒，全部赦免为平民。其中找到朱异的一个家奴，任命他为仪同三司，将朱异家的资产全部赏给他。那奴仆乘着良马，身穿锦袍，在城下仰头诟骂朱异说："你五十年仕宦，才当上中领军；我刚刚开始侍奉侯王，就已经做到仪同三司了！"于是三日之中，奴隶们出来跟从侯景的数以千计，侯景都优厚招抚，分配给各部队，人人感恩，愿意为他献出生命。

荆州刺史、湘东王萧绎听闻侯景包围宫城，十一月九日，戒严，移檄所督湘州刺史、河东王萧誉，雍州刺史、岳阳王萧詧，江州刺史、当阳公萧大心，郢州刺史、南平王萧恪等人，发兵入援。萧大心，是萧大器的弟弟；萧恪，是萧伟之子。

朱异写信给侯景，向他陈说祸福利害。侯景回信，并警告城中士民，认为："梁国自近年以来，权幸用事，剥削百姓，以满足他们的嗜好和欲望。如果说不是这样，那你们看看：今日朝廷池苑，王公第宅，僧尼寺塔，以及在位百官，他们姬妾百室，仆从数千，不耕不织，锦衣玉食。如果不是从百姓手中夺取，又从何而得！我之所以趋赴宫廷，只是要诛杀权佞，并非倾覆社稷。如今城中指望四方入援，我看王侯、诸将，都一心只想保全自己，谁能竭力致死，与我一争胜负！长江天险，曹操、曹丕也只能望江兴叹，我踏着一根苇草，就从容渡江，天朗气清，不费吹灰之力。如果不是上天保佑，人心所归，何能如此！希望各位三思，自求多福！"

侯景又启奏东魏主元善见，称："臣占领寿春，本想暂时休息。而萧衍认识到自己的国运已经终结，主动辞去宝位；臣的军队还未进入他的国家，他就已经投身同泰寺，献身于佛祖了。上月二十九日，臣抵达建康。虽然全国苦难还未解除，但战争已经停止了，思念故乡，人马同恋。臣很快就会整顿马辔，回去侍奉圣颜。臣的母亲和弟弟，之前以为已经被屠灭，最近收到英明敕令，才知道他们还在。这是陛下宽仁，大将军恩念，以臣之弱劣，不知如何仰报！现在就带着奏章，前往迎接臣的母亲、弟弟、妻子、儿女，伏愿圣上大发慈悲，特赐释放！"

十一月十二日，湘东王萧绎派司马吴晔、天门太守樊文皎等率军从江陵出发东下。

陈昕为侯景所擒，侯景与他宴饮，让陈昕收集部曲，想要用他。陈昕拒绝，侯景命他的仪同三司范桃棒将陈昕囚禁。陈昕借机游说范桃棒，让他率所部袭杀王伟、宋子仙，到宫城投降。范桃棒听从，秘密派陈昕夜里用绳索吊入宫城。皇帝大喜，赐给范桃棒免死银券，说："事定之日，封你为河南王，侯景的部众全部归你，并赐给金帛女乐。"太子担心他有诈，犹豫不决，皇帝怒道："受降是常理，有什么可疑！"太子召公卿会议，朱异、傅岐说："范桃棒投降，绝不会有假。范桃棒既降，侯景必定惊慌，乘此出击，可以大破。"太子说："我坚城自守，等待外援，援兵一到，贼岂能抵挡！这才是万全之策。如今开门接纳范桃棒，范桃棒的实情，又怎么容易知道！万一有变，悔之不及。社稷事重，要更加周详。”朱异说：“殿下如果认为社稷紧急，就应该接纳范桃棒；如果犹豫，我也不知道说什么了。”太子始终不能决断。范桃棒又派陈昕启奏说：“我现在率所部五百人，到了城门，都自己脱下盔甲，乞请朝廷开门收容。事成之后，保证生擒侯景。”太子见他恳切，更加怀疑。朱异拍着胸膛说：“失去这次机会，社稷大事去矣！”不久，范桃棒为部下告发，侯景将范桃棒拉杀（用大力士扼断脖颈）。陈昕不知情，如期出宫，被侯景截获，侯景逼他射书信进城说：“范桃棒马上率轻骑兵数十人先入。”侯景想要把铠甲穿在衣服里面，跟着混进去。陈昕宁死不肯，侯景于是杀了他。

侯景派萧见理与仪同三司卢晖略戍卫东府。萧见理凶狠险恶，夜里与群盗在朱雀桁一带抢劫，中流箭而死。

邵陵王萧纶走到钟离，听闻侯景已在采石渡江，萧纶昼夜兼道，挥军入援，渡江时，到了江心，刮起大风，人马溺死者十分之一二。于是率宁远将军、西丰公萧大春，新淦公萧大成，永安侯萧确，安南侯萧骏，前谯州刺史赵伯超，武州刺史萧弄璋等及步骑兵三万人，自京口西上。萧大成，是萧大春之弟；萧确，是萧纶之子；萧骏，是萧懿之孙。

侯景派军队到江乘抵抗萧纶军。赵伯超说：“如果走黄城大路，必与贼军遭遇，不如直指钟山，突袭占领广莫门，出贼不意，宫城包围必定解除。”萧纶听从，但夜行迷路，多绕了二十余里。十一月二十三日早晨，扎营于蒋山。侯景看见，大骇，将所抢掠的妇女、珍宝财货全部送到石头城，准备舟船，方便随时逃走。然后分兵三道攻打萧纶，萧纶迎战，侯景军战败。当时山顶积雪，萧纶于是引军下山，驻扎在爱敬寺。侯景陈兵于覆舟山北。

十一月二十八日，萧纶进军到玄武湖侧，与侯景对阵，不战。到了日暮时分，侯景约明日会战，萧纶同意。安南侯萧骏见侯景军退，以为他撤走，即刻与壮士追逐。侯景回军迎击，萧骏败走，投奔萧纶军营。赵伯超望见，也引兵退走，侯景乘胜追击，诸军皆崩溃。萧纶收集余兵近千人，进入天保寺。侯景追击，纵火烧寺。萧纶逃奔朱方，士卒践踏冰雪，往往冻掉双足。侯景缴获萧纶全部辎重，生擒西丰公萧大春、安前司马庄丘慧、主帅霍俊等而还。

十一月二十九日，侯景将所俘虏缴获的萧纶军官兵、铠甲、武器及萧大春等陈列于城下，派人喊话说："邵陵王已为乱兵所杀。"霍俊挺身说："大王小有失利，已全军回京口。城中只需坚守，援军很快就到。"贼兵以刀殴打霍俊背部，霍俊辞色更严厉。侯景赞赏他的义勇，把他释放，临贺王萧正德杀了他。

当天晚上，鄱阳王萧范派他的世子萧嗣与西豫州刺史裴之高、建安太守赵凤举各自将兵入援，驻军于蔡洲，以等待上游诸军，萧范任命裴之高为督江右援军事。侯景将秦淮河南岸居民全部驱赶到北岸，焚毁他们的房屋，大街以西，全部化为灰烬。

北徐州刺史、封山侯萧正表镇守钟离，皇帝召他入援，萧正表以船粮未集为托词，拒绝前进。侯景任命萧正表为南兖州刺史，封南郡王。萧正表于是在欧阳设立栅栏工事，以阻断朝廷援军，率众一万人，声言入援，实际上准备袭击广陵。密信引诱广陵县令刘询，让他烧城为内应，刘询告诉南兖州刺史、南康王萧会理。

十二月，萧会理命刘询率步骑兵一千人夜袭萧正表，大破之；萧正表逃回钟离。刘询接收他的残兵和粮草，交与萧会理，并和他一起入援京师。

十二月七日，侍中、都官尚书羊侃去世，城中更加恐惧。侯景大造攻城装备，陈列在宫门前，大车高数丈，一车二十轮。十二月十一日，侯景再次发动攻城，以虾蟆车运土填平护城堑沟。

湘东王萧绎派世子萧方等将步骑兵一万人入援建康，十二月十四日，从公安出发。萧绎又派竟陵太守王僧辩率舟师一万人，从汉川出发，载粮东下。萧方等有俊才，善骑射，每次作战，亲自冒着飞石箭雨，以为节义而死为己任。

十二月十六日，侯景以喷火车焚烧宫城东南楼。材官吴景有巧思，在城内挖土修建新的城楼，火才灭，新楼就已建立，贼军都觉得他简直是神。侯景在城楼燃烧时，秘密派人于其下挖地道。城楼将要崩塌，城内才察觉。吴景在城内又另外修筑环形长墙，状如残月，并大量投掷火把，焚烧侯景攻城装备，贼军于是退走。

太子派洗马元孟恭率一千人从大司马门出城扫荡，元孟恭与左右投降了侯景。

十二月二十三日，侯景的土山渐渐逼近城楼，右卫将军柳津下令挖掘地道，以取其底部泥土，外山崩塌，将山上贼军几乎全部压死。又在城内造飞桥，悬罩在两座土山上。侯景部众看见飞桥横空而出，一哄而走；城内掷出雉尾火炬，焚烧其东山，楼栅全部烧光，贼军死亡，积尸于城下，于是放弃土山，不再修复，又自己焚毁攻城装备。

材官将军宋嶷投降侯景，教他引玄武湖水以灌宫城，宫门前洪水横流。

皇帝萧衍征召衡州刺史韦粲为散骑常侍，任命都督、长沙人欧阳頠为监州事。韦粲，是韦放之子。韦粲还京途中，走到庐陵，听闻侯景作乱，韦粲简阅部下，率精兵五千人，倍道赴援。到了豫章，听闻侯景已离开横江，韦粲找内史刘孝仪商量，刘孝仪说："如果真是这样，应当会有皇上的敕令。岂可轻信人言，妄自惊动！恐怕事实真相不是这样。"当时刘孝仪置酒，韦粲怒，把酒杯摔在地上说："贼已渡江，便是进逼宫阙，水路陆路都已中断，哪里会有什么敕令来！说没有皇上敕令，就心安理得吗！韦粲今日有何心情饮酒！"即刻驰马出来，部署队伍。将要出发，正巧江州刺史、当阳公萧大心派使者去请韦粲见面，韦粲于是驰马去见萧大心，说："上游藩镇，江州离京师最近，殿下的勤王军应该走在别的军队前面。但是，寻阳地处长江中流，承担着前后接应的重任，不能没有统帅镇守。如今应该张大声势，移师镇守溢城，派一偏将率军跟在我后面，便已足够。"萧大心同意，派中兵柳昕率兵二千人跟随韦粲，韦粲抵达南洲，他的表弟、司州刺史柳仲礼也率步骑兵一万余人抵达横江，韦粲即刻送粮草武器资助，并散发私人金帛以赏其战士。

西豫州刺史裴之高从张公洲派船迎接柳仲礼。

十二月三十日夜，韦粲、柳仲礼及宣猛将军李孝钦、前司州刺史羊鸦仁、南陵太守陈文彻，合军屯驻在新林王游苑。韦粲提议推举柳仲礼为大都督，同时将这个建议通报下游各军。裴之高认为自己年纪和官位都超过柳仲礼，耻于居其下，议论累日不决。韦粲高声对众人说："如今同赴国难，义在除贼。之所以推举柳司州为都督，是因为他长期镇守边疆，为侯景所忌惮；而且士马精锐，没有人比他的军队更好。如果论官位级别，柳仲礼在我之下，论年纪，也比我小，但是为国家着想，不能计较这些。今日形势，贵在将和，如果人心不同，大事去矣。裴公是朝廷元老，岂能挟私情以败坏国家大计！请让我去为诸军化解他心里的疙瘩。"于是单船到裴之高军营，恳切责备他说："如今皇上和太子危在旦夕，猾寇罪恶滔天，臣子当勠力同心，岂可自相矛盾！您如果一定要有不同意见，大家的兵锋就另有所指。"裴之高垂泣道歉。于是推举柳仲礼为大都督。

宣城内史杨白华派他的儿子杨雄率领郡兵随后抵达，援军大集，有十余万人，沿着秦淮河竖立栅栏，侯景也在北岸竖栅栏以对抗。

裴之高与弟弟裴之横以舟师一万人屯驻在张公洲。侯景囚禁裴之高的弟弟、侄子、儿子、孙子，用铁链锁在一起，在江边一字排开，把大锅和刀锯陈列其后，说："裴公不降，今天就把他们烹了。"裴之高召善射者，让他射自己儿子，射了两箭，都没有射中。

侯景率步骑兵一万人在后渚挑战，柳仲礼想要出击。韦粲说："天色已晚，我军疲劳，不可交战。"柳仲礼于是坚壁不出，侯景亦引退。

湘东王萧绎率锐卒三万人从江陵出发，命儿子、绥宁侯萧方诸留守，咨议参军刘之迡等三次上书，请他留下，不要远征，萧绎批复拒绝。

鄱阳王萧范派他的部将梅伯龙攻打留守侯景根据地寿阳的王显贵，攻克其外城；再攻中城，不克而退。萧范派兵增援，让他继续进攻。

22 东魏大将军高澄对民间私铸的钱品质恶劣且大量泛滥十分担心，商议不禁止民间私铸，但是在市场大门设置公秤，钱币重量不足五铢的，不得入市。朝议认为今年农作物歉收，请等到以后实施，于是停止。

23 西魏太师宇文泰诛杀安定国臣王茂（宇文泰封安定公，王茂是他封国的臣子），但杀他的原因并不是给他安的罪名。尚书左丞柳庆进谏，宇文泰怒道："你与罪人一党，也应当连坐！"逮捕柳庆，带到跟前。柳庆辞色不屈，说："我听说，君蔽于事为不明，臣知而不争为不忠。我既已竭忠，不敢吝惜自己的生命，只是担心主公陷于不明而已。"宇文泰醒悟，即刻派人去赦免王茂，但是已经来不及，于是赐给王茂家钱帛，说："以显示我的过错。"

【华杉讲透】

原文："魏太师泰杀安定国臣王茂而非其罪。"杀人非罪，就是要杀他，但是他犯的事又没有死罪，就找别的罪名杀他。这是很普遍的现象，你以为你没有罪，但是可以找别的罪名治你。

24 十二月三十日，柳仲礼夜入韦粲营，部署众军。准备第二天早上会战，诸将各有据守，令韦粲驻守青塘。韦粲认为青塘正是通往石头城的道路要冲，贼军必定力争，颇为忌惮。柳仲礼说："青塘要地，非兄不可；如果担心兵少，我再遣军相助。"于是命直阁将军刘叔胤协助。

卷第一百六十二　梁纪十八

（公元549年，共1年）

高祖武皇帝十八

太清三年（公元549年）

1 春，正月一日，柳仲礼把大营从新亭迁到朱雀桁。不巧天降大雾，韦粲军迷失道路，等赶到青塘时，已经过了午夜。竖立起的栅栏还没来得及合拢，侯景就已经望见，他即刻率锐卒攻打韦粲。韦粲派军主郑逸逆击，命刘叔胤以舟师截断侯景后路，刘叔胤畏懦不敢进，郑逸于是战败。侯景乘胜杀入韦粲大营，左右牵韦粲躲避，韦粲不动，呵斥子弟力战，于是与儿子韦尼及三个弟弟韦助、韦警、韦构，还有堂弟韦昂一同战死，亲戚死者数百人。柳仲礼正在吃饭，扔下筷子，身披铠甲，与其麾下一百骑兵驰往救援，与侯景战于青塘，大破侯景军，斩首数百级，沉入秦淮河淹死的有一千余人。柳仲礼的长槊几乎刺中侯景，而贼将支伯仁从身后砍中柳仲礼肩膀，柳仲礼的马陷于泥沼，贼兵聚集上来，以长槊刺杀他，幸好骑将郭山石将柳仲礼救出。柳仲礼身负重伤，会稽人惠臶吮吸疮脓，又为他止血，他才得以不死。自此侯景不敢再渡过秦淮河南岸，柳仲礼也气衰，不再言战了。

邵陵王萧纶收拾散卒，与东扬州刺史、临城公萧大连、新淦公萧大成等从东道一起抵达。正月四日，他们列营于朱雀桁南，也推举柳仲礼为大都督。萧大连，是萧大临的弟弟。

朝野都认为侯景之祸由朱异而起，都怪罪他，朱异愤恨不已，渐渐发病，正月四日，去世。按照惯例，尚书官位不能用于追赠。但皇帝特别痛惜朱异，追赠他为尚书右仆射。

正月八日，湘东世子萧方等及王僧辩军抵达。

2 正月十二日，封山侯萧正表献出北徐州，投降东魏，东魏徐州刺史高归彦派兵前往接应。高归彦，是高欢的族弟。

3 正月十三日，南梁太子萧纲迁居宫禁中的永福省。高州刺史李迁仕、天门太守樊文皎率援兵一万余人抵达城下。宫城与援军已经很久无法联系，有一位叫羊车儿的献计，做纸鸱风筝，系以长绳，写敕书于其内，顺风放起，希望能送达众军，纸鸢上写着："得鸱送援军，赏银百两。"太子亲自出太极殿前，乘西北风放飞，贼军看了觉得奇怪，以为是厌胜法术，用箭将它射了下来。

援军也招募能入城送信的人，鄱阳王（萧范）世子萧嗣的近臣李朗自请先受鞭打，假装得罪，叛变投贼，由此得以入城（周瑜打黄盖的苦肉计重现），城中才知道援兵四集，举城欢呼鼓噪。皇帝任命李朗为直阁将军，赏赐黄金，派他回去。李朗沿着钟山之后，白天埋伏，晚上行走，几天后才回到勤王军大营。

正月二十七日，鄱阳王世子萧嗣、永安侯萧确、庄铁、羊鸦仁、柳敬礼、李迁仕、樊文皎将兵渡过秦淮河，攻打东府前栅，将其焚毁；侯景撤退。众军扎营于青溪东岸，李迁仕、樊文皎率锐卒五千人独进深入，所向摧靡。至菰首桥东，侯景部将宋子仙伏兵出击，樊文皎战死，李迁仕遁还。柳敬礼，是柳仲礼的弟弟。

柳仲礼神情傲慢凶狠，欺侮蔑视诸将，邵陵王萧纶每日手执马鞭来到军门，也要等很长时间还得不到接见。由此，他与萧纶及临城公萧大连结下深深的仇怨。萧大连又与永安侯萧确有矛盾，诸军互相猜忌阻挠，没有战心。援军刚到时，建康士民扶老携幼出来迎接，可部队才过秦淮河，即纵兵抢掠。由此士民失望，贼军中有密谋响应官军的，听到这种情况，也打消了念头。

【华杉讲透】

英雄的出现有助于团结

《孙子兵法》第一篇《计篇》，说打仗前要先计算敌我双方实力对比，以预测胜负。对比的科目是“五事七计”，五个方面，七个科目。五个方面是道、天、地、将、法。所以，兵法第一条，决胜的第一性原理，就是“道”，但兵法上的“道”，并不是正义，而是“令民与上同意也”，就是上下意见一致，上下同欲者胜。“道者，令民与上同意也，故可以与之死，可以与之生，而不畏危。”上下同欲，就生死与共，不怕死。

现在看侯景阵营和勤王军阵营，侯景阵营是上下同欲，就是背水一战，夺江山，发大财，只要打进宫城，全国财富和美女都拿下。勤王军阵营呢，一盘散沙也就罢了，主帅凌侮大将，大将之间“深相仇怨”，各部队“互相猜阻”，对百姓又“纵兵剽掠”，全是自杀动作。最大责任人是柳仲礼，韦粲那样团结大家来力挺他，最后献出了自己的生命，他却这么不懂事。

宫城坚守，勤王军四集，按历史正常剧本，此刻该有侯景内部斩他人头来立功受赏了。但是，由于勤王军的这种情况，叛军中想起义的人也打消了念头。

所有的失败都是败在自己内部，南梁的各种内部矛盾，让侯景完成了不可能的任务，江南生灵涂炭，南梁王朝倾覆，让新的英雄——陈霸先——得以乘势而起。

英雄的出现有助于凝聚和团结，因为英雄会去团结所有人，团结全国人民。不团结的话，不管多少人，都是一盘散沙，会如同迷途的羔羊，任人宰割。

4 侯景的中军大都督王显贵献出寿阳城投降东魏。

【华杉讲透】

侯景的后方在瓦解，因为他们都认为侯景没希望了。但是，他们不知道南梁阵营更加糟糕。所以，侯景并不是赢得了谁比谁强的竞争，而是输掉了谁比谁混蛋窝囊的比赛。

侯景假装求和，和南梁谈判步步紧逼

5 临贺王记室、吴郡人顾野王起兵讨伐侯景，二月三日，引兵来到建康。

当初，宫城刚刚关闭时，公卿们以粮食为念，无论男女贵贱，都出来背米，得四十万斛，又收集诸府藏钱帛五十万亿，都聚在德阳堂，但是，没有准备足够的木柴、草料、鱼肉、食盐。至此时，只好拆除尚书省的建筑当柴烧，把床上草席割下来喂马。草席吃尽了，又喂马吃饭。军士们没有肉吃，有的煮铠甲上的皮革，又熏出老鼠、捕雀来吃。甘露厨有晒干的海苔，味酸咸，分给战士。军人屠马于殿省间，杂以人肉，食者必病。

侯景的部众也闹饥荒，抄掠无所获；东城有米，可以支用一年，但援军截断其路。又听闻荆州兵将至，侯景非常担忧。王伟说："如今宫城一时半会儿攻不下来，援兵越来越多，我军缺粮，不如假装求和，以缓和形势，东城之米，足够支持一年，乘求和之际，运米入石头城，援军必定不敢动，然后休息士马，缮修器械，等他们懈怠，然后出击，一举可取。"

侯景听从，派部将任约、于子悦到城下，拜表求和，乞请回到自己之前的镇所。太子认为城中穷困，向皇帝报告，请求批准。皇帝怒道：“和不如死！”太子坚决请求：“侯景围逼已久，援军相互观望不战，应该暂且许诺讲和，以后再做打算。”皇帝犹豫良久，说：“你自己决定，不要取笑千载。”于是回复侯景同意。侯景乞请割江西四个州给他，并求宣城王萧大器出城相送，然后渡江。中领军傅岐坚决争执说：“岂有贼举兵围宫阙而后与他讲和的！这是要我们的援军撤退而已。戎狄兽心，必不可信。况且宣城王是嫡皇孙，国命所系，岂可为人质！”皇帝于是以萧大器的弟弟、石城公萧大款为侍中，到侯景处做人质。又敕令诸军不得再前进，下诏说：“善用兵的人不必以刀兵定胜负，止与戈两字合成为‘武’字。可任命侯景为大丞相，都督江西四州诸军事，豫州牧、河南王如故。”

二月十三日，设坛于西华门外，派仆射王克、上甲侯萧韶、吏部郎萧瑳与侯景部将于子悦、任约、王伟登坛共盟。太子詹事柳津出西华门，侯景出栅门，遥遥相对，更杀牺牲，歃血为盟。盟誓之后，侯景并不解围，而是专心修缮铠甲武器，托言说：“无船，不能马上出发。”又说：“担心南岸军队在后面追击。”他遣送石城公回宫城，求宣城王去送；要求越来越多，完全没有要走的意思。太子知道他说的都是假话，但是还表面维系，不让关系中断。萧韶，是萧懿的孙子。

【华杉讲透】

不要由幻想指导决策

《孙子兵法》说：“必生，可虏也。”就是说，你如果一定要想活下来，就会被俘虏。太子就犯了这一条。开始时心怀侥幸，被骗，后来知道被骗了还表面维系，维系什么呢？就应该下令勤王军马上进攻。萧衍说：“和不如死。”这是正确态度。傅岐说：“岂有贼举兵围宫阙而更与之和乎！”就是这个道理。况且这一讲和，就把外面的援军卖了。

我们从太子的教训中应该学到，不要抱任何幻想，他就是始终由幻想指导决策。

皇帝八十多岁，他无所谓了，无所谓死；太子要决定，也无所谓交给他决定。而太子呢，他好不容易盼到快轮到自己当皇帝了，实在是不想拼命，能混过去就先当上皇帝再说。他一点都不愿意冒险，包括之前拒绝接受范桃棒的投降。而什么险都不冒，就冒了所有险的总和。皇帝是老江湖，到了这最后关头，他每次判断都是对的，但是他和太子又陷入“集体决策困境”，1+1＜2，皇帝实际上放弃了承担责任。至于侯景，他是无耻流氓，什么性格弱点也没有，也没有任何底线，人至贱，则无敌。

三个人的人生形势不同，意志力不同，侯景胜出。

二月十四日，前南兖州刺史、南康王萧会理，前青冀二州刺史、湘潭侯萧退，西昌侯世子萧彧，众合三万人，抵达马印洲，侯景担心他们从白下西上，启奏说：“请敕令北方军队（萧会理联军）在秦淮河南岸集合，否则，妨碍臣北渡长江。”太子即刻勒令萧会理从白下城移军到江潭苑。萧退，是萧恢之子。

二月十五日，朝廷任命邵陵王萧纶为司空，鄱阳王萧范为征北将军，柳仲礼为侍中、尚书右仆射。侯景则任命于子悦、任约、傅士悊皆为仪同三司，夏侯谲为豫州刺史，董绍先为东徐州刺史，徐思玉为北徐州刺史，王伟为散骑常侍。皇帝又任命王伟为侍中。

二月十六日（原文为二十九日，根据柏杨版修改），侯景又启奏说：“刚才收到西岸来信，高澄已得寿阳、钟离，臣如今没有地方可以立足，求借广陵及谯州，等收复寿阳，即刻奉还朝廷。”又说：“援军既在南岸，我须在京口渡江。”太子全部答应。

二月十七日，大赦。

二月二十四日，侯景又启奏说：“永安侯萧确、直阁将军赵威方隔着栅栏，不断对我诟骂说：‘虽然天子与你盟誓，但我终当击破你。’乞请召萧确及赵威方入城，我即刻上路。”皇帝派吏部尚书张绾召回萧确，二月二十五日，任命萧确为广州刺史，赵威方为盱眙太守。萧确反复上书，坚决推辞，拒绝进城，皇帝不许。

萧确于是先派赵威方入城，自己准备逃回南方。邵陵王萧纶哭泣对萧确说："围城既久，圣上忧危，臣子之情，犹如在水深火热之中，所以暂且与他盟誓，遣送他走，再图后计。成命已决，怎能违抗！"当时朝廷派来的使者周石珍、东宫主书左法生在萧纶处，萧确对他们说："侯景虽然说要走，却不解除包围，他的意图很明显。如今召我入城，何益于事！"周石珍说："敕旨如此，你怎能推辞！"萧确仍然坚持，萧纶大怒，对赵伯超说："请你为我把他斩了！带他的首级去！"赵伯超挥刃，斜眼看着萧确说："伯超认识你，刀可不认识你！"萧确于是流涕入城。

皇帝平常素食，等到围城日久，御膳房的蔬菜也没了，于是吃鸡蛋。萧纶托使者献上鸡蛋数百枚，皇帝亲手安放，嘘唏哽咽。

湘东王萧绎驻军于郢州武城，湘州刺史、河东王萧誉驻军于青草湖，信州刺史、桂阳王萧慥驻军于西峡口，托言等四方援兵，滞留不进。中记室参军萧贲，是骨鲠之士，因为萧绎不早日东下，心中不满，曾经与萧绎玩双六（赌博游戏），萧绎吃子之后，没有下注，萧贲说："殿下根本就不想下注。"萧绎深为怀恨。等收到皇帝敕令，萧绎准备班师，萧贲说："侯景以人臣举兵向宫阙，如今他若放下兵权，等不到渡江，一个小童就能把他斩了，所以，他必定不会如此。大王以十万之众，还没见到贼军就退兵，奈何！"萧绎不悦，不久，找一个借口把他杀了。

萧慥，是萧懿的孙子。

【华杉讲透】

人性的弱点就是会在已下注的地方继续下注

萧衍和萧纲父子，不断答应侯景的任何要求，这是一个人性的弱点：人们会在他已经下注的地方继续下注。因为他觉得，如果不继续下注，前面的注就白下了。所以，你只要让他答应你一回，帮你一次，他就会不断地满足你的任何要求。侯景就抓住了这一条，这一条是骗子的黄金定律，抓住这一条，就可以一节一节地把人骗得精光。

这就好比经济学上的一个“沉没成本”原理，可以称之为“心理经济学”吧，萧衍父子为了不让前面对侯景的好，成为沉没成本，就不断追加下注，直到把自己和国家全部沉入无底深渊。

6 东魏河内郡居民四千余家，因为西魏北徐州刺史司马裔是他们的同乡，相率去归附他。西魏丞相宇文泰想要封赏司马裔，司马裔推辞说：“士大夫远归皇家教化，司马裔岂能把这当成自己的功劳！卖义士以求荣，不是我的心愿。”

【华杉讲透】

司马裔的推辞，非常正确！远人来附，他们是归化于圣朝，不是归化于我。如果是归化于我，那就政治不正确了。所以，这封赏，名不正，言不顺，而且哪天被奸臣利用，还暗藏祸机，不能接受。

7 侯景运东府米入石头城，事情完成之后，王伟听闻荆州军退，援军虽多，不相统一，于是对侯景说：“大王您以臣子的身份发动兵变，围守宫阙，逼辱妃主，残秽宗庙，就是一根根捋大王的头发，也数不完你的罪状。如今到了这个地步，还想找地方容身吗！背叛盟誓而取得胜利，这样的事自古多了，愿且观其变。”临贺王萧正德也对侯景说：“大功马上就要告成，岂可弃去！”侯景于是上书，痛陈皇帝十条过失，并且说：

“臣远离在外，所以冒昧直言。陛下崇饰虚妄荒诞之事，不愿意听到真言实情，以妖怪之物为祥瑞，遭天谴还认为自己没有过错。解读儒经六艺，却排弃前代大儒，这是王莽的行为；以铁来铸造货币，轻重无常，这是公孙述的手段；烂羊之流，都封侯挂印（烂羊的典故，指更始帝刘玄在位时，长安歌谣说：‘烂羊胃，骑都尉；烂羊头，关内侯。’）；朝廷满座，都是鄙杂人物（晋朝赵王司马伦篡位时，貂蝉满座，有‘狗尾续貂’的典故，参见公元301年记载），这是更始帝、司马伦的教化。豫章王萧综（萧赞），把他的亲爹（萧衍）当血仇，邵陵王萧纶，则在他爹还活着时身穿丧服，这是石虎的家风；修建佛塔，百度靡费，使四方百姓饥馁，这是笮融、姚兴所做的怪事。”又说：“建康宫室奢侈，陛下唯与主书参断国政，政事全靠贿赂，宦官都成了豪门，和尚全是富豪。皇太子爱的只是珠玉、酒色，口吐轻薄之言，吟诗作赋也超不出《桑中》（《诗经》里描写男女淫荡行为的诗）的范围；邵陵王萧纶所到之处，百姓家室残破；湘东王萧绎手下官员，则个个贪纵不法；南康王萧会理、定襄侯萧祗之流，哪一个不是沐猴而冠！和你论亲属关系，都是孙子侄子，论官位呢，全是藩镇大臣，臣到建康一百天了，你看见他们谁肯勤王！自有人类以来，还没看见过这样的家族。想当年鬻拳兵谏，君王终于改过迁善（《左传》，楚国鬻拳兵谏楚王），我今日之举，又有什么罪过呢！伏愿陛下从这个小小的惩罚中，得到大大的教训，放逐进谗言的奸臣，接纳忠臣忠告，让臣没有再次发动兵变之忧，陛下也不用蒙受被围困在城中之辱，这对百姓来说也是非常幸运的！”

皇帝看了奏章，且惭且怒。三月一日，立坛于太极殿前，昭告天地。以侯景背叛盟誓，燃起烽火，擂鼓呐喊。

当初，闭城之日，宫城中有男女十余万人，武装部队二万余人；被围既久，人多身肿气喘，死者十分之八九，能登城墙守卫的不满四千人，而且全都羸弱喘息。横尸满路，不可掩埋，脓血满沟，而众心犹期望外援。柳仲礼却只是聚集妓妾，置酒作乐，诸将每天前往请战，柳仲礼不许。安南侯萧骏对邵陵王萧纶说：“城危如此，而都督不救，万一不虞，殿下有何颜面自立于世！如今，应分军为三道，出贼不意而攻之，可以得志。”萧纶不听。柳津（柳仲礼的父亲）登城对柳仲礼呼喊：“你君父有难，不能竭力，百世之后，会怎么说你！”柳仲礼也不以为意。皇帝问策于柳津，柳津回答说：“陛下有邵陵，臣有仲礼，不忠不孝，贼军怎么能平定！”

【华杉讲透】

不怕流氓会武术，就怕流氓有文化。侯景有王伟为军师，又能写出那把萧衍骂得酣畅淋漓、狗血淋头的奏章，可以说是人才济济，众志成城。反观萧衍阵营，一盘散沙，正如柳津对萧衍所言，看看你的儿子，再看看我的儿子，都是不忠不孝之辈，又如何能破贼！儿子们为什么不忠不孝呢？都是自己平时没做好表率，没做好教育，到了危急关头，一切都晚了。

三月三日，南康王萧会理与羊鸦仁、赵伯超等进营于东府城北，约定夜里渡过秦淮河。但是，等到天亮，羊鸦仁等还未抵达。侯景的部队已经察觉。勤王军扎营还未完成，侯景派宋子仙攻击，赵伯超望风退走。萧会理等兵大败，战死及溺死者五千人。侯景把首级堆积在宫城门前，向城内示威。

侯景又派于子悦求和，皇帝派御史中丞沈浚到侯景处。侯景根本没有要走的意思，对沈浚说："现在天热，军队不方便行动，乞请留在京师立功报效。"沈浚愤怒地斥责，侯景不回答，横刀呵斥他。沈浚说："负恩忘义，叛盟背誓，天地不容！我五十岁了，经常担心自己不能死得其所，你何必要用死来吓唬我！"转头就走，也不回头。侯景以其忠直，放他回去。

于是侯景掘开玄武湖水灌城，百道进攻，昼夜不息。邵陵王世子萧坚屯驻太阳门，终日赌博饮酒，也不体恤吏士，他的书佐董勋、熊昙朗非常恨他。三月十二日，黎明前的黑夜，董勋、熊昙朗于城西北楼引侯景部众登城，永安侯萧确力战，不能击退，于是闯进后宫，启奏皇帝说："城已陷。"皇帝安卧不动，问："还能一战吗？"回答："不能。"皇帝叹息说："天下由我所得，又从我手中失去，又有何恨！"然后对萧确说："你快走，告诉你父亲，不要以二宫为念。"并派他慰劳在外诸军。

过了一会儿，侯景派王伟入文德殿谒见，皇帝命人掀起门帘，打开户门，引王伟入见，王伟拜呈侯景奏章，称："为奸佞所蔽，领众入朝，惊动圣躬，如今在宫门前待罪。"皇帝问："侯景何在？可召来。"侯景入见于太极东堂，以甲士五百人自卫。侯景在殿下叩头，典仪引他坐在三公席位。皇帝神色不变，问道："你在军中日久，真是辛苦！"侯景不敢仰视，汗流满面。皇帝又问："你是哪个州的人，敢到这里来，妻子儿女还在北方吗？"侯景还是说不出话。任约在旁边代他回答说："臣的妻子都被高氏所屠杀，唯以一身归陛下。"皇帝又问："初渡江有几人？"侯景说："一千人。""围宫城几人？"答："十万。""如今有几人？"答："率土之内，全都归我。"皇帝低头不言。

侯景又到永福省见太子，太子也面无惧容。侍卫都惊散，唯有中庶子徐摛，通事舍人、陈郡人殷不害侍奉在侧。徐摛对侯景说："侯王当以礼见，怎能如此！"侯景于是跪拜。太子与他说话，他又不能回答。

侯景退下，对他的厢公（侯景的亲贵官员称左右厢公）王僧贵说："我经常跨鞍对阵，刀箭交下，而心绪平稳如常，了无惧心。如今见萧公，让人震慑，这岂不是天威难犯！我不可以再见他们。"于是撤除全部两宫侍卫，纵兵抢掠皇帝乘舆、服御、宫女，全部抢光。逮捕朝士、王侯，关押在永福省，命王伟守武德殿，于子悦屯驻太极东堂。矫诏大赦，加授自己为大都督中外诸军、录尚书事。

建康士民逃难四出。太子洗马萧允到了京口，留下来不再前行，说："死生有命，如何可逃！祸之所来，皆生于利；我不求利，祸从何生！"

三月十四日，侯景派石城公萧大款以诏书下令城外援军解散。柳仲礼召诸将商议，邵陵王萧纶说："今日之事，全由将军做主。"柳仲礼两眼怔怔地看着他，不发一言。裴之高、王僧辩说："将军拥众百万，致宫阙沦没，正当悉力决战，何必多言！"柳仲礼竟还是不说话，诸军于是各自拔营撤退，回自己基地。南兖州刺史、临成公萧大连，湘东世子萧方等，鄱阳世子萧嗣，北兖州刺史、湘潭侯萧退，吴郡太守袁君正，晋陵太守陆经等各还本镇。袁君正，是袁昂之子。邵陵王萧纶奔往会稽。柳仲礼及弟弟柳敬礼、羊鸦仁、王僧辩、赵伯超都开营投降，军士无不叹愤。柳仲礼等入城，先拜侯景，然后见皇帝；皇帝不和他说话。柳仲礼见父亲柳津，柳津恸哭说："你不是我的儿子，何必相见！"湘东王萧绎派全威将军、会稽人王琳送米二十万石以供应勤王军，到了姑孰，听闻宫城陷落，将米沉入江中，返还。

侯景命令烧宫城内积尸，病重没死的，也聚在一起焚为灰烬。

三月十五日，皇帝下诏，各地征将军、镇将军、州牧、郡守可各回本任。侯景留下柳敬礼、羊鸦仁，而派柳仲礼回司州，王僧辩回竟陵。当初，临贺王萧正德与侯景约定，平城之日，不能留下皇帝和太子性命。等到宫城打开，萧正德率众挥刀欲入，侯景先派他的人守门，所以萧正德不能进入。侯景又任命萧正德为侍中、大司马，百官全部恢复旧职。萧正德入宫见皇帝，跪拜哭泣。皇帝说："啜其泣矣，何嗟及矣！"

【华杉讲透】

萧衍的话，引用自《诗经》，哭泣又哭泣，后悔怎么来得及。这算是对他们所有人的总结了，全是一群无耻混蛋，而且无能，被一个更无耻、更混蛋，但是并不无能的侯景玩弄于股掌。

侯景见了皇上和太子说不出话，那是臣子在天子面前的自卑感，天威难犯。心里已经知道自己赢了，生理上的条件反射还调整不过来。柳仲礼也说不出话，是一种意志力和行动力的彻底丧失，魂飞魄散，行尸走肉，也失去生理上的行为反射能力了。这种人，这种情况，也时常可以见到，这就是所谓"窝囊废"，但是他做了主将，国家的命运也就决定了。

秦郡、阳平、盱眙三郡都投降侯景，侯景改阳平为北沧州，改秦郡为西兖州。

8 东徐州刺史湛海珍、北青州刺史王奉伯、淮阳太守王瑜，都献出土地，投降东魏。青州刺史明少遐、山阳太守萧邻弃城逃走，东魏占领了他们的地盘。

9 侯景任命仪同三司萧邕为南徐州刺史，代西昌侯萧渊藻镇守京口。又派他的部将徐相攻打晋陵，晋陵太守陆经献出本郡投降。

10 当初，皇帝任命河东王萧誉为湘州刺史，改任湘州刺史张缵为雍州刺史，接替岳阳王萧詧。张缵仗恃自己的才望，轻视萧誉只是一个少年，迎接招待不周。萧誉到了之后，检查州府各项交接工作，扣留张缵，不让他离开；不久，听闻侯景作乱，更加欺侮张缵。张缵担心自己被他所害，轻舟夜遁，准备去雍州，又担心萧詧拒绝他。张缵与湘东王萧绎有旧交，想要利用他杀萧誉、萧詧兄弟，于是进入江陵。等到宫城陷落，诸王各还州镇，萧誉从湖口回湘州。桂阳王萧慥因荆州督府在江陵，就留下不走（湘东王萧绎以荆州刺史身份都督荆州、雍州等九州，萧慥、萧誉、萧詧都是他的部下），想要等萧绎到了之后拜谒，然后再回信州。张缵写信给萧绎说："河东王萧誉扬帆西上，想要袭击江陵，岳阳王萧詧在雍州，共谋不逞。"江陵游军主朱荣也遣使告诉萧绎说："桂阳王萧慥留在此地，准备响应萧誉、萧詧。"萧绎惧怕，凿沉船只，将米沉入江中，斩断缆绳，从蛮夷地区步道驰归江陵，囚禁萧慥并杀了他。

【柏杨注】

萧慥，是萧融的孙儿；萧融，是萧衍的老弟；参考公元500年10月。萧誉、萧詧，是故太子（**昭明太子**）萧统的儿子。三人都是萧绎的侄儿。首都建康沦陷之后，南梁帝国皇族，在张缵挑拨下掀起自相残杀的序幕，而由萧绎扮演主角。这场悲剧直到公元555年12月主角倒毙为止，历时七年。

【华杉讲透】

不要轻视掌权的小孩子，这样的教训在历史上太多了。小孩掌大权，特别敏感在意的就是能否得到尊重，张缵轻视萧誉，闯下大祸，他只能以闯更大的祸去压下前面的祸，最终自己也要死在这祸事里。

侯景任命前临江太守董绍先为江北行台，命他携带皇帝手敕，召南兖州刺史南康王萧会理。三月二十七日，董绍先抵达广陵，部众不满二百人，都已多日饥饿疲惫。萧会理士马甚盛，僚佐们建议萧会理说："侯景已攻陷京邑，如今是想要先铲除诸藩王，然后篡位。如果四方拒绝，他立当溃败，奈何委全州之地以资助敌寇！不如杀董绍先，发兵固守，与魏国联合，以待其变。”萧会理一向懦弱，即刻把城池交出。董绍先既入，众人都不敢动。萧会理的弟弟萧通理请求先回建康，对他的姐姐说：“事既如此，岂可全家受毙！将来总要报效国家，只是不知天命如何。”董绍先接收广陵全部文武部曲、铠甲、武器、金帛，派萧会理单马回建康。

11 湘潭侯萧退与北兖州刺史、定襄侯萧祗出奔东魏。侯景任命萧弄璋为北兖州刺史，州民发兵拒绝他入境；侯景派直阁将军羊海将兵协助，羊海带着部众投降东魏，东魏于是占据淮阴。萧祗，是萧伟之子。

侯景扩张，夺取三吴地区

12 三月二十八日，侯景派于子悦等带着老弱残兵数百人向东，攻略吴郡。新城戍主戴僧逷有精甲五千，对太守袁君正说：“贼军如今缺粮，在宫城中所得，不够支持十天。如果闭关拒守，立可等待他们饿死。”土豪陆映公等担心不能取胜，而自家资产被抢掠，都劝袁君正迎接。袁君正一向怯懦，载着米、牛、酒到郊外迎接。于子悦逮捕袁君正，掠夺财物、子女。东部的人全都建立堡垒，阻挡他。

侯景又任命任约为南道行台，镇守姑孰。

13 夏，四月，湘东世子萧方等抵达江陵，湘东王萧绎才知道宫城失守，下令于江陵四旁七里竖立木栅工事，掘堑三重，固守。

14 东魏太尉高岳等攻打西魏颍川，不能攻克。大将军高澄部队增兵助战，道路上援军络绎不绝，过了一年，还是攻不下来。山鹿忠武公刘丰生献策，在洧水筑堰坝灌城，城墙很多地方崩坏，高岳全军轮流休息，连续进攻。西魏军统帅王思政亲身冒着箭雨飞石，与士卒同劳共苦，城中泉水涌出，炉灶都要悬挂起来，才能煮饭。西魏太师宇文泰派大将军赵贵督东南诸州军队救援，自长社以北，一片汪洋，援兵到了穰城，无法前进。东魏军派神箭手乘大舰靠近城墙射击，城池眼看就要陷落，燕郡景惠公慕容绍宗与刘丰生登上堰坝观察，见东北尘起，一起上舰躲避。一会儿，刮起暴风，远近昏暗，缆绳被吹断，船径直漂向城墙。城墙上的西魏军以长钩牵住大船，弓弩乱发，慕容绍宗投水溺死，刘丰生游向土山，城墙上的人将他射杀。

15 四月十九日，东魏进大将军、勃海王高澄为相国，封齐王，加授特殊礼遇。

四月二十二日，高澄到邺城朝见，坚决推辞。皇帝不许。高澄召将佐密议，都劝高澄接受，独散骑常侍陈元康认为不可，高澄由此厌恶他。崔暹于是举荐陆元规为大行台郎，以分陈元康之权。

16 湘东王萧绎当初入援京师时，令所督各州都发兵，雍州刺史、岳阳王萧詧派府司马刘方贵率军从汉口出发；萧绎召萧詧，要他亲自来，萧詧不从。刘方贵暗中与萧绎相结，密谋回师袭击襄阳，还未发动。正巧萧詧因为其他事召刘方贵，刘方贵以为阴谋泄露，于是占据樊城拒命，萧詧派军攻城。萧绎厚厚地资助张缵，让他前往襄阳上任，张缵走到大堤，萧詧已攻拔樊城，斩刘方贵。张缵到了襄阳，萧詧推托拖延不走，只给张缵安排城西白马寺暂住。萧詧仍旧总管军府之政，接着听闻宫城陷落，于是拒绝接受张缵替代他的职位。助防杜岸诱骗张缵说："看来岳阳王（萧詧）容不下你，不如且前往西山以避祸。"杜岸是襄阳豪族，兄弟九人，都以骁勇著名。张缵于是与杜岸结盟，穿着妇人衣服，乘坐青布小轿，逃入西山。萧詧派杜岸将兵追击，将他生擒，张缵乞请出家当和尚，更名为法缵，萧詧批准。

17 荆州长史王冲等上书给湘东王萧绎，请他以太尉、都督中外诸军事的名义，承制行使皇帝职权，主持会盟，萧绎不许。五月二日，又请以司空身份主持会盟，也不许。

萧衍受饿积郁而亡，侯景立萧纲为帝

18 南梁皇帝虽然表面上受侯景所制，但是内心非常不平。侯景想要任命宋子仙为司空，皇帝说："三公调和阴阳，岂能用这种东西！"侯景又请示以他的党羽二人为便殿主帅，皇帝不许。侯景不能强迫皇帝，心中十分忌惮他。太子入宫，哭泣进谏，皇帝说："谁让你来！如果社稷有灵，就应当光复；如其不然，哭有什么用！"侯景派他的军士到宫省中值班，有的驱赶驴马，带着弓刀，出入宫庭，皇帝觉得奇怪，问是什么人，直阁将军周石珍回答说："侯丞相甲士。"皇帝大怒，呵斥周石珍说："是侯景，什么丞相！"左右皆惧。之后，皇帝所要求的东西大多得不到满足，饮食也被裁节，忧愤成疾。太子把自己的幼子萧大圜托孤给湘东王萧绎，并剪下指甲和头发寄给他。

五月二日，皇帝躺在净居殿，口苦，要蜂蜜，没人给他，喊了两声："嗬！嗬！"于是崩殂。年八十六岁。侯景秘不发丧，把灵柩迁到昭阳殿，迎太子于永福省，命他如常入朝。王伟、陈庆都侍奉太子，太子呜咽流涕，不敢发出声音，殿外文武官员都不知道皇帝已经死了。

19 东魏高岳既损失了慕容绍宗等，志气沮丧，不敢再进逼长社城。陈元康对大将军高澄说："大王自辅政以来，没有特殊功勋。虽然击破侯景，但他本来不是外贼。如今颍川马上就要陷落，愿大王亲自出战，领下这份功劳。"高澄听从，五月二十四日，亲自将步骑兵十万人攻长社，亲自监督兴筑洧水堰坝。堰坝三次溃决，高澄怒，把背土的士卒连着土囊一起推下去堵塞决口。

20 五月二十七日，南梁为高祖萧衍发丧，把灵柩抬到太极殿。当天，太子即皇帝位，大赦。侯景屯驻在朝堂，分兵守卫。

21 五月二十八日，南梁朝廷下诏，北方人在南方做奴婢的，全部免除奴籍为平民，获免的人数以万计。侯景在其中更破格提拔一些人，希望能得到他们的拥护助力。

高祖末年，建康士民衣服、饮食、器用，争相攀比豪华，粮食储备不足半年，常靠四方运输。自侯景作乱，道路断绝，数月之间，发展到人相食，仍不免于饿死，生存下来的人不到百分之一二。贵戚、豪族都亲自出城采野菜，倒闭在沟壑中的，不可胜计。

五月二十九日，侯景派仪同三司来亮前往接收宛陵，宣城太守杨白华诱捕他，将他斩首。五月三十日，侯景派部将李贤明进攻，不能攻克。侯景又派中军侯子鉴进入吴郡，任命厢公苏单于为吴郡太守，派仪同宋子仙等将兵向东，屯驻钱塘，新城戍主戴僧逷占据本县拒挡。御史中丞沈浚避难东归，到了吴兴，太守张嵊与他合谋，举兵讨伐侯景。张嵊，是张稷之子。东扬州刺史、临城公萧大连，也占据本州，不接受侯景命令。侯景号令所行，只有吴郡以西、南陵以北而已。

22 西魏朝廷下诏："太和年间鲜卑人改用汉姓的，都恢复原来的姓氏。"

23 六月二日，南梁朝廷任命南康王萧会理为侍中、司空。

24 六月三日，立宣城王萧大器为皇太子。

25 当初，侯景准备派太常卿、南阳人刘之遴前往授给临贺王萧正德皇帝玺绶，刘之遴剃光头发，穿上僧服逃走。刘之遴博学能文，曾经担任湘东王萧绎的长史，于是前往投奔江陵，但萧绎一向嫉妒他的才华。六月五日，刘之遴走到夏口，萧绎秘密送药将他毒杀，而后又亲自为他撰写墓志铭，厚厚地抚恤馈赠他的家属。

26 六月八日，南梁封皇子萧大心为寻阳王，萧大款为江陵王，萧大临为南海王，萧大连为南郡王，萧大春为安陆王，萧大成为山阳王，萧大封为宜都王。

西魏因高澄再次发兵围攻而失守颍川

27 长社城中无盐，人患痉挛水肿，死亡十分之八九。大风从西北起，吹水入城，城墙崩塌。东魏大将军高澄下令城中说："有能生擒王大将军者封侯；若大将军身有损伤，亲近左右皆斩。"王思政率众占据土山，告诉大家说："我力屈计穷，唯当以死谢国！"于是仰天大哭，西向再拜，准备自刎。都督骆训说："您时常对我们说：'你带着我的人头出降，不但得富贵，也保全一城之人。'如今高相既有此令，您不哀怜士卒之死吗！"众人一起拉住他，不让他自杀。高澄派通直散骑赵彦深到土山上赠以白羽扇，握手致意，又拉着他的手下山。高澄不让他下拜，请他就座，十分礼遇。王思政初入颍川时，有将士八千人，等到城池陷落，才三千人，没有一个叛变的。高澄将他的将卒全部打散，发配于远方，改颍川为郑州，礼遇王思政甚重。西阁祭酒卢潜说："王思政不能死节，何足可重！"高澄对左右说："我有卢潜，现在又得到一个王思政。"卢潜，是卢度世的曾孙。

【柏杨注】

王思政保卫长社，已尽到他的能力和责任，城破之日，为了救他左右的性命，不得不降，使人感叹。而一个坐在妻儿身旁、毫无危险而又毫无负担的白面书生，却在那里斥责他没有自杀的死节！很多人都是这样，对别人的生命，特别慷慨。卢潜必须看到王思政自己抹脖子，王思政的部属被高澄一一诛杀，他才心满意足。

生命绝对重要，人权更崇高到无以替代。一个将领在尽力尽责仍无法挽救危局之时，他还有最后一个任务，就是保护他部属的安全。自己不肯死，却动不动就要求别人死，是顽劣之辈。

【华杉讲透】

读史要代入自己模拟做决断

读史要代入自己，如果只做一个不痛不痒的旁观者，就学不到东西。你可以代入自己，在这最后关头，如果你是王思政，你会怎么办？如果你是王思政的左右部属，你又会怎么办？所谓正义，就是你的良知告诉自己也会那样去做，不可只用于要求别人。

当初，王思政屯驻襄城，想要以长社为行台治所，派使者魏仲启陈于太师宇文泰，并写信给淅州刺史崔猷。崔猷回信说："襄城控制京、洛，实在是当今之要地，如有动静，容易相互接应。颍川既邻寇境，又没有山川险固，贼军如果入侵，可以直接就挺进到城下。不如顿兵襄城，为行台镇所。在颍川设置州府，派一良将镇守，则表里坚固，人心也容易安定，就算有什么意外，也没有大的损失！"魏仲见了宇文泰，将两人的意见都汇报。宇文泰下令按崔猷的意见办。王思政坚持请求，并且约定说："如果贼军来攻，水攻我能守一年，陆攻能守三年，不用朝廷派兵援救。"宇文泰于是同意。等到长社失守，宇文泰深为后悔。

崔猷，是崔孝芬之子。

侯景南叛时，西魏丞相宇文泰担心东魏收复侯景所部旧地，派诸将分守诸城。等到颍川陷落，宇文泰认为诸城道路都已阻绝，下令他们全部拔军撤回。

28 南梁上甲侯萧韶从建康出奔江陵，声称受高祖密诏征兵，任命湘东王萧绎为侍中、假黄钺、大都督中外诸军事、司徒、承制行使皇帝职权，其余藩镇都升官进爵。

29 侯景所派中军都督宋子仙包围戴僧逷于新城，不能攻克。六月二十二日，吴郡强盗陆缉等起兵袭击吴郡，杀死侯景所派太守苏单于，推举前淮南太守、文成侯萧宁为盟主。

30 临贺王萧正德怨恨侯景出卖自己，写密信召鄱阳王萧范，让他带兵入京。侯景截获了他的信，六月二十九日，缢杀萧正德。

侯景任命仪同三司郭元建为尚书仆射、北道行台、总江北诸军事，镇守新秦；封元罗等诸元姓十余人为王（西魏元罗投降南梁，事见公元535年记载）。侯景喜爱永安侯萧确之勇，常把他带在左右。邵陵王萧纶秘密派人与萧确联络，萧确说："侯景轻佻，一个人就足以把他制服，我想要亲手杀了他，正恨没找到机会，你回去报告家王（萧纶是萧确的父亲），不要以我为念。"侯景与萧确游钟山，萧确引弓射鸟，转头要射向侯景，不巧弓弦断了，箭没有射出，侯景察觉，杀了萧确。

31 湘东王萧绎娶徐孝嗣的孙女为王妃，生世子萧方等。徐妃貌丑，但十分妒忌，私生活又混乱，萧绎两三年才到她的房间一次。徐妃听闻萧绎要来，因为萧绎瞎了一只眼，故意化半边脸妆来等他，萧绎大怒而出，所以世子萧方等也不受宠。等到从建康回江陵，萧绎见萧方等御军和整，才开始感叹他的才能，进屋告诉徐妃，徐妃不答话，垂泣而退。萧绎怒，把徐妃的淫秽情事一条条写出来，张榜于大厅，萧方等见了，更加惧怕。（这位徐妃，名叫徐昭佩，据《南史·徐妃传》，徐昭佩情人很多，其中一人名叫暨季江，评论徐昭佩说："徐娘虽老，犹尚多情。"这就是"徐娘半老"典故的由来。）

湘州刺史、河东王萧誉，骁勇得将士人心，萧绎将要讨伐侯景，派使者前往征调他的部队及粮草，萧誉说："各有各的军府，我什么时候归别人管！"使者三次往返，萧誉不给。萧方等建议讨伐，萧绎于是以小儿子、安南侯萧方矩为湘州刺史，命萧方等将精卒二万人护送他上任。萧方等将行，对亲信说："此次出行，我必死；死得其所，死而无恨！"

【胡三省注】

萧方等不死于救宫城之时，而死于伐湘州之时，这算是死得其所吗？

32 侯景任命赵威方为豫章太守，江州刺史、寻阳王萧大心派军队拦截他，生擒赵威方，关押在州狱，赵威方越狱逃回建康。

33 湘东世子萧方等军队抵达麻溪，河东王萧誉率七千人迎击，萧方等军败，溺死。安南侯萧方矩收集余众回江陵，湘东王萧绎面无戚容。萧绎宠姬王氏，生下儿子萧方诸。王氏去世，萧绎怀疑是徐妃谋杀，逼令她自杀，徐妃投井而死，葬之以庶人礼，并不许儿子们为她穿孝服。

34 西江督护陈霸先要起兵讨伐侯景，侯景派人引诱广州刺史元景仲，许诺奉他为主，元景仲于是归附侯景，阴谋暗算陈霸先。陈霸先知道消息，与成州刺史王怀明等集兵于南海，驰檄以讨伐元景仲，说："元景仲与贼联合，朝廷派曲阳侯萧勃为刺史，大军已抵达朝亭。"元景仲所部听闻，都抛弃元景仲，一哄而散。秋，七月一日，元景仲自缢于阁下。陈霸先迎接定州刺史萧勃镇守广州。

前高州刺史兰裕，是兰钦的弟弟，与他的弟弟们煽动引诱始兴等十郡，攻打监衡州事欧阳頠。萧勃派陈霸先救援，将兰裕等全部生擒，萧勃于是任命陈霸先为监始兴郡事。

35 湘东王萧绎派竟陵太守王僧辩，信州刺史、东海人鲍泉攻击湘州，分别配备士兵及粮草，并限期启程。王僧辩以竟陵的部下还没有到齐为由，想要等到齐了再走，与鲍泉一起晋见萧绎，请求延期。萧绎怀疑王僧辩观望形势，按剑厉声说："你不敢出征，抗拒命令，是要与贼人勾结吗？今天唯有一死！"于是向王僧辩砍去，砍中他的左大腿，王僧辩昏厥，过了很久才苏醒，即刻被送进监狱。鲍泉震怖，不敢说话。王僧辩的母亲光脚进来，流涕谢罪，自陈是自己没教好儿子，萧绎的怒气才平息，赐以良药，王僧辩得以不死。

七月十四日，鲍泉单独率军讨伐湘州。

36 占领吴郡的变民首领陆缉等竞相残暴抢掠，吴郡人心不归附他们，侯景部将宋子仙从钱塘回军攻击。七月九日，陆缉弃城奔往海盐，宋子仙再次占领吴郡。七月十五日，侯景在吴郡设置吴州，以安陆王萧大春为刺史。

37 七月十七日，任命南康王萧会理兼尚书令。

38 鄱阳王萧范听闻建康失守，戒严，准备入京勤王，僚佐中有人对他说："如今魏人已占据寿阳，大王脚步一动，则敌骑必窥视合肥。前面叛贼未平，后面城池失守，那怎么办！不如等四方援兵集结，再派良将率精兵前往，进不失勤王，退可巩固根本。"萧范于是停止。

正巧东魏大将军高澄派西兖州刺史李伯穆进逼合肥，又命魏收写信晓谕萧范。萧范正准备讨伐侯景，希望引东魏为外援，于是率战士二万人出东关，把合州交给李伯穆，并派咨议刘灵议把自己的两个儿子萧勤、萧广送到东魏为人质，以乞请东魏出兵协助。萧范屯驻濡须，以等待上游勤王军，派世子萧嗣率一千余人守安乐栅，但是，上游的军队不见踪影，萧范缺粮，士兵们采摘菱角、藕、茭白为食。萧勤、萧广到了邺城，东魏人竟不出兵。萧范进退无计，于是溯流西上，驻军于枞阳。侯景出兵，屯驻在姑孰，萧范部将裴之悌率所部投降侯景。裴之悌，是裴之高的弟弟。

高澄谋求篡位，突然被兰京杀害

39 东魏大将军高澄抵达邺城，辞去爵位和殊礼，并且请立太子。高澄对济阴王元晖业说："最近读什么书？"元晖业说："常读伊尹、霍光传记，不读曹操、司马懿。"

40 八月一日，侯景派他的中军都督侯子鉴等攻击吴兴。

41 八月十六日，鲍泉驻军于石椁寺，河东王萧誉迎战失败；八月十八日，又败于橘洲，战死及溺死者一万余人。萧誉退保长沙，鲍泉引军包围。

42 八月二日，东魏立皇子元长仁为太子。

勃海文襄王高澄因为他的弟弟、太原公高洋在兄弟中排行第二，总是对他保持猜忌。高洋深深掩藏，不露锋芒，很少开口说话，常常贬退自己，与高澄说话，无不顺从。高澄轻视他，常说："这种人也能得到富贵，相面书又有什么用！"高洋为他的夫人、赵郡人李氏置办的衣服、器玩，稍有一点好的，高澄就夺取过去；夫人有时生气不给，高洋就笑道："这些东西还可以再买，哥哥要，何必吝惜！"高澄有时羞愧不取，高洋就拿回来，也不特别做出辞让的模样。每次退朝回家，就闭阁静坐，虽然对着妻子儿女，也能一整天都不说话。有时光着膀子，脱了鞋袜奔跑跳跃，夫人问他缘故，高洋说："为你游戏取乐罢了。"其实是锻炼身体。

高澄俘虏南梁徐州刺史兰钦的儿子兰京，用他做厨房奴隶，兰钦请求赎回，高澄不许。兰京屡次自己请求，高澄就棒打他，说："再说，就杀了你！"兰京与他的党羽六人密谋作乱。高澄在邺城，居住在北城东柏堂，宠爱琅琊公主（见公元545年记载），想要和她往来方便，常把侍卫者差遣出外。

八月八日，高澄与散骑常侍陈元康、吏部尚书侍中杨愔、黄门侍郎崔季舒屏退左右，密谋接受东魏皇帝禅让，拟订百官名单。兰京送来饮食，高澄叫他退出，对其他人说："昨夜梦见此奴砍我，要赶快把他杀了。"兰京听到了，把刀放在盘下，又去送上饮食。高澄怒道："我没有要你送吃的，为什么又来！"兰京挥刀说："来杀你！"高澄从床上跳下来，伤了脚，钻到床下，贼人把床拉开，杀了他。杨愔狼狈逃走，丢掉了一只靴子；崔季舒藏匿在厕所；陈元康用自己的身体遮蔽高澄，与贼人争刀被伤，肠子流出来；库直（库房值班员）王纮冒着利刃与贼人搏斗；纥奚舍乐在搏斗中被刺死。

当时变起仓促，内外震骇。太原公高洋在城东双堂，听到消息，神色不变，指挥部属，入讨群贼，全部斩首，剁成肉酱，然后慢慢走出，说："奴仆造反，大将军受伤，没有大碍。"内外无不惊异。高洋秘不发丧。陈元康亲笔写信和母亲诀别，又口述若干政事建议事项，让功曹参军祖珽记下来，到了夜里，伤重去世。高洋把陈元康灵柩暂放在府第中，诈称已派他出使，并发布人事任命，以陈元康为中书令。以王纮为领左右都督。王纮，是王基之子。

勋贵们认为重兵都在并州，劝高洋早回晋阳，高洋听从。夜，召大将军督护、太原人唐邕，命他部署将士，镇遏四方。唐邕调兵遣将，很快就安排妥当，高洋由此器重他。

八月十日，高洋暗示东魏主元善见，以立太子的名义大赦。

高澄的死讯渐渐泄露，东魏主元善见私底下对左右说："大将军死，似乎是天意，威权当复归于帝室了！"高洋留太尉高岳、太保高隆之、开府仪同三司司马子如、侍中杨愔镇守邺城，其余勋贵全部跟着自己。八月十一日，入宫谒见东魏主元善见于昭阳殿，随从甲士八千人，登上台阶的有二百余人，全部卷起衣袖，手握刀柄，如临大敌。令主司仪的人者传奏说："臣有家事，要去晋阳。"再拜而出。东魏主失色，目送他说："此人又似不能相容，朕不知死在何日！"

晋阳旧臣宿将一向轻视高洋，等他到来，大会文武，神采英畅，言辞敏洽，众人都大吃一惊。高澄的政令有不合适的，高洋都改正。高隆之、司马子如等厌恶度支尚书崔暹，上奏崔暹及崔季舒过失及罪恶，结果都被鞭打二百，流放边疆。

【华杉讲透】

领导者一定要尊重左右

《论语》，子曰："君待臣以礼，臣事君以忠。"身为领导者，一定要尊重左右，至少，也不能随意辱骂，不要欺负人！历史上被身边奴仆刺杀的君王可不止一个。高澄欺辱兰京，又让他在挂满菜刀的御膳房为奴，还让他给自己进食，而且，兰京还有六个党羽。高澄的安保工作，实在是太荒谬了，对自己身边服务的人，不仅完全没有政治审查概念，安排了一个仇人，又不断仇上加仇，最终送了自己的性命。

做大事业，关键是克服自己的弱点，高澄英明神武，有安邦定国之功，就是有一个弱点——喜欢欺负人。他连弟媳的衣服、器玩都要夺过来，他得有多欺负人！欺负到兰京头上，就让他死得如此窝囊，给高洋做了嫁衣裳。

活该！

43 侯景以宋子仙为司徒、郭元建为尚书左仆射，与领军任约等四十人全都加授开府仪同三司，仍让南梁皇帝萧纲下诏说："从现在开始开府仪同不须再加将军称号。"此后开府仪同太多了，不可胜计。

44 鄱阳王萧范从枞阳写信告诉江州刺史、寻阳王萧大心有关情况，萧大心回信邀请他西上。萧范引兵到江州，萧大心把他安置在湓城。

45 吴兴军兵力寡弱，张嵊一介书生，不懂军事。有人劝张嵊效仿袁君正，献出本郡，迎接侯景部将侯子鉴。张嵊叹息说："袁氏世代忠贞（袁淑、袁觊、袁粲、袁昂都以忠贞为名），没想到袁君正一朝之间，就毁了家族名誉。我岂不知吴郡既没，吴兴势难久全，但以身许国，我就只能选择这一条死路罢了！"

九月一日，侯子鉴军队抵达吴兴，张嵊战败，回到官府，穿戴整齐安然坐好，侯子鉴将他逮捕，执送建康。侯景嘉许他能守节，想要保全他的性命，张嵊说："我受命守城，朝廷倾危，不能匡复，今日速死为幸！"侯景还想给他留下一个儿子，张嵊说："我家一门，都已在死鬼名录，不向你这样的蛮虏求恩！"侯景怒，杀了他全家；并杀沈浚（沈浚投奔张嵊，事见去年记载）。

【华杉讲透】

张嵊求死，已经尽忠，为什么要拒绝侯景给自己留下一个儿子！史称这种人为以死求名之人，不仅自己死，还要儿子殉葬。他若忠于国家，国家还在；他若忠于君王，君王已归附侯景；他若忠于天道，天道不要他害死全家！

46 被包围在长沙城中的河东王萧誉，告急于岳阳王萧詧，萧詧留咨议参军、济阳人蔡大宝镇守襄阳，自己率步兵二万、骑兵二千攻打江陵，以救湘州。湘东王萧绎大惧，派左右到狱中，问计于王僧辩，王僧辩详细陈述方略，萧绎于是赦免他，任命为城中都督。

九月三日，萧詧抵达江陵，把军队分为十三个营，连环攻击，赶上天降大雨，平地水深四尺，萧詧军士气沮丧。萧绎与新兴太守杜岸有旧交，秘密和他联络。九月十三日，杜岸与哥哥杜岌和杜岸、弟弟杜幼安、哥哥的儿子杜龛各率所部投降萧绎。杜岸请以五百骑兵袭击襄阳，昼夜兼行，离襄阳三十里时，城中察觉，蔡大宝保护萧詧的母亲龚保林（保林为太子嫔妃的一级）登城抵抗。萧詧听闻，连夜逃回，抛弃粮食、金帛、铠甲、武器于湕水，不可胜计。张缵有脚病，萧詧把他载在车上随行，等到败走，看守的人担心被追兵赶上，杀了他，弃尸而去。萧詧到了襄阳，杜岸逃奔广平，依附他的哥哥、南阳太守杜巘。

47 湘东王萧绎因为鲍泉围长沙久攻不克，怒，任命平南将军王僧辩替代他为都督，数落鲍泉十条罪状，命舍人罗重欢与王僧辩同行。鲍泉听闻王僧辩来，愕然说：“得到王僧辩来协助我，贼不难平定。”擦干净坐席，等待他。王僧辩进来，背对着鲍泉而坐，说：“鲍郎，你有罪，大王令我锁拿你，你不要希望我会念及老友之情。”他让罗重欢宣读命令，把鲍泉锁在床侧。鲍泉上书为自己申辩，并对久攻不下自己谢罪，萧绎怒气稍解，释放了他。

48 冬，十月一日，东魏任命开府仪同三司潘相乐为司空。

49 当初，南梁历阳太守庄铁率众归附寻阳王萧大心（庄铁最初投降侯景，后返回历阳，事见公元548年记载），萧大心任命他为豫章内史。庄铁到了豫章，即刻叛变，推举观宁侯萧永为盟主。萧永，是萧范的弟弟。

十月十五日，庄铁引兵袭击寻阳，萧大心派部将徐嗣徽逆击，击破庄铁军。庄铁逃走，到了建昌，光远将军韦构邀击，庄铁失其母亲、弟弟和妻子儿女，单骑回南昌，萧大心派韦构率军继续追讨。

50 宋子仙从吴郡出兵攻打钱塘。刘神茂从吴兴出兵攻打富阳，前武州刺史、富阳人孙国恩献出城池投降。

51 十一月四日，葬武皇帝萧衍于修陵，庙号高祖。

52 百济遣使到南梁朝贡，使臣见城阙荒芜，与之前完全不同，哭于端门。侯景怒，把他们押送到庄严寺，不许出来。

53 十一月十一日，宋子仙急攻钱塘，戴僧逷投降。

54 岳阳王萧詧派将军薛晖攻打广平，攻拔，俘虏杜岸，送到襄阳。萧詧拔下他的舌头，鞭打他的脸，将他肢解后烹煮。又挖掘他的祖父墓，焚毁骨骸，随风抛弃骨灰，把他的头骨漆了做碗。

萧詧既与湘东王萧绎为敌，担心不能自存，遣使求援于西魏，请为附庸。丞相宇文泰令东阁祭酒荣权出使襄阳。萧绎派司州刺史柳仲礼镇守竟陵以图谋萧詧，萧詧惧，送他的妃子王氏及世子萧嶚到西魏做人质。丞相宇文泰想要征伐江、汉，任命开府仪同三司杨忠都督三荆等十五州诸军事，镇守穰城。柳仲礼到了安陆，安陆太守沈勰献出城池投降。柳仲礼留长史马岫和他的弟弟柳子礼守城，率众一万人向襄阳进发。宇文泰派杨忠及行台仆射长孙俭将兵攻击柳仲礼，以救萧詧。

55 宋子仙乘胜渡过钱塘江，抵达会稽。邵陵王萧纶听闻钱塘已败，出奔鄱阳，鄱阳内史、开建侯萧蕃率军拒绝他入城，萧纶进击萧蕃，击破。

56 西魏杨忠将到义阳，义阳太守马伯符献出下溠城投降，杨忠以马伯符为向导。马伯符，是马岫之子。

57 南梁南郡王萧大连为东扬州刺史。当时会稽大丰收，可以作战的士兵有数万人，粮食、武器堆积如山，东方人痛恨侯景残虐，都愿意为萧大连所用，而萧大连朝夕酣饮，不理军事。司马、东阳人留异，凶狡残暴，为众人所患，萧大连却把军事全部委托给他。

十二月九日，宋子仙攻打会稽，萧大连弃城逃走，留异奔还家乡，不久，率其部众投降宋子仙。萧大连想要逃奔鄱阳，留异为宋子仙做向导，在信安追上萧大连，执送建康，萧大连还在酒醉中，不知道自己到了哪里。皇帝萧纲听闻，拉拢帷幕哭泣，用衣袖拭去眼泪（萧大连是萧纲的儿子）。于是三吴全部没于侯景，公侯当时在会稽的，都越过南岭避难而逃。侯景任命留异为东阳太守，扣留他的妻子儿女为人质。

58 十二月二十八日（原文为“乙酉”，根据柏杨考证修改），东魏任命并州刺史彭乐为司徒。

59 邵陵王萧纶西上到九江，寻阳王萧大心要把江州让给他，萧纶不接受，继续引兵西上。

60 始兴太守陈霸先联结郡中豪杰，准备讨伐侯景，郡人侯安都、张偲等各率众一千余人归附他。陈霸先派主帅杜僧明率二千人驻防于南岭，广州刺史萧勃派人制止他说：“侯景骁雄，天下无敌，之前援军十万，士马精强，尚且不能攻克，你以区区之众，能打到哪里去！听说岭北王侯互相火并，亲人之间，大动干戈，你一个疏远外臣，岂可明珠暗投！不如暂且留在始兴，远远地张扬自己的声势，可保像泰山一样平安。”陈霸先说：“我身受国恩，之前听闻侯景渡江，就想奔赴前线，不想遭遇元景仲、兰裕事变，挡住我道路。如今京都覆没，君辱臣死，谁敢顾惜自己的性命！君侯身为皇室成员，又承担镇守方岳之重，就派我一支军队去，总比一兵不出要好，难道反而还要制止我吗！”于是派使者走小道到江陵，表示接受湘东王萧绎节度。当时南康土豪蔡路养起兵占据本郡，萧勃于是派心腹谭世远为曲江县令，与蔡路养相结，一起阻遏陈霸先。

【华杉讲透】

萧勃只想割据岭南，如果要勤王，当是他亲自率军北伐。如果陈霸先去，失败了是损失自己一员大将；成功了是去一侯景，而又来一个陈霸先，比侯景更可怕。所以萧勃不让他去。

萧氏皇族，此时就是四个字：各怀鬼胎，所以没法不亡。

61 西魏杨忠攻拔随郡，抓获太守桓和。

62 东魏派金门公潘乐等将兵五万袭击司州，刺史夏侯强投降。于是东魏尽有淮南之地。

卷第一百六十三　梁纪十九

（公元550年，共1年）

太宗简文皇帝上

大宝元年（公元550年）

1 春，正月一日，南梁大赦，改年号为大宝。

陈霸先北上勤王

2 陈霸先从始兴出发，走到大庾岭，南康土豪蔡路养率领二万人驻军于南野阻截。蔡路养的妻侄、兰陵人萧摩诃，年仅十三岁，单骑出战，无人敢挡。杜僧明马被伤，陈霸先救他，把自己的马给他。杜僧明上马再战，众军乘势反攻。蔡路养大败，脱身逃走。陈霸先进军南康，湘东王萧绎承制授陈霸先为明威将军、交州刺史。

3 正月十八日，东魏进授太原公高洋为丞相、都督中外诸军、录尚书事、大行台、齐郡王。

4 正月二十日，南梁邵陵王萧纶抵达江夏，郢州刺史、南平王萧恪到郊外恭迎，要把本州让给他，萧纶不接受。于是推举萧纶为假黄钺，都督中外诸军事，以皇帝的旨意设置百官。

5 西魏杨忠包围安陆，南梁柳仲礼驰归救援。西魏诸将担心柳仲礼到了之后，安陆难以攻下，建议急攻。杨忠说："攻守形势悬殊，急攻也不等于能攻克，如果时间拖长了，表里受敌，不是好办法。南方人多熟悉水军，不擅长野战，柳仲礼的军队就在附近路上，我军出其不意，以奇兵袭击，他们疲惫，而我军奋击，一举可克。打掉了柳仲礼，则安陆不攻自拔，其余诸城，可以传檄而定。"于是选骑兵二千人，衔枚夜进，击败柳仲礼于漴头，生擒柳仲礼和他的弟弟柳子礼，并俘虏其全部部众。马岫献出安陆，别将王叔孙献出竟陵，全部投降杨忠。于是汉东之地全部归入西魏版图。

6 广陵人来嶷游说前广陵太守祖皓说："董绍先轻率无谋，人心不归附他。发动突袭杀掉他，是壮士的责任。如今，我想召集率领义勇之士，尊奉拥戴府君您。如果能够取得胜利，可以立下齐桓公、晋文公那样的功勋。如果上天还未悔过，不肯停止灾祸，也足以显示我们为梁室忠臣。"祖皓说："这正是我的心愿。"于是一起纠合勇士，得一百余人。正月二十三日，袭击广陵，斩侯景所派的南兖州刺史董绍先，占领城池，驰檄远近，推举前太子舍人萧勔为刺史，仍结东魏为外援。祖皓，是祖暅之子；萧勔，是萧勃的哥哥。

正月二十五日，侯景派郭元建率军杀到，祖皓婴城固守。

7 二月，西魏杨忠乘胜抵达石城，准备进逼江陵，湘东王萧绎派舍人庾恪游说杨忠说："萧詧攻打他的叔父，而你们魏国却帮助他，何以使天下归心！"杨忠于是停在湕水以北。萧绎派舍人王孝祀等送儿子萧方略为人质以求和，西魏人答应了。萧绎与杨忠盟誓说：“魏国南界到石城，梁国北界到安陆，梁国愿为魏国附庸，并送质子，开设贸易市场，互通有无，永敦邻睦。”杨忠于是还师。

8 宕昌王梁弥定被同族人梁獠甘袭击，梁弥定逃奔西魏，梁獠甘自立为王。羌族酋长傍乞铁忽占据渠株川，与渭州平民郑五丑联合诸羌以背叛西魏。丞相宇文泰派大将军宇文贵、凉州刺史史宁讨伐，擒斩傍乞铁忽、郑五丑。史宁又攻击梁獠甘，击破。梁獠甘率一百骑兵投奔生羌巩廉玉。史宁接梁弥定返回宕昌，设置岷州于渠株川，进击巩廉玉，斩梁獠甘，生擒巩廉玉，押送长安。

9 侯景派任约、于庆等率众二万人攻打诸藩王。

10 邵陵王萧纶想要救河东王萧誉，但兵粮不足，于是写信给湘东王萧绎说：“天时地利，不如人和，何况手足兄弟，岂可相害！如今社稷处于危局，蒙受耻辱，创伤巨大，痛苦殊深，我辈只有剖心尝胆，泣血枕戈，其余的小怨恨，或许应该宽恕包容。如果外难未除，又起家祸，自古到今，没有一个不灭亡的。征战之理，唯求取胜；至于骨肉之战，越是取胜，就越是残酷，打胜了并没有什么功劳，打败了是自己家里办丧事，劳兵损义，亏失太多了。侯景军队之所以还未窥视长江上游，只是因为藩屏盘固，宗镇强密。你如果不惜兵刃，攻陷洞庭，则雍州（萧詧）惊疑窘迫，何以自安，必定引进魏军以求声援。而一旦你的安全得不到保障，则家国大事去矣。希望你一定要解除湘州包围，以保存社稷。”萧绎回信，陈述萧誉如何十恶不赦，并且说：“萧詧引杨忠来相侵逼，我谈笑之间，驱退秦军（鲁仲连谈笑间驱退秦国大军，萧绎以此典故自比），是非曲直，都清清楚楚，不需要我再说。临湘早上平定，我军晚上就开拔。”

萧纶收到回信，扔在几案上，慷慨流涕说：“天下之事，已至于此！湘州若败，我也随时会灭亡！”

【胡三省注】

以萧纶的昏狂，还能说出这番道理，也是形势所逼了。萧纶知道，萧绎攻克湘州之后，下一个必将图谋自己，所以写信解劝。假如他在当初京口之时就能想到这一层，哪里还会有这亡国丧身之祸呢！古人所谓“居安思危，居宠思畏”，就是这个意思。如今到了这个地步，也就为萧纶北逃埋下伏笔。

11 侯景派侯子鉴率舟师八千，自己率步兵一万，攻打广陵，三日，攻克，生擒祖皓，捆缚起来，万箭齐发，把祖皓射成一个刺猬，然后车裂示众；城中人无论老幼，全部埋在地里，半截入土，上身露在外面，驰马射杀。任命侯子鉴为南兖州刺史，镇守广陵。侯景回建康。

12 二月六日，侯景任命安陆王萧大春为东扬州刺史。撤销吴州。

13 二月十日，南梁任命尚书仆射王克为左仆射。

14 二月二十五日，东魏任命尚书令高隆之为太保。

15 南梁宣城内史杨白华进据安吴，侯景派于子悦等率众攻打，不能攻克。

16 东魏行台辛术将兵侵犯南梁，围攻阳平，不能攻克。

17 侯景娶了南梁皇帝萧纲的女儿溧阳公主，非常宠爱她。三月甲申日（三月无此日），侯景请皇帝在乐游苑举行春祭宴会，帐饮三日。皇帝还宫，侯景与公主共据御床，南面并坐，群臣文武列坐侍宴。

18 三月十一日，东魏进授丞相高洋爵位为齐王。

19 临川内史、始兴人王毅等攻击豫章太守庄铁，鄱阳王萧范派部将巴西人侯瑱救援，王毅等战败阵亡。

20 鄱阳世子萧嗣与侯景党羽任约战于三章，任约败走；萧嗣于是徙师坐镇三章，称之为“安乐栅”。

21 夏，四月一日，湘东王萧绎任命上甲侯萧韶为长沙王。

22 四月二十七日，侯景请皇帝游幸西州，皇帝乘坐没有装饰的素色辇车，侍卫四百余人，侯景率铁甲武士数千人，翼卫左右。皇帝听到丝竹音乐之声，凄然泣下，命侯景起舞，侯景也请皇帝起舞。等到酒宴结束，座位上的人都已散去，皇帝在御座上抱着侯景说：“我想念丞相！”侯景说：“陛下如果不想念臣，臣何以能到这里！”直到夜晚才结束。

当时江南连年旱灾、蝗灾，江州及扬州尤其严重，百姓流亡，一起进入山谷、江湖，采草根、树叶、菱角、芡实为食，所到之处，全部采光，死者的尸体满布原野。有钱人家也没有食物，脸都瘦得像鸟一样尖削，穿着绫罗绸缎，怀里揣着金银财宝，俯卧在床上，等着饿死。千里绝烟，人迹罕见，白骨成聚，堆得像山陇一样。

侯景性情残酷，在石头城立一个大碓，有犯法的就在下面捣杀。常常告诫诸将说：“破栅平城，应当全部杀光，让天下人知道我的威名。”所以诸将每次战胜，专以焚掠为事，杀人如割草，以资戏笑。所以百姓就算是死，也不愿归附侯景。又禁止偶语（相聚谈话），违反者亲戚也要连坐。他的手下将帅，全部称行台（相当于特遣政府，有全权），来降附的，全部称开府（宰相级），身边的亲信重臣称为左右厢公，勇力过人的称为库直都督。

23 西魏封皇子元儒为燕王，元公为吴王。

24 侯景召宋子仙回京口。

25 邵陵王萧纶在郢州，以听事厅为正阳殿，里里外外的楼阁房舍，全部题上皇宫殿堂名字。其部下在军府里作威作福，郢州将佐无不怨忿。咨议参军江仲举，是南平王萧恪的军师，建议萧恪图谋萧纶，萧恪惊道："如果我杀了邵陵王，固然可以让我们这一州安宁，荆州（萧绎）、益州（萧纪）兄弟必定心中暗喜，而天下平定之后，就以大义来责备我的罪了。况且巨逆尚未枭除，就骨肉相残，这是自取灭亡之道。你最好打消这个念头。"江仲举不听，部署诸将，约定日期，准备发动。不料阴谋泄露，萧纶将他压杀。萧恪狼狈前往谢罪，萧纶说："一群小人所作，与兄长无关。凶党已毙，兄长不必担忧。"

26 王僧辩急攻长沙，四月二日，攻克。抓获河东王萧誉，斩首，将其首级送到江陵，湘东王萧绎将他的头和身体合在一起安葬。

当初，世子萧方等被杀死，临蒸人周铁虎功劳最多，萧誉对他十分重用。王僧辩俘虏周铁虎，命令将他烹杀，周铁虎呼喊说："侯景未灭，奈何杀壮士！"王僧辩赞赏他的话，释放他，并把他的部下还给他。萧绎任命王僧辩为左卫将军，加授侍中、镇西长史。

萧绎自去年已听说高祖之死，因为长沙还未攻下，所以隐瞒消息。四月二十三日，才为高祖发丧，用檀木雕刻高祖像，供奉在百福殿，侍奉非常恭谨，一举一动都向高祖像汇报。萧绎认为天子受制于贼臣，不肯用大宝年号，仍称为太清四年。

四月二十七日，萧绎下令大举讨伐侯景，檄文传遍远近。

27 鄱阳王萧范抵达湓城，以晋熙为晋州，派他的世子萧嗣做刺史，江州的郡守、县令，很多都被更换了。寻阳王萧大心，政令所行，不出一郡。萧大心派兵攻击豫章太守庄铁，萧嗣与庄铁是老友，向父亲萧范请求发兵救援，萧范派侯瑱率精甲五千人援助庄铁。于是二镇互相猜忌，不再有讨贼之志。萧大心派徐嗣徽率众二千，筑垒于稽亭以防备萧范，粮食市场交易不通，萧范数万之众，没有军粮，多饿死。萧范愤恚，背上长疮，五月七日，去世。其部众秘不发丧，奉萧范的弟弟、安南侯萧恬为主，有部众数千人。

28 五月八日，侯景任命元思虔为东道大行台，镇守钱塘。五月九日，任命侯子鉴为南兖州刺史。

元善见被迫禅位于高洋，北齐篡东魏

29 东魏齐王高洋在加授开府仪同三司时，勃海人高德政任他的管记（书记），由此亲昵，言无不尽。金紫光禄大夫、丹杨人徐之才，北平太守、广宗人宋景业，都擅长图谶预言，认为太岁在午，当有革命，于是通过高德政告诉高洋，劝他受禅。高洋告诉娄太妃，太妃说：“你父亲如龙，兄长如虎，仍认为天位不可妄据，终身北面为臣。你是什么人，要行舜、禹之事吗！”高洋把太妃的话告诉徐之才，徐之才说：“正因为不如父兄，所以应该早升尊位。”高洋铸铜像占卜，铸成。于是派开府仪同三司段韶去问肆州刺史斛律金，斛律金来见高洋，坚持说不可，因为宋景业第一个说符命预言，请求杀了他。高洋与诸亲贵在太妃跟前讨论，太妃说：“我儿懦直，必无此心，高德政幸灾乐祸，他教的吧。”高洋见人心不一，派高德政到邺城探察公卿们的意见，还没回来，高洋等不及，拥兵向东，到了平都城，召诸勋贵商议，没人敢回答。长史杜弼说：“关西，是国家劲敌，如果接受魏国禅让，恐怕他们挟天子，自称义兵而东向，大王怎么对付！”徐之才说：“如今与大王争天下的，就是宇文泰吧，大王所做的，也是他想干的。他若倔强，不过是跟着我们一样，称帝而已。”杜弼无以回应。高德政到了邺城，暗示公卿们劝进，也没人响应。司马子如到辽阳迎接高洋，坚持说不可。高洋准备打道回府，仓丞李集说：“大王当初是为什么要来，而今又要回头呢？”高洋假意派他去东门办事，就在东门将他格杀，而另外下令赐给他家绸缎十匹，于是回晋阳。

高洋回到晋阳，总是闷闷不乐。徐之才、宋景业等每天跟他陈说阴阳占卜，说应该早日接受天命。高德政也敦劝不已。高洋派术士李密占卜，卜到《大横》（《易经》的一篇），说：“这是汉文帝的卦象。”又让宋景业卜筮，卜到《乾》变《鼎》，说：“《乾》，是君。《鼎》，是五月的卦。应该在五月受禅。”有人说：“五月不可入官，违犯的人，会死在官位上。”宋景业说：“大王为天子，不存在升迁，不就是死在那官位上吗！”高洋大悦，于是从晋阳出发。

高德政把邺城各方面事情，列成一条条，报告给高洋，高洋令左右陈山提乘驿马车携带条陈并密书予杨愔。这月，陈山提抵达邺城，杨愔即刻召太常卿邢劭等商议禅让仪式，秘书监魏收草写九锡、禅让、劝进诸文件；引魏宗室诸王入北宫，留在东斋。五月六日，东魏进授高洋为相国，总揽百官，备九锡。

高洋走到前亭，所乘的马忽然栽倒，高洋觉得不吉利，心中厌恶。到了平都城，不肯前进。高德政、徐之才苦请说：“陈山提已经先去，恐怕他泄露消息。”高洋即刻命司马子如、杜弼乘驿马车陆续入邺城，观察人心物情。司马子如等进入邺城，众人认为事势已决，无人敢有异议。高洋到了邺城，召集民夫携带土木工具到城南集合。高隆之请示问：“用来做什么？”高洋作色说：“我自有事，你问什么！想要灭族吗？”高隆之谢罪退出。于是众民夫筑起圜丘，准备法物。

五月八日，司空潘乐、侍中张亮、黄门郎赵彦深等求入宫启事，东魏孝静帝在昭阳殿接见他们。张亮说：“五行递运，有始有终。齐王圣德钦明，万方归仰，愿陛下远法尧、舜。”皇帝严肃地说：“此事推让已久，我谨当逊避。”又说：“如此，需要撰写制书。”中书郎崔劼、裴让之曰：“制书已经写好。”使侍中杨愔呈上制书。皇帝签署，说：“把我安排在哪里？”杨愔回答说：“北城另有馆宇。”皇帝于是走下御坐，步行到东廊，咏诵范蔚宗《后汉书·献帝赞》说：“献生不辰，身播国屯。终我四百，永作虞宾。（生不逢时，身受播迁之苦，四百年国运终结在我的手里，从今往后，永远做尧的嘉宾。）”有司请他出发，皇帝说：“古人顾念遗簪弊履，朕欲与六宫告别，可以吗？”高隆之说：“今日天下仍然是陛下之天下，何况六宫！”皇帝步入后宫，与妃嫔以下诀别，举宫皆哭。赵国人李嫔背诵曹植的诗说："王其爱玉体，俱享黄发期（爱惜身体，健康长寿）。"直长赵道德准备一辆车在东阁等候，皇帝登车，赵道德越过他前面去抱他上车，皇帝呵斥说："朕自畏天顺人，你是什么东西，敢逼人如此！"赵道德还是不下车。出云龙门，王公百官拜辞，高隆之洒泪哭泣。于是入北城，居住在司马子如南宅，派太尉、彭城王元韶等奉上皇帝玺绶，禅位于齐。

五月十日，齐王高洋即皇帝位于南郊，大赦，改年号为天保。

自魏敬宗以来，百官都没有俸禄，至此才重新开始发放。五月十一日，封东魏主为中山王，待以不臣之礼。追尊齐献武王高欢为献武皇帝，庙号太祖，后改为高祖；文襄王高澄为文襄皇帝，庙号世宗。五月十三日，尊王太后娄氏为皇太后。五月十七日，降魏朝封爵有差，但原来高氏旧臣及西魏、南梁投降归化的人，不在贬降之限。

萧纪通告各征镇，派世子萧圆照率兵受萧绎指挥

30 南梁文成侯萧宁起兵于吴郡，有部众一万人，五月二十一日，进攻郡城；行吴郡事侯子荣（侯景党羽）逆击，杀了他。萧宁，是萧范的弟弟。侯子荣乘机纵兵郡境，大肆抢掠。

自从晋氏渡江，三吴最为富庶，贡赋商旅，都出于其地。到了侯景之乱，金帛抢光了，又抢人来吃，或者卖到北方，残留下来的居民，几乎死尽逃光了。

当时，唯有荆州、益州所部尚且完整，太尉、益州刺史、武陵王萧纪通告各征将军、镇将军，派世子萧圆照率兵三万受湘东王萧绎节度。萧圆照进军到巴水，萧绎任命他为信州刺史，令他屯驻在白帝，不许继续东下。

【华杉讲透】

没有什么能让人一劳永逸

历史的惨剧，录原文如下："及侯景之乱，掠金帛既尽，乃掠人而食之，或卖于北境，遗民殆尽矣。"从富庶的天堂到吃人的地狱，就在转眼之间。萧衍在同泰寺念佛的时候，天下太平，志得意满，到了功成名就，人间已没有什么事情值得去做，享受出世的精神生活，他哪里会想到，自己会闯下如此弥天大祸！

未来无法预测，什么样的坏事都可能发生，所以，一刻也不能松懈，一刻也不能停止努力！还是那两句话：没有什么是理所应当的，一切都难得可贵；没有什么是一劳永逸的，一切都需要不断获取。

31 六月三日，任命南郡王萧大连行扬州事。

32 江夏王萧大款、山阳王萧大成、宜都王萧大封（三人都是皇帝萧纲的儿子）从信安走小道投奔江陵。

33 北齐主高洋封宗室高岳等十人、功臣库狄干等七人皆为王。六月五日，封弟弟高浚为永安王，高淹为平阳王，高湝为彭城王，高演为常山王，高涣为上党王，高淯为襄城王，高湛为长广王，高湝为任城王，高湜为高阳王，高济为博陵王，高凝为新平王，高润为冯翊王，高洽为汉阳王。

34 南梁鄱阳王萧范去世后，部将侯瑱投靠豫章太守庄铁。庄铁猜忌他，侯瑱心中不能自安，六月八日，侯瑱诈称请庄铁谋事，借机杀了他，自己占据豫章。

【华杉讲透】

“铁忌之，瑱不自安”，史书上，“不自安”是高频词，就是心中不安，没有安全感，而一方不安的原因，就是另一方的“忌”，猜忌。如何让人不猜忌你，而能让自己安全，我们到唐朝郭子仪时再讲。

35 寻阳王萧大心派徐嗣徽夜袭湓城，被守将安南侯萧恬、裴之横等击退。

36 北齐主高洋当初娶赵郡人李希宗的女儿，生下儿子高殷及高绍德；又娶段韶的妹妹。等到将要封皇后，高隆之、高德政想要结勋贵为外援，说：“汉族妇人不可为天下之母，应该另择美配。”皇帝不听。六月九日，立李氏为皇后，以段氏为昭仪，儿子高殷为皇太子。六月十三日，任命库狄干为太宰，彭乐为太尉，潘相乐为司徒，司马子如为司空。六月十三日，任命清河王高岳为司州牧。

37 侯景任命羊鸦仁为五兵尚书。六月二十二日，羊鸦仁出奔江西，打算前往江陵，走到东莞，强盗怀疑他身上藏了金子，把他截住格杀。

38 西魏人想要让岳阳王萧詧为萧衍发哀，并即皇帝位，萧詧推辞不受。丞相宇文泰派荣权册封萧詧为梁王，开始组建王府，设置百官。

39 陈霸先整修崎头古城，搬进去居住。

40 当初，北燕末任皇帝、昭成帝冯弘逃奔高丽，派他的族人冯业以三百人浮海投奔刘宋，于是留在新会。从冯业到孙子冯融，世代为罗州刺史，冯融的儿子冯宝为高凉太守。高凉冼氏，世代为蛮族酋长，部落十余万家，有一个女儿，多谋略，善用兵，各山洞的蛮夷都敬服她的信义。冯融聘她为冯宝的妻子。冯融虽然累世为方伯，但因为不是当地人，号令不行。冼氏约束本宗，让他们遵从百姓应遵守的礼仪，每次与冯宝一起判决诉讼，首领有犯罪的，就算是自家亲戚，也绝不宽恕，由此冯氏才得以推行政令。

高州刺史李迁仕据守大皋口，派使者召冯宝，冯宝要去，冼氏制止他说："刺史无故不应召太守，他必定要胁迫你一起造反。"冯宝问："何以知之？"冼氏说："刺史被召救援朝廷，他称病不去，却铸造兵器，集结人马，然后召你，这一定是想要扣押你为人质，然后逼你发兵加入他的阵营，你不要去，静观其变。"

过了几天，李迁仕果然造反，派主帅杜平虏将兵入灨石，在鱼梁筑城，以压逼南康，陈霸先派周文育攻击他。冼氏对冯宝说："杜平虏是一员骁将，如今入灨石与官军相拒，局势不允许他马上回军，李迁仕在州府，没有能力自卫。夫君如果自己去，必有战斗，应该派使者卑辞厚礼告诉他说：'我不敢擅自出城，派我妻子来晋见。'他听闻，必定喜悦而无备。我带一千余人去，担着杂货，宣称是援助物资，只要能够抵达栅栏下，必定能击破他。"冯宝听从。李迁仕果然不设防备，冼氏袭击，大破之，李迁仕走保宁都。周文育也击走杜平虏，占领了他的城池。冼氏与陈霸先在灨石会面，回来之后，对冯宝说："陈都督不是常人，很得众心，必能平贼，夫君应该厚厚地资助他。"

湘东王萧绎任命陈霸先为豫州刺史，领豫章内史。

41 六月二十三日，裴之横攻打稽亭，被徐嗣徽击退。

42 秋，七月三日，北齐立世宗高澄的正妃元氏为文襄皇后，住的地方称为静德宫。又封世宗的儿子高孝琬为河间王，高孝瑜为河南王。

七月七日，任命尚书令封隆之为录尚书事，尚书左仆射、平阳王高淹为尚书令。

43 七月十三日，梁王萧詧前往西魏朝见。

44 当初，东魏派仪同、武威人牒云洛等迎接南梁鄱阳王萧范的世子萧嗣，让他镇守皖城。萧嗣还没来得及出发，任约（侯景部下）率军杀到，牒云洛等撤退，萧嗣于是没有援兵，出战，战败阵亡。任约于是攻城略地，抵达湓城。寻阳王萧大心派司马韦质出战，战败，帐下还有战士一千余人，都劝萧大心走保建州，萧大心不听，七月二十日，萧大心献出江州，投降任约。之前，萧大心派前太子洗马韦臧镇守建昌，有甲士五千，听说寻阳失守，准备率众投奔江陵，未及出发，为麾下所杀。韦臧，是韦粲之子。

45 于庆（侯景部将）攻城略地至豫章，侯瑱力屈，投降。于庆将侯瑱送到建康。侯景因为侯瑱也姓侯，待他非常优厚，留他的妻子儿女和弟弟为人质，派侯瑱跟随于庆攻打彭蠡湖以南诸郡，任命侯瑱为湘州刺史。

46 当初，巴山人黄法氍，有勇力，侯景之乱，集结部众，保卫乡里。太守贺诩下江州，命黄法氍监郡事。黄法氍屯驻新淦，于庆自豫章分兵袭击新淦，被黄法氍击败。陈霸先派周文育进军攻击于庆，黄法氍引兵前来会师。

47 邵陵王萧纶听闻任约将至，派司马蒋思安将精兵五千袭击，任约部众崩溃，蒋思安不设防备，任约收兵袭击，蒋思安败走。

48 湘东王萧绎改宜都为宜州，以王琳为刺史。

49 本月，南梁任命南郡王萧大连为江州刺史。

50 西魏丞相宇文泰因为北齐主高洋称帝，率诸军讨伐。西魏命齐王元廓镇守陇西地区，征召秦州刺史宇文导为大将军、都督二十三州诸军事，屯驻咸阳，镇守关中。

51 益州和尚孙天英率徒众数千人夜攻州城，武陵王萧纪与他交战，将他斩杀。

52 邵陵王萧纶大量制造铠甲武器，将要讨伐侯景。湘东王萧绎对此十分厌恶，八月十七日，派左卫将军王僧辩、信州刺史鲍泉等率舟师一万人东下，进逼江州、郢州，声言抵御任约，并说要迎接邵陵王回江陵，把湘州交给他。

53 北齐主高洋刚刚即位时，励精为治。赵道德有事请托黎阳太守、清河人房超，房超不拆开信封，直接把赵道德的使者乱棍打死。高洋非常欣赏他，命各郡守、县宰效法，设置木棍，专门用来诛杀请托办事的使者。过了很久，都官中郎宋轨上奏说："如果只是奉命当个信差，去请托贿赂，就要被处以死刑，那些亲身犯法的人，又该怎么加罪呢？"于是撤销了这项规定。

【华杉讲透】

随意加重对坏事的处罚是在破坏法治

这样的事情和讨论，历史上经常出现。罚当其罪，要有个标准。但是，总有人要显示他的正义感，随意加重对坏事的处罚，实际上这是在破坏法治。

北齐司都功曹张老上书请制定齐律，皇帝高洋下诏，命右仆射薛琡等参考东魏法律《麟趾格》，讨论增删，制定齐律。

北齐主高洋从六军宿卫之士（宿卫只用鲜卑人）中简选精锐，每一人必当百人，保证临阵有必死之心的，然后录取，称为"百保鲜卑"。又简选汉人中勇力绝伦者，称为"勇士"，以备边疆。

北齐开始设立九等户籍（以贫富分上中下三等，每等又分上中下三级），富者交钱纳税，贫者出力劳役。

54 九月十日，西魏讨伐北齐的大军从长安出发。

55 南梁王僧辩军抵达鹦鹉洲，郢州司马刘龙虎等秘密送人质给王僧辩，邵陵王萧纶听闻，派儿子威正侯萧䃅将兵攻击，刘龙虎战败，投奔王僧辩。萧纶写信斥责王僧辩说："将军前年杀人之侄，今年伐人之兄，以此求荣，恐怕天下不许！"王僧辩把信送给湘东王萧绎，萧绎下令进军。

九月十四日，萧纶在西园集结麾下将领，涕泣说："我本无他意，只是志在灭贼，湘东王总说我要和他争当皇帝，于是出兵攻击。今天，我们如果要守，则内无粮储，外无援兵；如果要战，则取笑千载。我不能无缘无故被他捆缚，应当到下游避开他。"麾下壮士争请出战，萧纶不许，与萧䃅从仓门登舟向北。王僧辩入据郢州。

萧绎任命南平王萧恪为尚书令、开府仪同三司，世子萧方诸为郢州刺史，王僧辩为领军将军。

萧纶在中途遇到镇东将军裴之高，裴之高的儿子裴畿抢掠他的武器，萧纶与左右轻舟逃奔武昌涧饮寺，和尚法馨把萧纶藏匿在岩穴之下。萧纶的长史韦质、司马姜律等听闻萧纶还活着，驰马前往迎接，游说七栅流民，以求粮食和武器支援。萧纶出面，扎营在巴水，流民八九千人归附他，萧纶稍稍收拾散卒，屯驻在齐昌，遣使请降于北齐，北齐封萧纶为梁王。

56 湘东王萧绎改封皇子萧大款为临川王，萧大成为桂阳王，萧大封为汝南王。

57 九月十六日，西魏军抵达潼关。

58 九月二十三日，北齐主高洋进入晋阳，命太子高殷居住在凉风堂监国。

59 南梁南郡王萧大连的中兵参军张彪等起兵于若邪山，攻破浙东诸县，有部众数万。吴郡人陆令公等游说太守、南海王萧大临前往加入他。萧大临说：“张彪如果能成功，不需要我的力量；如果失败，正好拿我来推脱他的责任。不能去。”

【华杉讲透】

张彪并未拥戴萧大临为盟主，也就是说，他并不需要萧大临。萧大临如果自己跑去，他是皇帝萧纲的儿子，自然就是盟主。那就不是张彪反侯景，是萧大临反侯景。张彪一旦失败，把萧大临人头斩了“反正”，就可以向侯景邀功请赏了。

侯景夺取西阳、武昌，徐文盛大败侯景军

60 侯景部将任约进兵侵犯西阳、武昌。当初，宁州刺史、彭城人徐文盛募兵数万人讨伐侯景，湘东王萧绎任命他为秦州刺史，派他将兵东下，与任约在武昌遭遇。萧绎任命庐陵王萧应为江州刺史，任命徐文盛为长史、行府州事，指挥诸将抵抗沈约。萧应，是萧续之子。

邵陵王萧纶因北齐援兵还未抵达，移营到马栅，距西阳八十里。任约听闻，派仪同叱罗子通等率铁骑二百人袭击，萧纶没有防备，策马逃走。当时湘东王萧绎也与北齐联合，所以北齐人观望，不帮助萧纶。定州刺史田祖龙迎接萧纶，萧纶因为田祖龙为萧绎所厚待，担心被他逮捕，于是重回齐昌。走到汝南，西魏所任命的汝南城主李素，是萧纶的老部下，开城收留他。任约于是占领西阳、武昌。

61 裴之高率子弟部曲一千余人抵达夏首，湘东王萧绎召他来，任命为新兴、永守二郡太守。又任命南平王萧恪为武州刺史，镇守武陵。

62 当初，邵陵王萧纶任命衡阳王萧献为齐州刺史，镇守齐昌。任约

攻击，将他生擒，送到建康，处死。萧献，是萧畅的孙子。

63 九月二十八日，进授侯景为相国，封二十郡，为汉王，给予特殊礼遇。

64 岳阳王萧詧回到襄阳（前往西魏朝见归来）。

65 黎州平民攻打刺史张贲，张贲弃城逃走。州民招引氐族酋长、北益州刺史杨法琛占据黎州，命王、贾二姓前往晋见武陵王萧纪，请任命杨法琛为刺史。萧纪痛斥他们，囚禁杨法琛之前送来当人质的儿子杨崇颙、杨崇虎。

冬，十月一日，杨法琛派出使者，向西魏投降。

66 十月三日，北齐主高洋抵达晋阳宫。广武王高长弼与并州刺史段韶有矛盾，高洋即将进入晋阳时，高长弼对他说："段韶在那里坐拥强兵，恐怕不知道他到底什么心意，岂可轻率前往投奔他！"皇帝不听。到了之后，把高长弼的话告诉段韶，说："像你这么忠诚，还有人进谗言，何况其他人！"高长弼，是高永乐的弟弟。

十月九日，任命特进元韶为尚书左仆射，段韶为右仆射。

【华杉讲透】

参见之前公元538年记载，高永乐拒绝战败的高敖曹入城，直接导致高敖曹死亡，高欢只是打了他两百棍就了事。如今，高长弼诬陷段韶，高洋也不做任何处理。高氏父子，也是没有法制了。

67 十月十九日，侯景加授自己为宇宙大将军、都督六合诸军事，把诏书草稿呈给南梁皇帝萧纲。皇帝惊道："将军也有宇宙之号吗！"

【华杉讲透】

警惕人性的“僭越冲动”

这是人性的“僭越冲动”，就像现在小孩子会说他长大了要当“宇宙大总统”，还有《西游记》里的齐天大圣。每个中国男人心中都有一个“齐天大圣”，虽然也都明白自己跳不出如来佛的手掌心，但还是要豪气一把！侯景一时半会儿不方便做皇帝，自封为宇宙大将军，他也是玩一把。男人永远是男孩，天下往往也是玩具，有机会就按自己的偏好捯饬。

68 南梁立皇子萧大钧为西阳王，萧大威为武宁王，萧大球为建安王，萧大昕为义安王，萧大挚为绥建王，萧大圜为乐梁王。

69 北齐东徐州刺史、行台辛术镇守下邳。十一月，侯景征收租税粮食，运入建康，辛术率众渡过淮河，拦截运粮车队，烧毁谷米一百万石，进而包围阳平，侯景行台郭元建引兵救援。十一月十六日，辛术裹挟三千余户人家，回到下邳。

70 武陵王萧纪率军从成都出发，湘东王萧绎派使者送信制止他说：“蜀人勇悍，易动难安，需要老弟镇守他们，我自己灭贼就行。”又另附一纸说：“你我的土地，就好比刘备和孙权，各安其境；我们的情谊，如同鲁国、卫国一样亲密，保持书信沟通。”

71 十一月十八日，南平王萧恪率文武官员联名推举湘东王萧绎为相国，总揽百官。萧绎不许。

宇文泰讨伐北齐失败，多地并入北齐版图

72 西魏丞相宇文泰在弘农建桥，渡过黄河，抵达建州。

十一月二十日，北齐主高洋亲自将兵出征，屯驻在东城。宇文泰听闻其军容严盛，叹息说："高欢不死啊！"正巧久雨不止，从秋天一直下到冬天，西魏牲畜大量死亡，于是从蒲阪还师。黄河以南自洛阳以东，河北自平阳以东，全部并入北齐版图。

73 十一月二十一日，南梁江州长史、行府州事徐文盛驻军在贝矶，任约率水军逆战，徐文盛大破任约军，斩叱罗子通、赵威方，进军到大举口。侯景派宋子仙等将兵二万援助任约，因任约守西阳，很久不能前进，侯景亲自率军出征，屯驻在晋熙。

南康王萧会理认为建康空虚，与太子左卫将军柳敬礼、西乡侯萧劝、东乡侯萧勔密谋起兵诛杀侯景的军师王伟。安乐侯萧乂理出奔长芦，集结部众，得一千余人。建安侯萧贲、中宿侯世子萧子邕知道他们的密谋，向王伟告密。王伟逮捕萧会理，柳敬礼，萧劝，萧勔及萧会理的弟弟、祁阳侯萧通理，将其全部处死。萧乂理也为左右所杀。钱塘人褚冕，因为是萧会理的故旧老友，受尽千百次严刑拷打，始终不肯指证萧会理。萧会理隔着墙壁对他说："褚郎，你岂不是为了我才这样？你虽然宁死也要保护我，我内心确实是想要杀贼！"褚冕到最后也没有招认，侯景于是宽恕了他。萧劝，是萧昺之子；萧贲，是萧正德弟弟的儿子；萧子邕，是萧憺的孙子。

南梁皇帝萧纲自从即位以来，侯景对他防卫甚严，外人都不得进见，唯有武林侯萧谘及仆射王克、舍人殷不害，因为文弱得以出入皇帝卧内，皇帝与他们讲论而已。等到萧会理死，王克、殷不害惧祸，稍稍自己疏远皇帝。唯独萧谘不离不弃，朝见从不间断。侯景厌恶他，指使他的仇人刁戍将他刺杀在广莫门外。

皇帝即位时，侯景与皇帝登重云殿，礼佛立誓说："自今往后，君臣两无猜二，臣固然不负陛下，陛下也不得负臣！"等到萧会理阴谋泄

露，侯景怀疑皇帝知道，所以杀死萧谘。皇帝知道不久就要轮到自己，指着自己所居住的宫殿对殷不害说："庞涓当死此下。"

侯景亲自率众讨伐杨白华于宣城，杨白华力屈而降，侯景因为他是北方人，保全他，任命他为左民尚书，诛杀他哥哥的儿子杨彬，为来亮报仇。（杨白华是北魏名将杨大眼之子，因为长得帅被胡太后看上，强迫他做情夫。杨白华惧祸，逃奔南梁。杨白华斩来亮，事见公元549年记载。）

十二月一日，侯景封告密有功的建安侯萧贲为竟陵王，中宿侯世子萧子邕为随王，并赐姓侯氏。

74 十二月二十六日，北齐主高洋回到邺城。

75 邵陵王萧纶在汝南，修缮城池，集结士卒，准备攻打安陆。西魏安州刺史马祐报告丞相宇文泰，宇文泰派杨忠率一万人增援安陆。

76 武陵王萧纪派潼州刺史杨乾运、南梁州刺史谯淹合兵二万人讨伐杨法琛，杨法琛发兵据守剑阁以抵御。

77 侯景回到建康。

78 当初，北魏敬宗以尔朱荣为柱国大将军，位在丞相之上。尔朱荣败亡后，这个官职就废除了。大统三年，西魏文帝又以丞相宇文泰为柱国大将军。其后凡参与建国大业，佐命有功，声望和实力都够分量的，也授予这官职，共有八人：安定公宇文泰，广陵王元欣，赵郡公李弼，陇西公李虎，河内公独孤信，南阳公赵贵，常山公于谨，彭城公侯莫陈崇，统称为八柱国。

宇文泰开始选拔百姓中有才干和勇力的人为府兵，所有租税差役全部免除，在农闲时节讲阅战阵，其战马、牲畜、粮食、装备，每人由六户人家供应。合为一百府，每府由一员郎将统领，分属二十四军。

宇文泰总揽百官，都督中外诸军。元欣因为是宗室元老，悠闲出入宫廷而已。其余六人，各督两位大将军，一共十二大将军，每位大将军各统开府仪同三司二人，开府仪同三司各领一军。其后，功臣位至柱国大将军、开府仪同三司、仪同三司者越来越多，都是散官，没有实权，也没有部属，虽然也有掌管其他差事的，但名望都在诸公之下。

79 北齐主高洋命散骑侍郎宋景业制定历法《天保历》，全国推行。

卷第一百六十四　梁纪二十

（公元551年—552年，共2年）

太宗简文皇帝下

大宝二年（公元551年）

1 春，正月，新吴人余孝顷举兵反抗侯景，侯景派于庆攻击，不能攻克。

2 正月五日，湘东王萧绎派护军将军尹悦、安东将军杜幼安、巴州刺史王珣将兵二万人从江夏前往武昌，受徐文盛节度。

杨乾运平定蜀北之叛

3 杨乾运攻拔剑阁，杨法琛退保石门，杨乾运进驻南阴平。

4 正月六日，北齐主高洋祭祀圜丘。

5 南梁南郡王萧大连的中兵参军张彪派部将赵稜包围钱塘，孙凤包围富春。侯景派仪同三司田迁、赵伯超救援，赵稜、孙凤败走。赵稜，是赵伯超的哥哥的儿子。

6 正月十八日，北齐主高洋亲耕天子籍田。正月二十日，祭祀太庙。

7 西魏杨忠包围汝南，李素战死。二月一日，汝南陷落，抓获邵陵携王萧纶，处死，投尸江岸。岳阳王萧詧派人收敛安葬。

8 北齐有人举报太尉彭乐谋反。二月十八日，彭乐被诛杀。

【华杉讲透】

邙山之战，彭乐在战场上放走宇文泰。如此寥寥数语，被举报谋反，然后被处死，可能和之前的事有联系。

9 北齐派散骑常侍曹文皎出使江陵，湘东王萧绎派兼散骑常侍王子敏回访报聘。

10 侯景任命王克为太师，宋子仙为太保，元罗为太傅，郭元建为太尉，支化仁为司徒，任约为司空，王伟为尚书左仆射，索超世为右仆射。侯景设置三公官职，动辄就十几位，仪同三司尤其多。以宋子仙、郭元建、支化仁为佐命元功，王伟、索超世为谋主，于子悦、彭儁负责军法，陈庆、吕季略、卢晖略、丁和等为爪牙。南梁人为侯景所用的，则有故将军赵伯超，前制局监周石珍，内监严亶，邵陵王记室伏知命。其他人如王克、元罗及侍中殷不害、太常周弘正等，侯景是因为他们有声望，加以尊位，但不让他们担任要害职务。

11 北兖州刺史萧邕密谋投降西魏，侯景杀了他。

12 潼州刺史杨乾运进据平兴，平兴是杨法琛的北益州州府所在。杨法琛退保鱼石洞，杨乾运焚毁平兴城，撤退。

13 高州刺史李迁仕（侯景党羽）收集残部（之前被冼夫人击败），还师攻击南康，陈霸先派部将杜僧明等抵抗，生擒李迁仕，斩首。

湘东王萧绎派陈霸先进兵攻取江州，任命他为江州刺史。

14 三月二日，北齐襄城王高淯去世。

元宝炬病亡，长子元钦继位

15 三月六日，西魏文帝元宝炬崩殂（得年四十五岁），太子元钦继位。

16 三月十一日，南梁江州长史、行府州事徐文盛等攻克武昌，进军芦洲。

17 三月十五日，北齐任命湘东王萧绎为梁相国，组建梁国政府，总揽百官，承制行事皇帝职权。

18 北齐司空司马子如自求封王，北齐主高洋怒，三月十六日（原文为庚子日，根据柏杨考证修改），免司马子如官。（自求封王，史书上还是第一次见。）

19 南梁司空任约告急（侯景党羽，去年贝矶战败），侯景亲自率众西进，携太子萧大器从军以为人质，留王伟居守。闰三月，侯景从建康出发，从石头至新林，舳舻相接。任约分兵袭破定州刺史田龙祖于齐安。闰三月二十九日，侯景军抵达西阳，与南梁江州长史、行府州事徐文盛隔着长江修筑堡垒。三十日，徐文盛击破侯景军，射中其右丞库狄式和，库狄式和落水淹死，侯景遁走回营。

20 夏，四月一日，西魏葬文帝元宝炬于永陵。

侯景夺取郢州，王僧辩率军据守巴陵抗击侯景得胜

21 南梁郢州刺史萧方诸（萧绎的儿子），十五岁，因为行事鲍泉为人和气懦弱，经常欺侮玩弄他，有时让他在床上趴着，自己骑在他背上，把他当马骑。萧方诸仗恃徐文盛大军就在附近，不设防备，每日以喝酒赌博为乐。

侯景听闻江夏防务空虚，四月二日，派宋子仙、任约率精骑四百，由淮内袭击郢州。

四月三日，大风骤雨，天色昏暗，城上哨兵望见贼军，报告鲍泉说："敌人骑兵到了！"鲍泉说："徐文盛大军就在下游，贼兵怎么可能杀到！应当是王珣的部队回城。"过了一阵前来报告敌情的人越来越多，鲍泉才下令关闭城门，而此时宋子仙等已经入城。萧方诸正骑在鲍泉肚皮上，以五色彩带把他的胡子结成小辫，见宋子仙进来，萧方诸迎上前下拜，鲍泉藏匿于床下。宋子仙俯身看见鲍泉胡子上的彩辫，惊愕，于是将他生擒，连同司马虞豫，一起送到侯景处。

侯景乘着顺风，中江举帆，越过徐文盛等军。四月四日，进入江夏。徐文盛部众恐惧崩溃，徐文盛与长沙王萧韶等逃归江陵。王珣、杜幼安因为家在江夏，于是投降侯景。

湘东王萧绎以王僧辩为大都督，率领巴州刺史、丹杨人淳于量，定州刺史杜龛，宜州刺史王琳，郴州刺史裴之横东击侯景，徐文盛以下都受他节度。

四月五日，王僧辩等军抵达巴陵，听闻郢州已经陷落，于是留下驻守。萧绎写信给王僧辩说："贼既乘胜，必将西上，你不必远征出击，

只需守住巴陵，以逸待劳，不用担心不能取胜。”又对僚佐们说：“侯景如果水陆两道并进，直指江陵，这是上策；据守夏首，积蓄兵粮，是中策；全力攻巴陵，是下策。巴陵城小而固，王僧辩足可委任。侯景攻城不拔，城外又抢不到粮食，夏季瘟疫一起，食尽兵疲，必然被我军击破。”于是命令罗州刺史徐嗣徽从岳阳、武州刺史杜崱从武陵，引兵前往，与王僧辩会师。

侯景派丁和将兵五千人镇守夏首，宋子仙将兵一万为前锋，直扑巴陵，分遣任约直指江陵，侯景率主力部队水陆继进。于是长江沿岸军事据点，望风而降。侯景的侦察搜索舰艇抵达隐矶。王僧辩乘城固守，偃旗息鼓，一片安静，好像空无一人。

四月十九日，侯景部队渡江登陆，派轻骑兵到巴陵城下，问：“守将是谁？”回答：“王领军。”骑兵问：“何不早降？”王僧辩说：“你大军自去荆州，此城也不妨碍你们。”骑兵离去，过了一会儿，把王珣带到城下，让他说降其弟王琳。王琳说：“兄长受命讨贼，不能死于国难，又不知羞耻，来诱降我吗！”取弓射击，王珣羞惭而退。

侯景部队肉搏百道攻城，城中鼓噪，矢石雨下。侯景士卒死者甚众，于是撤退。王僧辩遣轻兵出战，前后十余次，每次都得胜。侯景披着铠甲在城下督战，王僧辩佩着绶带、乘着小轿，仪仗队吹吹打打，奏着音乐在城墙上巡视，侯景望见，佩服他的胆勇。

岳阳王萧詧听闻侯景攻克郢州，派蔡大宝将兵一万进据武宁，派使者到江陵，诈称前来增援。众人商议说，回复他侯景已被击破，令他退军。湘东王萧绎说：“如今我们让他退军，正是提醒他应该前进。”于是派人对蔡大宝说：“岳阳王（萧詧）累次说要联合，不相侵犯，你怎么突然就占据了武宁？我现在就派天门太守胡僧祐率精锐步兵二万、铁骑五千屯驻溵水，待时进军。”萧詧听闻，把他的军队召回。

胡僧祐，是南阳人。

22 五月，西魏陇西襄公李虎去世。

23 侯景昼夜攻打巴陵，不能攻克，军中粮食吃尽，疾病瘟疫死伤超过三分之二。湘东王萧绎派晋州刺史萧惠正将兵增援巴陵，萧惠正推辞说自己不能胜任，举荐胡僧祐自代。胡僧祐当时因在军事会议上发言顶撞了萧绎旨意，被关押在狱中，萧绎即刻将他释放，拜他为武猛将军，令他赴援，告诫他说："贼军如果水战，就以大舰迎击，必定攻克。如果步战，就只管一直航向巴丘，不要交战。"

胡僧祐抵达湘浦，侯景派任约率精兵五千在白塉布防。胡僧祐从另一条路西上，任约认为他怕自己，急追之，在芊口追上，呼唤胡僧祐说："吴儿，何不早降！要往哪里去！"胡僧祐不回答，秘密引兵到赤沙亭。正巧信州刺史陆法和带兵赶到，二人合兵一处。陆法和有奇异法术，之前隐居在江陵百里洲，衣食居处，一如苦行僧，有时预言吉凶，多能说中，人们觉得他十分神秘。侯景包围宫城时，有人问他："事情将会怎样？"陆法和说："凡人取果实，应该等果熟时，不用撩它，它自己就落下来。"坚持追问，陆法和说："能攻克，也不能攻克。"等到任约西上进攻江陵，陆法和自告奋勇，请求从军作战，萧绎批准。

五月三十日，任约抵达赤沙亭。

六月二日，胡僧祐、陆法和纵兵攻击，任约兵大溃，杀死溺死者甚众，生擒任约，送到江陵。侯景听闻，六月三日，焚毁军营，连夜逃遁。任命丁和为郢州刺史，留下宋子仙等，部众号称二万，戍防郢城；别将支化仁守镇鲁山，范希荣行江州事，仪同三司任延和、晋州刺史夏侯威生镇守晋州。

侯景与麾下兵数千人，顺流而下。丁和用大石头砸死鲍泉及虞预，沉尸于黄鹤矶。任约抵达江陵，萧绎赦免他。徐文盛因为心怀怨恨，口出怨言，被下狱处死。巴州刺史余孝顷派他哥哥的儿子余僧重率军救援鄱阳，于庆（侯景党羽）退走。

萧绎任命王僧辩为征东将军、尚书令，胡僧祐等都加官进爵，派他们引兵东下。陆法和要求返回江陵，抵达之后，对萧绎说："侯景自然会平定的，而蜀贼将至，请让我镇守险关，以待其变。"于是引兵屯驻峡口。

六月十八日，王僧辩抵达汉口，先攻鲁山，生擒支化仁，送到江陵。

六月十九日，攻打郢州，攻克外城，斩首一千级。宋子仙退据内城，王僧辩四面起土山攻打。

豫州刺史荀朗从巢湖出兵，攻打濡须，阻截侯景，击破其后军，侯景奔归，船舰前后失去联络。太子座舰进入枞阳浦，船中腹心都劝太子趁机投往北方，太子说："自从国家丧败，我已立志不苟且偷生，主上蒙尘，我怎么忍心离开他左右！今天我如果离去，是背叛父亲，不是避开贼寇。"于是呜咽流涕，下令前进。

六月二十二日，困守郢州的宋子仙等感到困难窘迫，乞求交出郢城，放自己撤回建康。王僧辩假意许诺，下令拨给船一百艘，让他安心。宋子仙信以为真，准备登船出发，王僧辩命杜龛率精兵一千人攀城墙而上，鼓噪掩进，水军主宋遥率楼船，布满江面，如乌云四合。宋子仙且战且走，到了白杨浦，被彻底击溃。周铁虎生擒宋子仙及丁和，送到江陵，杀死。

24 六月二十八日，北齐主高洋因为司马子如是高祖高欢的旧友，恢复他的太尉官职。

25 南梁江安侯萧圆正为西阳太守，宽厚温和，乐善好施，归附他的人很多，有兵一万。湘东王萧绎想要除掉他，任命他为平南将军。等他来了之后，萧绎不见，派南平王萧恪与他饮酒，把他灌醉，囚禁在王府中，把他的部曲吞并分散到部队，再指使人告发他的罪状。荆州、益州的矛盾就自此而起了。

26 陈霸先引兵从南康出发，灨水里之前有二十四滩，正巧水暴涨数丈，三百里间，巨石全部淹没，陈霸先顺利进军屯驻西昌。

27 铁勒部落将要讨伐柔然，突厥酋长土门邀击，击破，铁勒部众五万余篷帐全部投降。土门仗恃其强盛，求婚于柔然，柔然头兵可汗大怒，使人辱骂他说："你，我家炼铁的奴隶而已，怎敢说这话！"土门也怒，杀其使者，于是与之绝交，而求婚于西魏。西魏丞相宇文泰以长乐公主嫁给他为妻。

28 秋，七月四日，南梁湘东王萧绎任命长沙王萧韶为监郢州事。

七月十六日，侯景回到建康。于庆从鄱阳回豫章，侯瑱关闭城门，拒绝他入城，于庆撤回江州，据守郭默城。萧绎任命侯瑱为兖州刺史。侯景将侯瑱的子弟们全部杀死。

七月三十日，王僧辩乘胜下湓城，陈霸先率所部三万人将要与他会师，屯驻在巴丘。西军缺乏粮食，陈霸先有粮五十万石，分三十万石以资助他们。

八月一日，王僧辩前锋军袭击于庆，于庆弃郭默城逃走，范希荣也弃寻阳城逃走。晋熙郡人王僧振等起兵包围郡城，王僧辩派沙州刺史丁道贵协助，任延和等弃城逃走。湘东王萧绎命王僧辩暂且屯驻寻阳，以等待诸军会师集结。

侯景废杀萧纲，立萧栋为帝

29 当初，侯景既攻克建康，常说吴儿怯弱，容易攻取，应当拓定中原之后再称帝。侯景娶了南梁皇帝萧纲的女儿溧阳公主，非常宠爱她，因而妨碍了处理政事。王伟屡次进谏，侯景把他的话告诉公主，公主有恶言。王伟担心被公主谗言陷害，于是游说侯景铲除皇帝。等到侯景从巴陵败归，猛将多死，担心自己不能久存，想要早登大位。王伟说："自古移鼎，必须废立，既展示我威权，又让百姓对恢复旧朝旧君不抱期望。"侯景听从，派前寿光殿学士谢昊草拟诏书，说："弟弟和侄儿争夺帝位（弟弟萧绎、侄儿萧詧），星辰运行失去次序，都是因为朕不是正统，召乱致灾，应该禅位于豫章王萧栋。"派吕季略带草稿进去，逼皇帝照抄。萧栋，是萧欢之子（萧欢是昭明太子萧统的长子）。

八月十七日，侯景派卫尉卿彭隽等率兵入殿，废皇帝为晋安王，幽禁在永福省，撤除全部内外侍卫，派突骑兵左右把守，墙垣插满荆棘。

八月十九日，下诏迎豫章王萧栋。萧栋当时被幽禁，饮食粗陋，靠蔬菜为食。正与妃子张氏在菜园锄草，天子法驾突然临门，萧栋惊骇，不知所为，哭泣着登上辇车。

侯景杀哀太子萧大器、寻阳王萧大心、西阳王萧大钧、建平王萧大球、义安王萧大昕及王侯在建康者二十余人。

太子聪明端庄，对侯景一党从不屈服，亲信私底下问他，太子说："贼如果还想维持大义，就不会杀我，我就是欺侮呵斥他，他也不敢说话；如果到了要杀我的时候，就是一天下拜一百次，也没有用。"又问："殿下如今居于困苦之中，而神貌怡然自得，和平日一样，为什么呢？"太子说："我自度死期必在贼前，如果叔叔们能灭贼，贼必先杀我，然后就死；如果不能，贼也要杀我以取富贵，我既是必死之命，何必作无益之愁！"等到遇难之时，太子神色不变，徐徐说："久知此事，只是嗟叹来得太晚！"行刑者将要用衣带来绞死他，太子说："这个绞不死。"命取帐绳来，绞之而绝（得年二十八岁）。

八月二十一日，萧栋即帝位。大赦，改年号为天正。

太尉郭元建听闻，从秦郡飞驰回建康，对侯景说："主上是先帝太子，既无过失，为什么要废他！"侯景说："王伟劝我，说'早点让百姓绝望'。所以我听从他以安天下。"郭元建说："我们挟天子以令诸侯，还担心不能成功，如今无故废黜皇帝，这是给自己找危险，何安之有！"侯景想要迎皇帝复位，以萧栋为皇太孙。王伟说："废立大事，岂能改来改去！"于是停止。

八月二十四日，侯景又派人诛杀南海王萧大临于吴郡，杀南郡王萧大连于姑孰，杀安陆王萧大春于会稽，杀高唐王萧大壮于京口。把太子妃赐给郭元建，郭元建说："岂有皇太子妃去给别人做妾的吗！"竟不与相见，尊重她的意思，让她削发为尼。

八月二十五日，萧栋追尊昭明太子为昭明皇帝，豫章安王为安皇帝，金华敬妃为敬太皇太后，豫章太妃王氏为皇太后，妃张氏为皇后。任命刘神茂为司空。

30 九月二十三日，北齐主高洋前往赵州、定州二州，于是进入晋阳。

31 九月二十九日，湘东王萧绎任命尚书令王僧辩为江州刺史，江州刺史陈霸先为东扬州刺史。

32 王伟游说侯景弑太宗萧纲以绝众心，侯景听从。

冬，十月二日夜，王伟与左卫将军彭儁、王修纂进酒于太宗说："丞相因为陛下幽忧既久，派臣等来上寿。"太宗笑道："已禅帝位，还称什么陛下！这是寿酒，能不喝光吗！"于是彭儁等手弹曲项琵琶，与太宗极饮。太宗知道自己马上就要被杀，于是尽醉，说："想不到快乐会到如此地步啊！"既醉而就寝。王伟于是出去，彭儁拿进来一个装土的布囊，压住萧纲口鼻，王修纂坐在上面。萧纲崩殂。王伟撤下门板做棺材，暂时下葬在城北酒库中。

太宗自从被幽禁之后，不再有侍者及纸，于是就在墙壁及屏风上书写，有诗文数百篇，文辞非常凄怆。侯景给他拟谥号为明皇帝，庙号高宗。

33 侯景进逼江陵时，湘东王萧绎求援于西魏，命梁州、秦州二州刺史，宜丰侯萧循把南郑割让给西魏，召萧循回江陵。萧循认为，无故割让城池，不是忠臣应做的事，回复说："请收回成命。"西魏太师宇文泰派大将军达奚武将兵三万取汉中，又派大将军王雄从子午谷出兵，攻打上津。萧循派记室参军、沛人刘璠求援于武陵王萧纪，萧纪派潼州刺史杨乾运救援。萧循，是萧恢之子。

王僧辩等听闻太宗崩殂，十月十六日，向湘东王萧绎报告，请他称帝；萧绎不许。

34 司空、东道行台刘神茂听闻侯景从巴丘败还，阴谋背叛侯景，吴中士大夫也都劝他；于是与仪同三司尹思合、刘归义、王晔、云麾将军元颖等据守东阳，以响应江陵，派元颖及别将李占占据建德江口。又派张彪攻打永嘉，攻克。新安平民程灵洗起兵占据本郡，以响应刘神茂。于是浙江以东都归附江陵。湘东王萧绎任命程灵洗为谯州刺史，兼领新安太守。

35 十一月五日，王僧辩等再次上表劝进，湘东王萧绎不许。

十一月八日，萧绎任命湘州刺史、安南侯萧方矩为中卫将军，作为自己的副手。萧方矩，是萧方诸的弟弟。任命南平王萧恪为湘州刺史。

侯景任命赵伯超为东道行台，据守钱塘；任命田迁为军司，据守富春；任命李庆绪为中军都督，谢答仁为右厢都督，李遵为左厢都督，以讨伐刘神茂。

侯景废萧栋自立称帝

36 十一月九日，加授侯景九锡，汉国设置丞相以下官员。

十一月十九日，豫章王萧栋禅位于侯景，侯景即皇帝位于南郊。回来，登太极殿，其党羽数万人，都吹口哨呼噪而上。大赦，改年号为太始。封萧栋为淮阴王，和他的两个弟弟萧桥、萧樛一起锁于密室。

王伟请立七庙，侯景问："什么是七庙？"王伟说："天子祭七世祖考。"并请问七世名讳，侯景说："前几代的我也不记得，只记得我父亲叫侯标；况且他在朔州，哪能来这里吃饭！"众人都笑。侯景党羽中，有一人知道侯景的祖父叫侯乙羽周；其他几代祖先的名字都由王伟编造，追尊父亲侯标为元皇帝。

侯景当丞相时，以西州为相府，文武官员无论尊卑都可以进见，搬进皇宫之后，不是故友旧交都不得见，于是诸将多有怨气。侯景喜欢独自乘一匹小马，弹射飞鸟，王伟每每禁止他，不许轻率出宫。侯景郁郁不乐，反而不得志，说："我无缘无故当皇帝干什么，跟被摈弃了没两样。"

【华杉讲透】

胜利只是“不失敌之所败”

德不配位，这话说侯景都轻了，他是典型的沐猴而冠，而且是皇冠，给猴子戴上皇冠，就是侯景。登基大典，他的部众几万人“吹唇鼓噪”，吹唇就是嘘口哨，想想那一片嘘声，真是花果山的美猴王了。侯景能成功，全靠南梁自己的内部矛盾。他不是赢得了英雄争霸，是输掉了谁比谁混账的比赛，无论他怎么混账，萧氏家族都能比他更混账。

这就是兵法的原理，谁也打不败谁，都是自己败的。所谓胜利，只是“不失敌之所败”，当敌人自己失败的时候，你不要错过摘取胜利果实的时机而已。

侯景没文化，要做天子，连七庙是什么都不知道，他全靠一个深谋远虑的王伟，每次出谋划策，都一击必中。但是，因为一个溧阳公主，王伟失去了安全感，为了保自己安全，要铲除溧阳公主的影响力，就给侯景出了馊主意。侯景哪里知道他内心的真实目的呢？

管理心理学有一个概念，叫“心理契约”，指双方相互期待的总和。这个概念用在中国历史上再合适不过。史书上出现频率最高的词是某某某“不自安”，没有安全感，然后就举止失措，铸成大祸。为什么呢？因为他跟决定自己命运和生死的人达不成心理契约，这不是一个契约社会，没有清晰的边界，没有程序正义和退出机制，就需要维系各种复杂的心理契约。作为领导者，最重要的就是给下属安全感，跟随你有安全感，他才能一切为你着想。而他们之间呢，又相互恶斗，他们之间斗争的武器，就是你，借刀杀人，你就是那把刀。侯景就是王伟铲除溧阳公主的刀，没法杀她，可以杀皇帝，来铲除她的影响力。

侯景的后悔是对的，没事你当什么开国皇帝呢？根本不是那块料。

还有一个道理，为什么说谁也打不败谁，因为你根本不知道你真正的对手是谁，也不知道他什么时候从哪里冒出来。侯景此时哪里能知道，最后打败他的是陈霸先！所以，一切都在于修炼自己，不在于敌人。

37 十一月二十二日，湘东王萧绎任命长沙王萧韶为郢州刺史。

38 益州长史刘孝胜等劝武陵王萧纪称帝，萧纪虽然没有答应，但开始大造皇帝专用的乘舆及衣服。

39 十二月八日，侯景部将谢答仁、李庆绪攻打建德，生擒元頵、李占，送到建康，侯景砍断他们的手足示众，哀号一天多才死。

40 北齐主高洋每次出入，常带着废帝、中山王元善见，中山王王妃、太原公主（高欢的女儿）总是为他先尝饮食，保护他。本月，高洋敬公主酒，派人拿毒酒给中山王，将他毒杀，并杀了他的三个儿子，谥号为魏孝静皇帝，葬于邺城西漳北。其后，高洋又忽然掘开他的陵墓，把棺材投入漳水。高洋初受禅时，北魏历代皇帝祖先牌位都寄放在七帝寺，至此，也都取来烧了。

彭城公元韶，因为是高家女婿，受到的宠爱和礼遇，超过任何一个元家的人。开府仪同三司、美阳公元晖业，因为位高望隆，又志气高昂，也为高洋所忌，跟从高洋在晋阳。元晖业在宫门外骂元韶说："你还不如一个老太婆，把皇帝的玉玺给别人。为什么不把它击碎！我口出此言，知道马上就要死，你又能活多久！"高洋听闻，杀了他，连同临淮公元孝友，都凿开汾水冰面，把尸体沉入水中。元孝友，是元彧的弟弟。高洋曾经剃光元韶的胡须，施之以粉黛，把他带在身边，说："我以彭城公为嫔妃。"意思是说他懦弱如妇人。

世祖孝元皇帝上

承圣元年（公元552年）

1 春，正月，湘东王萧绎任命南平内史王褒为吏部尚书。王褒，是王骞的孙子。

2 北齐人屡次入侵侯景边境，正月五日，侯景派郭元建率步兵增援小岘，侯子鉴率舟师向濡须，正月十日，抵达合肥。北齐人闭城不出，于是撤退。

3 正月二十七日，北齐主高洋讨伐库莫奚，大破之，俘获四千人，杂畜十余万。

高洋连年出塞，给事中兼中书舍人唐邕主持军政，十分练熟，自督将以下，将领士卒的功劳细节，以及四方军士强弱多少，调防移营的往返行军，器械精粗，粮储虚实，无不了如指掌。有时在北齐主跟前检阅部队，虽然有数千人，唐邕不执文簿，就能喊出每个人的姓名，从无谬误。皇帝常说："唐邕强干，一人当千。"又说："唐邕每次有军事行动，手上写文书，口中下达命令，耳朵又在听其他人汇报，实在是异人！"对他的宠待赏赐，群臣莫及。

【华杉讲透】

天大的智慧也不如熟悉情况

这一节非常重要，天大的智慧，也不如熟悉情况，因为如果你不熟悉情况，你的智慧就没用。在需要熟悉的情况当中，最重要的是要熟悉每个人的工作表现，因为这样才能准确地赏罚，准确地赏罚，才能有正确的激励，组织才有战斗力。

曾国藩刚开始负责讨伐太平天国时，从没打过仗，就读《孙子兵法》，看见书上说将道，要“智信仁勇严”，他觉得自己不合格。后来打仗时间长了，自己总结出两个字：廉、明。他说，廉是廉洁。士兵们对哪个将领会用兵，并没有什么判断力。但是，在银钱上的事，都十分敏感在意，你如果自己钱财上干净，他就服你。明，是看得明，就是对每个人都看得明，攻城的时候，谁冲在最前面，第一个冲上去的，谁在旁边协助他的，谁看见危险往后躲的，都看得明，这样赏罚就明，部队就有战斗力。有了廉明，智信仁勇严自然就有了。

唐邕能说出几千人的姓名，有点让人难以置信。不过，让我想起一个企业家的故事，据说她初创业时，是一个药品销售商，两千多个产品，无论对方提到哪一个，她不用查阅，一口就能报出价来。她记得所有产品的价格，所以她做生意比别人快啊！

读者可以想一想，在自己的工作中，你是不是一个熟悉情况的人，记得多少信息？

4 西魏将领王雄攻取上津、魏兴，南梁东梁州刺史、安康人李迁哲军败，投降。

5 突厥酋帅土门袭击柔然，大破之。柔然头兵可汗自杀，其太子庵罗辰及阿那瑰的堂弟登注俟利、登注俟利的儿子库提一起率众投奔北齐，剩余部众又立登注俟利的次子铁伐为主。土门自号“伊利可汗”，号其妻为“可贺敦”，子弟们称为“特勒”，其他带兵的将领称为“设”。

萧绎命令王僧辩等东伐侯景，收复建康

6 湘东王萧绎命令王僧辩等东击侯景。

二月二日，诸军从寻阳出发，舳舻前后相接，绵延数百里。陈霸先率甲士三万，舟舰二千，自南江出湓口，与王僧辩会师于白茅湾，筑坛歃血，共读盟文，流涕慷慨。

二月五日，王僧辩派侯瑱攻击南陵、鹊头两个戍防据点，攻克。

二月十日，王僧辩等军驻扎在大雷。二月十八日，从鹊头出发。二月二十日，侯景的兖州刺史侯子鉴从合肥返回战鸟，西军忽然杀到，侯子鉴惊惧，奔还淮南。

7 侯景的仪同三司谢答仁攻打刘神茂于东阳，程灵洗、张彪都动员部队，准备救援，刘神茂想要独取这份功劳，不许他们来救，扎营于下淮。有人对刘神茂说："贼军长于野战，下淮地平，四面受敌，不如据守七里濑，贼军必定不能前进。"刘神茂不听。刘神茂的偏将、裨将大多是北方人，不与刘神茂同心，别将王晔、郦通驻防在外营，投降谢答仁，刘归义、尹思合等弃城逃走。刘神茂孤危，辛未日（二月无此日），也投降谢答仁，谢答仁把他送到建康。

8 癸酉（二月无此日），王僧辩等抵达芜湖，侯景守将张黑弃城逃走。侯景听闻，非常惧怕，下诏赦免湘东王萧绎、王僧辩之罪，众人都笑话他。侯子鉴据守姑孰南洲，以抵御西军，侯景派其部将史安和等将兵二千前往助防。

三月一日，侯景下诏，想要亲自到姑孰，又派人告诫侯子鉴说："西人擅长水战，不要与他们争锋；往年任约之败，就是因为此。如果能引到岸上，以步骑兵交战，必可击破他们，你只需结营在岸上，把船舰引入港口，严阵以待。"侯子鉴于是舍舟登岸，闭营不出。王僧辩等停军芜湖十余日，侯景一党大喜，告诉侯景说："西军畏惧我军强大，马上就要逃走了，此时不击，恐怕错失机会。"侯景于是又命令侯子鉴准备水战。

三月九日，王僧辩抵达姑孰，侯子鉴率步骑兵一万余人渡过沙洲，在岸上挑战，又以䑾舠（一种细长的小快艇，两侧有八十条桨，感觉有点像龙舟）一千艘载战士。王僧辩下令小船向后撤退，留大舰夹江停泊两岸。侯子鉴的部众以为王僧辩的水军要撤退，争相出击追赶。王僧辩大舰截断他们退路，鼓噪大呼，合战于江心，侯子鉴大败，士卒赴水死者数千人。侯子鉴仅逃得一命，收拾散卒走还建康，据守东府。王僧辩留虎臣将军庄丘慧达镇守姑孰，自己引军前进，历阳戍卫据点迎降。侯景听闻侯子鉴战败，大惧，泪流满面，裹着被子躺在床上，很久才起来，叹息说："害死老子了！"

【华杉讲透】

重要的是不败，而不是战胜

刘神茂本来有援兵，他想独取功劳，不要人救援，结果不战而降。侯景本来定下不能水战的原则，以为有机会，又改变主意水战，结果大败亏输。他们都是同一类人，是赌徒，没有既定方针，看到机会就蠢蠢欲动，总想赢一把更大的，搞砸了又后悔，都是自己玩坏的。

军事也好，人生也好，重要的是不败，而不是战胜，这不是赌徒能理解的。

三月十二日，王僧辩督诸军抵达张公洲，十三日，乘涨潮进入秦淮河，进军到禅灵寺前。侯景召石头津主张宾，命他把秦淮河中的大小船只，装上石头，凿沉下去，堵塞秦淮河口。又沿着秦淮河筑城，从石头城一直到朱雀街，十余里中，碉楼垛口相接。王僧辩问计于陈霸先，陈霸先说："之前，柳仲礼数十万兵隔水而坐，韦粲在青溪，竟不渡河上岸，贼兵登高而望，把我军大营来来往往看得一清二楚，所以能打败我们（见公元549年记载）。如今包围石头城，必须渡河到北岸。诸将如果不能冲锋陷阵，请让我先去立起栅栏。"

三月十四日，陈霸先在石头城西落星山筑起栅栏，各军依次接连筑起八个城寨，一直到石头城西北。侯景担心西州道路被截断，亲自率侯子鉴等也在石头城东北筑起五座城寨，以阻遏大路。侯景派王伟等守宫城。

三月十七日，侯景杀湘东王世子萧方诸、前平东将军杜幼安。

9 刘神茂被押送到建康，三月十八日，侯景下令准备大铡刀，先把脚塞进去，一寸一寸地铡，一直铡到头部。留异表面上跟随刘神茂，而实际上暗中效忠侯景，所以得以免祸。

10 三月十九日，王僧辩进军到招提寺北，侯景率众一万余人、铁骑八百余匹列阵于西州之西。陈霸先说："我军人多，贼兵少，应该分割他们的兵势，以强制弱。为什么让他们集中精锐，来跟我们死战呢！"于是下令诸将分散布署。（《孙子兵法》说："倍则分之"，兵力是敌人两倍，也不要和他作战，把他们分割，以四倍五倍兵力再打。）

侯景冲击将军王僧志的阵列，王僧志稍向后撤，陈霸先派将军、安陆人徐度率弩手二千人横截侯景的后卫部队，侯景兵于是退却。陈霸先与王琳、杜龛等以铁骑出击，王僧辩以大军继进，侯景兵败退，据守栅栏工事。杜龛，是杜岸的哥哥的儿子。

侯景的仪同三司卢晖略守石头城，开北门投降，王僧辩入城占据。侯景与陈霸先殊死战斗，侯景率一百余骑兵，抛弃长槊，手执大刀，左右冲击陈霸先阵地。陈霸先军阵巍然不动，侯景部众于是大溃，诸军乘胜追击到西明门。

侯景走到宫门前，不敢入宫，召王伟斥责说："你让我当皇帝，今日误我！"王伟不能回答，绕着宫门躲藏。侯景要逃走，王伟拉着他的马缰进谏说："自古岂有叛逃的天子！宫中卫士，还足以一战，抛弃此地，还能去哪里？"侯景说："我当年击败贺拔胜，破葛荣，扬名河、朔，渡长江，平定建康宫城，受降柳仲礼，易如反掌，今日是天亡我也！"然后仰观宫门，叹息良久。以皮囊装载他在江东所生的两个儿子，挂在马鞍后，与房世贵等一百余骑兵向东逃走，想要去吴军投奔谢答仁。

侯子鉴、王伟、陈庆逃奔朱方。

【华杉讲透】

不是今日天要亡侯景，是在之前，天打了个瞌睡，让侯景居然黄粱梦想成真，到这个地步。当初侯景的易如反掌，不是他英雄，是敌人笨到不可思议，是无数不可思议的好运的叠加，而他以为都是自己的本事。如今来了两个比较正常的将领：王僧辩和陈霸先，侯景这个靠运气当上的皇帝，就凭实力输掉了脑袋。

王僧辩命裴之横、杜龛屯驻在杜姥宅，杜崱入据宫城。王僧辩不约束军士，让他们任意剽掠居民。男女都被扒光衣服，从石头城一直到东城，号泣满道。当夜，军中失火。焚毁太极殿及东西堂，宝器、仪仗队羽仪、御车辇车，全部烧成灰烬。

三月二十日，王僧辩命侯瑱等率精甲五千追侯景。

王克、元罗等率宫中旧臣迎接王僧辩于道路，王僧辩慰劳王克说："你很辛苦啊，侍奉夷狄之君。"王克不能回答。又问："皇帝玺绂何在？"王克沉吟很久才说："赵思贤拿去了。"王僧辩说："王氏百世卿族，一朝而坠。"王僧辩迎太宗萧纲灵柩升朝堂，率百官按礼仪痛哭跪拜。

三月二十一日，王僧辩等上表劝进，请湘东王萧绎称帝，并迎接他到首都建康。萧绎答复说："淮海长鲸（侯景），虽说已经砍下首级；但襄阳短狐（萧詧），还未完全洗心革面。等到天下太平，你们再讨论此事。"

三月二十二日，侯景的南兖州刺史郭元建、秦郡戍主郭正买、阳平戍主鲁伯和、行南徐州事郭子仲，都献出城池投降。

王僧辩从江陵出发时，启禀湘东王萧绎说："平贼之后，如果嗣君还在，不知道如何对待？"萧绎说："宫门之内，你可极尽兵威。"王僧辩说："讨贼之谋，臣引以为己任，成济之事（成济杀皇帝曹髦），请让别人去办。"萧绎于是密令宣猛将军朱买臣，让他负责。等到侯景败亡，太宗已死，豫章王萧栋及两个弟弟萧桥、萧樛相互搀扶着从密室中出来，在道路上遇见杜崱，杜崱为他们解开枷锁。两位弟弟说："今日才免于横死之祸！"萧栋说："祸福难知，我还是害怕！"三月二十三日，遇见朱买臣，朱买臣呼唤他们一起上船饮酒，还未终席，把他们全部沉入水中。

王僧辩派陈霸先将兵向广陵，接受郭元建等投降，又派使者前往安慰他们。很多将领派私人信使，向郭元建索取马匹和武器，正巧侯子鉴渡江到广陵，对郭元建等说："我们这些人跟梁国结下深仇，哪有颜面再见君主！不若投北，还能回到家乡。"于是全部投降北齐。陈霸先抵达欧阳，北齐行台辛术已占据广陵。

王伟与侯子鉴走散了，被直渎戍主黄公喜抓获，送到建康。王僧辩问他："你为贼人做丞相，不能死节，而求活命于草丛中吗？"王伟说："王朝废兴，都是天命。假使汉帝（侯景）能早听我的话，明公您岂有今日！"（当初侯景攻破宫城，王僧辩投降，侯景放他回竟陵，所以他才有今日，王伟此话，也是让王僧辩知羞。）

尚书左丞虞骘曾经被王伟所辱，于是唾他的脸。王伟说："你不读书，没有资格跟我谈话！"虞骘羞惭而退。

王僧辩命罗州刺史徐嗣徽镇守朱方。

三月二十四日，侯景抵达晋陵，接管田迁留下的部队，然后驱掠居民，向东前往吴郡。

11 夏，四月，北齐主高洋派大都督潘乐与郭元建将兵五万攻打阳平，攻拔。

12 王僧辩上书湘东王萧绎，举荐陈霸先镇守京口。

萧纪宣布即皇帝位

13 益州刺史、太尉武陵王萧纪，颇有武略，在蜀十七年，南方开发宁州、越巂，向西打通资陵、吐谷浑，内修耕田、养蚕，盐、铁之政，外通商贾远方之利，所以积蓄丰厚，武器盔甲充足，有马八千匹。听闻侯景攻陷宫城，湘东王将要讨伐，对僚佐们说："老七（萧绎）是一个文人，岂能匡济天下！”寝宫柏殿柱头上长出花来，萧纪以为是应在自己身上的祥瑞。四月八日，即皇帝位，改年号为天正，立儿子萧圆照为皇太子，萧圆正为西阳王，萧圆满为竟陵王，萧圆普为谯王，萧圆肃为宜都王。以巴西和梓潼二郡太守、永丰侯萧㧑为征西大将军、益州刺史，封秦郡王。司马王僧略、直兵参军徐怦坚持谏阻，萧纪不听。王僧略，是王僧辩的弟弟；徐怦，是徐勉的侄子。

当初，宫城被包围，徐怦劝萧纪火速入援，萧纪不想去，又说不出口，所以内心痛恨。正巧蜀人费合告徐怦谋反，徐怦有一封写给将帅的信上说：“事事往人口具。”萧纪即引以为他谋反的证据，对徐怦说：“因为和你的旧交情，我会让你的儿子们平安无事。”徐怦回答说：“生的儿子如果都跟你一样，留之何益！”萧纪于是将他们全部诛杀，枭首于市，也杀了王僧略。永丰侯萧㧑叹息说：“王事不成矣！好人，是国家的根基，如今先杀好人，不灭亡还有什么别的路！”

【华杉讲透】

徐怦信中“事事往人口具”一语，即事事都在人们口碑里刻着，没有上下文，不知何意，总之萧纪说是谋反的意思。萧纪对徐怦不满，马上就“正巧”有人告发徐怦谋反。历史上这种“正巧”多得很，想要多“正巧”，就有多“正巧”。

萧绎已经灭了侯景，他还不急于称帝。萧纪在成都称帝，毫无道理。你要称帝，就该讨伐侯景，打进建康城，那才是称帝的地方。如果不想付出这个努力，你就割据一方做你的大王好了，跟当皇帝也没区别。这一称帝，就是逼着萧绎来讨伐你。不想付出，就想得到，这是萧纪的病。

侯景称帝也是错误，挟天子以令诸侯，天子和他是一条船上的蚂蚱，因为那些“勤王”的，都是来夺位的，天子宁愿支持侯景，萧栋三兄弟的死，就是明证。侯景能成功，本来就是利用南梁内部矛盾，他一称帝，把敌人的内部矛盾解决了。

徐怦也有病，一个标准的症状，叫做“逞口舌之快”，他羞辱萧纪一句话，痛快痛快嘴，却断送了自己儿子们的性命。史书上这样的事情多如牛毛，就是那句话："身怀利器，杀心自起。"想到一句压对方一头的话，他就是忍不住要说出来。

萧纪征召宜丰侯的咨议参军刘璠为中书侍郎，使者往返八次，刘璠才到。萧纪令刘孝胜去和他推心置腹地谈话，刘璠苦求放他回去。中记室韦登私底下对刘璠说："殿下性格残忍，又记恨，你不留下来，将招致大祸，何不共同建立大业，既能成就大功，也能留下美名！"刘璠正色说："您是要劝解我吗？我与宜丰侯名分大义已定，岂能因为面对危险，就改变心意！殿下正要布大义于天下，终究不会在我一个人身上，逞一时之快。"萧纪知道他必定不为自己所用，于是送上厚礼，遣送他回去。任命宜丰侯萧循为益州刺史，封随郡王，任命刘璠为萧循王府长史、蜀郡太守。

侯景被部下羊鹍斩杀，侯景之乱平息

14 谢答仁讨伐刘神茂回来，走到富阳，听闻侯景败走，率一万人向北进发，准备去迎候侯景。赵伯超据守钱塘，阻挡谢答仁退路。侯景走到嘉兴，听闻赵伯超叛变，于是退回据守吴郡。

四月十二日，侯瑱在松江追上侯景，侯景仍有船二百艘，部众数千人，侯瑱进击，击败侯景军，生擒彭隽、田迁、房世贵、蔡寿乐、王伯丑。侯瑱将彭隽活活剖腹，抽出他的肠子。彭隽仍然不死，还自己用手把肠塞回去。侯瑱于是将他斩首。

侯景与心腹数十人单船逃走，把两个儿子推入水中，将要进入大海，侯瑱派副将焦僧度追击。侯景纳羊侃的女儿为妾，任命她的哥哥羊鹍为库直都督，待他非常优厚。羊鹍跟随侯景东走，与侯景的亲信王元礼、谢葳蕤秘密图谋侯景。谢葳蕤，是谢答仁的弟弟。侯景下海，准备航向蒙山，四月十八日，侯景正在睡午觉，羊鹍对舵手说："这里哪有蒙山，你只需听我安排。”于是转头直向京口。到了胡豆洲，侯景察觉，大惊，问岸上人，回答说：“郭元建还在广陵。”侯景大喜，准备前往投奔他。羊鹍拔刀，呵斥舵手向京口，并对侯景说：“我等为大王效力已经很多了，如今到了这个地步，终将一事无成，打算借你的人头，以取富贵。”侯景未及答话，白刃交相砍下。侯景想要投水，羊鹍挥刀阻止。侯景逃入船中，以佩刀砍船底，羊鹍以长槊将他刺杀。

尚书右仆射索超世在另一艘船，谢葳蕤以侯景命令召他来，将他逮捕。南徐州刺史徐嗣徽斩索超世，在侯景腹中塞上盐，把尸首送到建康。王僧辩斩下侯景首级，送到江陵，又截下他的手，派谢葳蕤送到北齐；暴尸于街市，士民争相取肉吞食，连骨头都吃尽了。溧阳公主（侯景妻）也参与吞食。

当初，侯景的五个儿子在北齐，世宗高澄剥了他的长子的面皮，将他烹杀，年幼的全部阉割。齐显祖高洋即位，梦见猕猴坐在他的御床上，于是将侯景的儿子们全部烹杀。赵伯超、谢答仁都投降侯瑱，侯瑱将他们连同田迁等一起送到建康。王僧辩斩房世贵于街市，将王伟、吕季略、周石珍、严亶、赵伯超、伏知命押送到江陵。

四月二十日，湘东王下令解除戒严。

【华杉讲透】

侯景自公元547年正月叛变，至本年四月死，史称侯景之乱，历时五年四个月。

侯景之死，是标本式的结局，历史的“母本”，就是争天下的人失败之后，身边人会砍下他的人头以取富贵。侯景在这种情况下，应该主动一点，就把人头送给兄弟们算了。这样的爽快人，历史上也多见。项羽乌江自刎之时，还喊一声：“吕马童，我的人头送给你。”但是，侯景死到临头，还想凿沉船只，跟兄弟们同归于尽。侯景不是个好大哥，是百分之百的人渣。

15 四月二十八日，葬南梁简文帝萧纲于庄陵，庙号太宗。

16 侯景败逃时，随身带着传国玉玺，让侍中兼平原太守赵思贤掌管，说：“如果我死了，把它沉于江中，不要让吴儿再得到。”赵思贤从京口渡江，遇到强盗，随从将玉玺丢弃在草丛中，到了广陵，告诉郭元建。郭元建把玉玺找到，交给辛术，壬申（四月无此日），辛术把玉玺送到邺城。

17 甲申（四月无此日），北齐任命吏部尚书杨愔为右仆射，把太原公主嫁给他为妻。太原公主，就是东魏孝静帝元善见的皇后（高欢的女儿）。

18 南梁潼州刺史杨乾运到了剑北，西魏达奚武逆击，大破杨乾运于白马，将俘虏的耳朵割下来，陈列在南郑城下展示，并且派人辱骂宜丰侯萧循。萧循怒，出兵交战（中了激将法），都督杨绍伏兵攻击他，杀伤殆尽。刘璠回到白马西，被达奚武俘获，送到长安。太师宇文泰一向听闻他的声名，待他如旧交。当时南郑久攻不下，达奚武申请屠城，宇文泰将要批准。刘璠在朝堂上求情，宇文泰怒，不许。刘璠泣请不已，宇文泰说：“侍奉人就应当像刘璠这样。”于是听从他的请求。

19 五月三日，南梁司空南平王萧恪等再次劝进，湘东王萧绎仍不接受，派侍中、丰城侯萧泰等拜谒山陵，修复庙社。

五月十一日，侯景首级被送到江陵，在街市上示众三日，然后在锅中烹煮，将头骨漆了，交付武器库保存。

五月十三日，任命南平王萧恪为扬州刺史。

五月十七日，任命王僧辩为司徒、镇卫将军，封长宁公。陈霸先为征虏将军、开府仪同三司，封长城县侯。

五月十八日，诛杀侯景所任命的尚书仆射王伟、左民尚书吕季略、少府周石珍、舍人严亶于市。赵伯超、伏知命饿死于狱中。因为谢答仁从不失礼于太宗萧纲，特别赦免他。王伟于狱中上五百言诗，湘东王萧绎爱其才，想要赦免他。有嫉妒他的人对萧绎说：“之前王伟写的檄文非常好。”萧绎命找来阅读，檄文说：“项羽眼中有两个瞳仁，尚且有乌江之败；湘东王只有一只眼睛，岂能为天下所归！”萧绎大怒，把王伟的舌头钉在柱子上，用刀挖开他的肚子，把肉一块一块割下来，就这样杀死他。

20 五月十九日，北齐合州刺史斛斯昭攻打历阳，攻拔。

21 五月二十日，湘东王萧绎下令，说：“王伟等既死，其余衣冠旧贵，被逼苟且偷生，猛士勋豪，和光同尘以免祸的，一概不问。”

22 扶风平民鲁悉达，纠合乡民以保卫新蔡，勤力耕田，积蓄粮谷。当时江东饥乱，饿死者十分之八九，遗民扶老携幼去归附他。鲁悉达分别发给粮食，救活很多人，势力范围扩大到晋熙等五郡，控制了全部地区。他派弟弟鲁广达将兵跟从王僧辩讨伐侯景，平定侯景后，南梁湘东王萧绎任命鲁悉达为北江州刺史。

23 北齐主高洋派散骑常侍曹文皎等出使南梁，做友好访问，湘东王萧绎派散骑常侍柳晖等回访，并通报平定侯景的消息；也派舍人魏彦出使通告西魏。

24 北齐主高洋派潘乐、郭元建将兵包围南梁秦郡，行台尚书辛术进谏说：“朝廷与湘东王信使不绝。阳平，是侯景的土地，攻取它是可以的；如今王僧辩已经派严超达据守秦郡，从道义来说，我们怎么能再去争呢！况且雨季刚刚开始，不如班师。”高洋不听。

陈霸先命别将徐度引兵协助秦郡固守。北齐兵力七万，攻打甚急。王僧辩派左卫将军杜崱救援，陈霸先也从欧阳前来会师，与郭元建大战于士林，大破北齐军，斩首一万余级，生擒一千余人，郭元建收拾余众，向北逃遁。南梁军也以两国通好，不再穷追。

辛术升任吏部尚书。自东魏迁都邺城以来，负责选拔官员的吏部尚书，闻名于世的有几个人，各有得失：高澄年少爽直，缺点是大大咧咧；袁叔德慎密谨厚，缺点是太苛刻细致；杨愔风流倜傥，但取士只看表面。唯独辛术性格贞明，取士一定是看他的才器，根据他的名声，核查他的实际，新旧搭配，像仓管那样的役吏，也依照顺序擢升，世家门阀的子弟，也不因此受到排斥，比较前后几任吏部尚书，辛术最为折中。

25 西魏达奚武派尚书左丞柳带韦进入南郑，对宜丰侯萧循说："足下所仗恃的是山川险要，所指望的是增援部队，所保卫的是人民群众。如今王师深入，你所凭之险不足为固；白马之战，酋豪（杨乾运）败走不敢前进，你所指望的援军又来不了；我军四面包围，你的百姓也不可保了。况且足下本朝丧乱，社稷无主，想要为谁尽忠呢！何不转祸为福，把荣华富贵传给子孙！"萧循于是请降。柳带韦，是柳庆之子。

开府仪同三司贺兰德愿听闻城中粮食吃尽，建议攻城，大都督赫连达说："不战而获城，这是上策，岂可因为贪图他们的子女、货财，而不爱惜百姓的性命呢！况且他们士马犹强，城池尚固，就算攻克，必彼此俱伤；如困兽犹斗，则成败还不一定。"达奚武说："您说得对。"于是接受萧循投降，俘虏其男女二万口而还，剑北地区都进入西魏版图。

【华杉讲透】

世上的灾难大多是一个"贪"字作怪

接受对方投降，则有投降条件，要保障对方生命财产安全，还要给封赏；如果打下城池，则可瓜分他们的女人和财物，还能得到奴隶，所以贺兰德愿想要攻城。对方已经愿意投降，攻城对国家并无利益，贺兰德愿纯粹是想满足自己的贪欲。但是，这贪心要用双方的人命去换，而对方做困兽之斗，你不一定能占到便宜。

世上的灾难，不论是加之于他人的，还是招到自己头上的，大多是一个"贪"字作怪。读者要仔细体会。

26 六月十一日，北齐主高洋回到邺城；六月十九日，再次前往晋阳。

27 庚寅（六月无此日），南梁湘东王萧绎立安南侯萧方矩为王太子。

28 北齐派散骑常侍谢季卿出使南梁，祝贺平定侯景。

29 南梁衡州刺史王怀明作乱，广州刺史萧勃将他讨平。

30 北齐政治混乱，税赋很重，长江以北的百姓不愿意隶属北齐，民间豪杰数次请兵于王僧辩，王僧辩因为与北齐通好，一概不许。秋，七月，侨居广陵的外地人朱盛等秘密聚党数千人，密谋袭杀北齐刺史温仲邕，遣使求援于陈霸先，声称已攻克其外城。陈霸先派人报告王僧辩，王僧辩说："事情真伪，还不清楚，如果他们真的已经攻克外城，就即刻增援，如果没有，无须进军。"使者还未回报，陈霸先已经渡江，王僧辩于是命武州刺史杜崱等援助。不料，朱盛等阴谋泄露。陈霸先照旧进军，包围广陵。

31 八月，西魏安康人黄众宝造反，攻打魏兴，抓获太守柳桧，进而包围东梁州。黄宝众令柳桧诱说城中投降，柳桧不从而死。柳桧，是柳虬的弟弟。太师宇文泰派王雄与骠骑大将军、武川人宇文虬讨伐。

32 南梁武陵王萧纪举兵从成都由岷江东下，任命永丰侯萧㧑为益州刺史，镇守成都，派自己的儿子、宜都王萧圆肃做他的副手。

33 九月九日，南梁司空、南平王萧恪去世。十九日，湘东王萧绎任命王僧辩为扬州刺史。

34 北齐主高洋派人告诉王僧辩、陈霸先说："请解除广陵包围，我一定归还你们广陵、历阳两城。”陈霸先引兵回京口，江北百姓跟从陈霸先渡过长江的有一万余人。湘东王萧绎任命陈霸先为征北大将军、开府仪同三司、南徐州刺史，征召陈霸先的世子陈昌及其哥哥的儿子陈顼到江陵（做人质），任命陈昌为员外散骑常侍，陈顼为领直（宫禁值夜人员统领官）。

35 南梁宜丰侯萧循投降西魏时，丞相宇文泰许诺让他回南方，但是过了很久也没有放他走，有一天，宇文泰从容地问刘璠说：“我可以跟哪个古人相比？”刘璠回答说：“我常以为明公为商汤、周武王，今日所见，连齐桓公、晋文公也不如！”宇文泰说：“我怎敢比汤、武，最多也就是想成为伊尹、周公，但是何至于连齐桓、晋文都不如呢！”刘璠回答说：“齐桓公使三个灭亡的国家复国，晋文公不失信于讨伐原国的承诺。”话还没说完，宇文泰拍掌说：“我明白你的意思，是激我罢了。”于是对萧循说：“大王是想去荆州，还是益州？”萧循申请回江陵，宇文泰送上厚礼，让他回去。萧循带着文武官员一千家随行，湘东王萧绎猜疑，连续派人侦察，使者相望于道路。萧循抵达的当天晚上，萧绎下令劫夺偷窃他们的财产，第二天早上，萧循启奏要上缴马匹和武器，萧绎才安心，请他进宫，相对哭泣，任命萧循为侍中、骠骑将军、开府仪同三司。

【华杉讲透】

英雄情结，当世人物，自己已经是第一了，没得比了，就对标历史人物。宇文泰对标伊尹、周公，那是假话，他对标曹操吧！

36 冬，十月，北齐主高洋从晋阳前往离石，在黄栌岭筑起长城，北至社平戍，绵延四百余里，设置三十六个戍防据点。

37 十月十四日，湘东王萧绎逮捕湘州刺史王琳于殿中，杀其副将殷晏。

王琳本是会稽兵家子弟，其姊妹都被纳入萧绎王宫，所以王琳小时候就在萧绎左右。王琳好勇，萧绎任命他为将帅。王琳倾身下士，所得赏赐，从不拿回自己家。他麾下一万人，多是江、淮群盗，跟从王僧辩平侯景，与杜龛并列，功居第一。在建康，王琳仗恃恩宠，放纵凶暴，王僧辩也管不了他。王僧辩因为王宫火灾，担心自己得罪，想要以王琳来搪塞自己的罪责，于是密启萧绎，请诛杀王琳。萧绎任命王琳为湘州刺史，王琳怀疑自己将要遭祸，派长史陆纳率部曲前往湘州，自己只身到江陵谢恩，对陆纳等人说："我如果回不来，你去哪里？"众人都回答说："只有一死。"相泣而别。到了江陵，萧绎将王琳逮捕，投入监狱。

十月二十七日，萧绎任命儿子萧方略为湘州刺史，又任命廷尉黄罗汉为长史，让他们与太舟卿张载一起到巴陵，先接管王琳的部队。张载有宠于萧绎，而对部下十分严峻苛刻，荆州人恨之如仇。黄罗汉等到了王琳军中，陆纳及士卒都痛哭，不肯受命，逮捕黄罗汉及张载。萧绎派宦官陈旻前往晓谕，陆纳当着陈旻的面将张载剖腹，抽出肠子，系在马足上，让马绕场而走，肠尽气绝。又把他的尸体切成碎块，挖出心脏，大声欢舞，焚毁余骨。黄罗汉因为清廉谨慎，得以免死。陆纳与诸将引兵袭击湘州，当时州中无主，陆纳于是占据湘州。

【华杉讲透】

张载被处以如此酷刑，而黄罗汉因为清廉谨慎，得以免死。这是中国人情，你有一些大家都认可的德行，则不管哪个阵营的人，都愿意给你一些尊重。

萧绎在江陵称帝

38 公卿及藩镇大将数次劝进于湘东王，十一月十二日，世祖萧绎即皇帝位于江陵，改年号，大赦。当天，皇帝不登正殿，公卿们仅在便殿陪列而已。

39 十一月十三日，皇帝萧绎任命宜丰侯萧循为湘州刺史。

40 十一月十五日，立王太子萧方矩为皇太子，更名为萧元良。皇子萧方智为晋安王，萧方略为始安王，萧方等之子萧庄为永嘉王。追尊母亲阮修容为文宣皇后。

侯景之乱，南梁州郡三分之二都进入西魏及北齐版图，从巴陵以下至建康，以长江为界，荆州界北到武宁，西到硖口，岭南又被广州刺史萧勃所割据，皇帝萧绎诏令所行，不过千里，有户籍的居民，不到三万户而已。

41 陆纳袭击衡州刺史丁道贵于渌口，击破。丁道贵逃奔零陵，其部众全部投降陆纳。南梁皇帝萧绎听闻，派使者征召司徒王僧辩、右卫将军杜崱、平北将军裴之横与宜丰侯萧循共同讨伐陆纳，萧循驻军巴陵，严阵以待。

侯景之乱时，零陵人李洪雅占据本郡，皇帝萧绎即任命他为营州刺史。李洪雅自请讨伐陆纳，皇帝批准。丁道贵收集余众，与他同行。陆纳派部将吴藏袭击，击破，李洪雅等退保空云城，吴藏引兵包围。不久，陆纳请降，表示愿意送妻子儿女做人质，皇帝萧绎派陈旻到陆纳处，陆纳部众都哭泣，说："王郎被囚，所以我们逃罪于湘州，并没有其他意思。"于是送出妻子儿女，交给陈旻。陈旻到了巴陵，萧循说："此必有诈，陆纳马上就要突袭我们。"于是秘密戒备。陆纳果然乘夜以轻兵跟在陈旻身后，约定抵达城下时，一起鼓噪呐喊。

十二月十九日早晨（原文为壬午日，根据柏杨考证修改），陆纳距巴陵十里，部众误以为已经到城下，即刻鼓噪，城中守军惊起。萧循坐在凳子上，从营垒大门望去，陆纳乘水来攻，箭下如雨，萧循正在吃甘蔗，毫无惧色，徐徐部署将士出击，缴获其战舰一艘。陆纳退保长沙。

42 十二月十九日（原文为壬午日，根据柏杨考证修改），北齐主高洋回到邺城。十二月二十五日，再次前往晋阳。

卷第一百六十五　梁纪二十一

（公元553年—554年，共2年）

世祖孝元皇帝下

承圣二年（公元553年）

1 春，正月，王僧辩从建康出发，按朝制命陈霸先替代自己镇守扬州。

2 正月十三日，山胡（匈奴部落的一支）包围北齐离石。正月十五日，北齐主高洋征讨，还未抵达，山胡已经退走，高洋于是巡行三堆，大肆狩猎，尽兴而归。

3 南梁任命吏部尚书王褒为左仆射。

4 正月二十六日，北齐改铸钱，钱上铸字为“常平五铢”。

5 二月七日，南梁营州刺史李洪雅力屈，献出空云城，投降陆纳。陆纳囚禁李洪雅，杀丁道贵。陆纳因为和尚宝志所作的谶言诗中有“十八子”三个字，以为李氏当王，二月十一日，推举李洪雅为主，号大将军，让他乘坐平肩舆（一种肩抬的小轿），乐队跟随鼓吹，陆纳率众数千人，左右翼从。

【胡三省注】

宝志谶言诗云：“太岁龙，将无理。萧经霜，草应死。余人散，十八子。”当时传言萧氏当灭，李氏当兴。

6 西魏太师宇文泰辞去丞相、大行台职务，只兼任都督中外诸军事。

7 西魏大将军王雄抵达东梁州，变民首领黄众宝率众投降。太师宇文泰赦免他，把他手下的豪杰首领迁到雍州居住。

8 北齐主高洋送柔然可汗铁伐的父亲登注及其哥哥库提返国。不久铁伐为契丹所杀，国人立登注为可汗。登注又被长老阿富提所杀，国人又立库提为可汗。

9 突厥伊利可汗阿史那土门去世，其儿子阿史那科罗继位，号乙息记可汗；三月，遣使献马五万匹于西魏。

柔然别部又立阿那瑰的叔父邓叔子为可汗。乙息记可汗击破邓叔子于沃野以北的木赖山。

乙息记可汗去世，没有立他的儿子摄图，而立了弟弟俟斤，号木杆可汗。木杆可汗状貌奇异，性格刚勇，多智略，善用兵，邻国都畏惧他。

萧纪东伐江陵，西魏趁虚夺取巴蜀

10 南梁皇帝萧绎听武陵王萧纪从成都东下，命方士在木板上画萧纪的像，亲自在画像肢体上钉钉子，以法术诅咒，又将抓获的侯景俘虏送去给萧纪，证明侯景已灭。当初，萧纪举兵，都是太子萧圆照之谋略。萧圆照当时镇守巴东，扣留萧绎使者，启奏萧纪说：“侯景还未平定，应急速进讨；已经听说荆州（萧绎）被侯景击破。”萧纪相信了他的话，催促大军东下。

萧绎非常恐惧，写信给西魏说：“子纠，是我的亲人，请君讨伐。”（引用《左传》典故，齐国内乱，公子姜小白，就是后来的齐桓公，从莒国轻装返齐，鲁庄公护送另一公子姜纠也返国争位，在乾时会战，鲁军大败。齐国统帅鲍叔牙通知鲁国说：“子纠，是我们的亲人，请君讨伐。管仲、召忽，是我们的仇人，请交给我们处理。”于是鲁国斩姜纠，召忽自杀，管仲自愿坐囚车回齐国。）

太师宇文泰说：“取得蜀地，制伏梁国，在此一举。”诸将都认为很难。大将军、鲜卑人尉迟迥，是宇文泰的外甥，唯独他认为可以攻克。宇文泰问他方略，尉迟迥说：“蜀与中国隔绝一百多年，仗恃其险远，想不到我大军会突然杀到。如果以铁骑倍道兼行，发动突袭，战无不克。”宇文泰于是派尉迟迥督开府仪同三司原珍等六军，甲士一万二千人，战马一万匹，从散关出兵伐蜀。

11 陆纳派他的部将吴藏、潘乌黑、李贤明等占据车轮。王僧辩抵达巴陵，宜丰侯萧循将都督职务让给王僧辩，王僧辩不接受。皇帝萧绎于是任命王僧辩、萧循分别为东、西都督。

夏，四月四日，王僧辩军抵达车轮。

12 吐谷浑可汗慕容夸吕，虽然通使于西魏，但是侵犯抄掠，从不停息，宇文泰率骑兵三万越过陇山，抵达姑臧，讨伐他。慕容夸吕惧怕，请求降服；但不久后又通使于北齐。西魏凉州刺史史宁侦察到吐谷浑使团回国的日期，在赤泉袭击，俘虏其仆射乞伏触状。

13 陆纳夹着湘水两岸筑城，以抵御王僧辩。陆纳士卒都身经百战，王僧辩忌惮，不敢轻进，稍稍做连环阵地进逼。陆纳认为王僧辩胆怯，不设防备。

五月三日，王僧辩命诸军水陆齐进，急攻，王僧辩亲自摇旗击鼓，宜丰侯萧循也冒着箭雨飞石，身先士卒，攻拔陆纳两座城垒。陆纳部众大败，步行撤走，退保长沙。

五月四日，王僧辩进兵包围长沙。王僧辩坐在垄上视察修筑围城堡垒，吴藏、李贤明率锐卒一千人开门突出，手持盾牌掩护，长驱直进，直奔王僧辩杀来。当时杜崱、杜龛一起侍卫左右，武装卫士只有一百余人，力战抵御。王僧辩端坐胡床不动，裴之横从旁攻击吴藏等，吴藏等败退，李贤明战死，吴藏脱走入城。

14 武陵王萧纪抵达巴郡，听闻有魏兵，派前梁州刺史、巴西人谯淹还军救蜀。

当初，杨乾运求为梁州刺史，萧纪让他去潼州；杨法琛求为黎州刺史，又让他去沙州：二人都不高兴。杨乾运的哥哥的儿子杨略对杨乾运说："如今侯景初平，正应该同心勠力，保国宁民，却兄弟相残，这是自亡之道。朽木不可雕，衰落的王朝难以辅佐。不如送款关中，可以功名两全。"杨乾运同意，令杨略率二千人镇守剑阁，又派他的女婿乐广镇守安州，与杨法琛相同，都秘密和西魏交通。西魏太师宇文泰密赐杨乾运免死铁券，授予他为骠骑大将军、开府仪同三司、梁州刺史。尉迟迥以开府仪同三司侯吕陵始为前军，抵达剑阁，杨略撤退，去投靠乐广，翻过城墙，接应侯吕陵始，侯吕陵始入据安州。

五月十三日，尉迟迥抵达涪水，杨乾运献出州城投降。尉迟迥分军镇守，进袭成都。当时成都守军不满一万人，仓库空竭，永丰侯萧㧑婴城自守，尉迟迥围城。谯淹派江州刺史景欣、幽州刺史赵拔扈驰援成都，尉迟迥派原珍等将援军击走。

武陵王萧纪抵达巴东，知道侯景已平，这才后悔，召太子萧圆照，斥责他。萧圆照回答说："侯景虽然已经平定，江陵（萧绎）还未屈服。"萧纪也觉得自己既然已经称尊号当皇帝，不可再为人之下，想要继续东进。将士们日夜思归，江州刺史王开业认为应该还师救援根本，再做下一步打算，诸将都以为然。萧圆照及刘孝胜坚持说不可，萧纪听从，对大家宣告说："敢谏者死！"

五月二十八日，萧纪抵达西陵，军势甚盛，船舰多到都遮蔽了江面。护军陆法和在峡口两岸修筑两座城堡，运石填江，再用铁锁截断江面。

皇帝萧绎将任约从狱中放出来，任命他为晋安王司马，派他协助陆法和抵抗萧纪，对他说："你罪不容诛，我不杀你，正是为了今日！"然后将自己的禁兵配给他，并许诺将庐陵王萧续的女儿嫁给他为妻，命宣猛将军刘棻与他同行。

【华杉讲透】

所有的失败都是内部决定的

所有的失败，都是自己败的，自己内部败的。你自己不败，别人不能把你怎么样。萧纪在儿子的煽动下，东下争夺帝位，导致杨乾运、杨法琛叛变，引狼入室，丢了四川。而他手下的四川兵，没有一个愿意跟他去争夺建康，而让自己的家乡落入敌国之手。所以，他是孤家寡人，必败无疑。萧绎呢，面对萧纪大军，慌不择路，也去向西魏求援，最后自己也死在宇文泰手里。

世事就是这样，兄弟本是至亲，但一旦相争，就都抢着去与仇敌结盟；那仇敌呢，他心里想的当然是把你们家都收拾了。这就是人性的弱点，欲望会让他丧失一切良知和智商。

15 五月二十九日，巴州刺史余孝顷率军一万人，与王僧辩会师于长沙。

16 豫章太守、观宁侯萧永，昏庸而少有决断。近臣武蛮奴当权用事，军主文重深感不满。萧永将兵讨伐陆纳，走到宫亭湖，文重杀武蛮奴。萧永军崩溃，逃奔江陵。文重率其部众投奔开建侯萧蕃，萧蕃杀文重，兼并了他的部众。

17 六月一日，武陵王萧纪修筑互相连接的营垒，攻断横在长江江面上的铁锁，陆法和的告急文书，相继飞来。皇帝萧绎将谢答仁从狱中释放，任命为步兵校尉，配兵给他，派他去救援陆法和；又派使者将王琳送到前线，令他晓谕陆纳。

六月四日，王琳到了长沙，王僧辩派人送他到阵前展示，陆纳部众全部下拜哭泣，派人对王僧辩说："朝廷如果赦免王郎，乞求让他入城。"王僧辩不许，将王琳又送回江陵。陆法和求救不已，皇帝萧绎打算召回包围长沙的军队，又担心从此无法控制陆纳，于是再派王琳去，许诺让他入城。王琳既入，陆纳即刻投降，湘州平定。皇帝恢复王琳官爵，命他将兵向西增援峡口。

18 六月十三日，北齐章武景王库狄干去世。

萧纪求和不成，被樊猛所杀

19 武陵王萧纪派将军侯睿率众七千，筑垒与陆法和相拒。皇上萧绎遣使送信给萧纪，许诺让他回蜀，专制一方。萧纪不从，回信都按家人礼节。陆纳被平定后，湘州诸军相继西上，萧绎再写信给萧纪说："我年纪比你稍长，又有平乱之功，接受大家推举，皇位归了手按璧玉的人。你如果还要派使者来，我会欢欣等待。如果不然，就此投笔。骨肉兄弟，形体不一样，却是一母所生。兄肥弟瘦，没有相见之期，让枣推梨，永无欢愉之日。我心中的爱，难以言表。"

萧纪屯兵日久，频频作战不利，又听闻西魏军深入，成都孤危，忧懑不知所为。于是派他的度支尚书乐奉业到江陵求和，请依照之前的圣旨，让他回蜀。乐奉业知道萧纪必败，启奏皇帝说："蜀军乏粮，士卒多死，危亡立马可待。”皇帝于是不许其和。

【华杉讲透】

萧绎的信里用典很多，一一解释，这些历史的原型故事：

“事归当璧”，出自《左传》。公元前529年，楚共王没有嫡子，只有庶子五人，不知道选谁做太子，于是遍祭名山大川，祈祷说：“谁手按璧玉叩拜的，就是神指定的继承人。”把璧玉秘密埋在院子里，命五人进来，芈昭跨过璧玉，芈围肘部放在璧玉上面，芈干、芈皙，都离璧玉很远，芈弃疾年纪还小，被抱进来，两次叩拜，都手按璧玉。

“兄肥弟瘦”，典出《后汉书·赵孝传》。王莽新朝末年，天下大乱，人相食，赵孝的弟弟被盗贼俘获，要把他吃掉。赵孝自己捆绑，去见盗贼，请求替代老弟，说：“弟弟太瘦，不如我肥。”盗贼深受感动，将兄弟二人释放。

“让枣推梨”，“让枣”出自《南史·王泰传》。王泰幼时，祖母把孙儿们集合起来，把枣撒到床上，孩子们争着去拿，只有王泰不拿。问他缘故，他说：“我不必拿，大人自会赏赐。”

“推梨”典出《文士传》。孔融兄弟七人，孔融排行第六。四岁时，每次跟哥哥们一起吃梨，孔融总是拿最小的，问他缘故，他说：“我是小娃，应该拿小梨。”

萧绎举了一大堆兄弟友爱的典故，但他自己内心，并无一丝一毫兄弟之情，这是普遍的现象，道理讲得义正词严，声情并茂，但是，都是说给别人听，用来要求别人的，自己毫不挂心，也不知道惭愧。

萧纪已经后悔，成都又岌岌可危，为什么不让他留下人质，回师救援呢？

萧纪以黄金一斤为一个金饼，一百个金饼装成一箱，一共有一百箱，银的数量五倍于金，锦绣毛毯、绸缎彩布，跟金银一样多，每次作战，都把这些东西悬挂起来向将士们展示，却又不肯拿出来奖赏。宁州刺史陈智祖请散发金银，以招募勇士，萧纪不听，陈智祖痛哭而死。有事请示求见的，萧纪都称病不见，由是将卒军心解体。

秋，七月十一日，巴东变民首领苻升等斩峡口城主公孙晃，投降王琳。谢答仁、任约进攻萧纪部将侯睿，击破，攻拔他三座营垒。于是两岸十四城全部投降。萧纪后路被截断，于是顺流东下，游击将军、南阳人樊猛追击，萧纪部众大溃，投水死者八千余人，樊猛将萧纪剩余船舰重重包围。南梁皇帝密敕樊猛说："如果有人生还，那就不算成功。"樊猛引兵到萧纪座舰，萧纪在船中绕床而走，以金囊掷向樊猛说："我用这些金子雇你，送我去见七官（萧绎）。"樊猛说："天子是你能见的吗！杀了你，金子还跑得了吗！"于是斩萧纪及其幼子萧圆满。陆法和逮捕太子萧圆照兄弟三人，送到江陵。皇帝革除萧纪皇室族籍，赐姓饕餮氏。将刘孝胜下狱，后又将他释放。皇帝派人对江安侯萧圆正说："西军已败，你父亲不知生死。"意欲让他自裁。萧圆正听闻，只是号哭，不停地埋怨世子萧圆照害了父亲。皇帝频频派人去观察，知道他不会自裁，就把他移送到廷尉监狱，见了萧圆照，说："哥哥为什么要挑拨人骨肉相残，使痛酷如此！"萧圆照只是唯唯诺诺说："计策有误。"皇帝命他们在狱中绝食，他们最后饿到啃食自己的手臂，过了十三天才死，远近的人听闻，都为他们感到悲伤。

八月五日，王僧辩返回首都江陵。萧绎下诏，命诸军各还本镇。

【华杉讲透】

轻财好义是英雄的基本素质

萧纪最后的做派，就是传说中的"要钱不要命"，死到临头，是要钱还是要命呢？你以为已经要死了，当然是要命！其实不然！很多人都会要钱，不要命。为什么呢？因为他对钱的爱恋，已经形成了一种生理反射机制，绕过了大脑，直接由脊柱神经、肌肉和腺体控制。那钱就像长在他身上的肉，拿出去一块钱，就是割掉他一块肉，给大家分钱，就相当于把他凌迟处死。他绝对承受不了，宁愿最后痛快地挨一刀砍头。

项羽就是这样的人，韩信说他要给人封官，印刻好了，就是给不出去，不舍得给啊！把那印抓在自己手里，印角都磨圆了，还是给不出去。为什么？他受不了，把权分出去、把钱给出去的那一刻，他有巨大的心理障碍，以致成为一种心理疾患，整个人僵住了，失去行为能力。

我见过一个人花钱，每次买单的时候，他要数很多遍（那时候用现金），因为担心多给了。反复数，反复确认之后交给对方。对方拿到钱的那一刻，他会一把把钱夺回来，再数一遍，确认确实没有多给，才心如刀绞地把钱交出去，那时候我心头就想起一首悲怅的歌：风萧萧兮易水寒，人民币一去兮不复还！

我很喜欢观察人花钱，我在很多人花钱的那一刻，见到过"心如刀绞"的气场。英雄难过美人关，其实美人关不算啥，金钱关才是最难的，不信你看他能不能给那美人钱！一说钱，就连美人也不要了。

轻财好义，视钱财如粪土，这是英雄的基本素质。这一关过不了的人，最好不要出来混。

20 西魏大将军尉迟迥包围成都五十天，永丰侯萧㧑屡次出战，都战败，于是请降。西魏诸将不想接受，尉迟迥说："接受投降，则将士们生命得以保全，当地百姓也喜悦；继续攻打，则将士们要死伤，当地百姓恐惧。"于是受降。

八月八日，萧㧑与宜都王萧圆肃率文武官员到军门投降；尉迟迥以礼接待，与他们盟誓于益州城北。官吏百姓都恢复旧业，只没收奴婢及储积以赏将士，军中没有私藏的钱财。西魏任命萧㧑及萧圆肃都为开府仪同三司，任命尉迟迥为大都督益州、潼州等十二州诸军事，益州刺史。

21 八月十日，南梁皇帝萧绎下诏，将还都建康，领军将军胡僧祐、太府卿黄罗汉、吏部尚书宗懔、御史中丞刘毂进谏说："建业王气已尽，与敌人只隔一条长江，若有不测，悔之无及！况且老话说：'荆州洲数满百，当出天子。'如今枝江又生出一个新的沙洲，正好凑满一百个，陛下龙飞，就是应验。"萧绎令朝臣商议。黄门侍郎周弘正、尚书右仆射王褒说：“如今百姓未见舆驾入建康，在心理上就认为陛下仍是一个列国的诸侯王。希望陛下依从四海之望。”当时群臣多是荆州人，都说：“周弘正等是东边的人，所以想要东下，恐怕不是好计策。”周弘正当面反驳说：“东边的人劝陛下向东，说不是良计；你们是西边的人，想要留在西边，又岂是长策？”萧绎笑。又会议于后堂，与会者五百人，萧绎问大家：“我想还都建康，你们认为如何？”没有人敢先回答。萧绎说：“劝我去的露出左臂。”结果露出左臂的人超过一半。武昌太守朱买臣对萧绎说：“建康旧都，又是先祖山陵所在；荆镇边疆，不是王者之宅。愿陛下不要再犹疑，以致后悔。臣家在荆州，岂不愿陛下居此，但恐怕是臣的富贵，不是陛下的富贵啊！”萧绎令术士杜景豪卜卦，结果不吉，于是他对萧绎说：“不要去。”退下来后他对别人说：“此兆是鬼贼所留下的吧。”萧绎认为建康凋残，而江陵全盛，也想安于现状，于是听从胡僧祐等的建议。

【华杉讲透】

定都是大战略，萧绎却因为生活条件方便选择了安于现状，导致亡国之祸。

22 南梁任命湘州刺史王琳为衡州刺史。

23 九月十一日，皇帝萧绎下诏，命王僧辩返回镇守建康，陈霸先返回京口。

九月十七日，任命护军将军陆法和为郢州刺史。陆法和为政，不用刑法，也不设监狱，专以佛法及西域幻术教化，部曲数千人，通通称为“弟子”。

契丹入侵北齐，高洋远征契丹

24 契丹侵犯北齐边境。

九月二十三日，北齐主高洋北巡冀州、定州、幽州、安州，于是讨伐契丹。

25 高洋派郭元建在合肥训练水军二万余人，准备袭击建康，北齐接受了湘潭侯萧退的投降，又派将军邢景远、步大汗萨率众继进。陈霸先在建康接到消息，向南梁皇帝萧绎汇报。皇帝下诏，命王僧辩镇守姑孰以抵御。

26 冬，十月八日，北齐主高洋抵达平州，从西道穿过长堑，命司徒潘相乐率精骑五千人自东道穿越青山。十月十二日，抵达白狼城。十月十三日，抵达昌黎城，派安德王韩轨率精骑四千人截断契丹人退路。十月十四日，抵达阳师水，倍道兼行，突然袭击契丹。高洋披头散发，袒胸露背，昼夜不息，行一千余里，翻山越岭，身先士卒，只是吃肉饮水，军中因此壮气更高。十月十五日，与契丹人遭遇，奋击，大破之，俘虏十万余人，杂畜数百万头。潘相乐又于青山击破契丹别部。

十月十八日，高洋回到营州。

27 十月二十日，王僧辩抵达姑孰，派婺州刺史侯瑱、吴郡太守张彪、吴兴太守裴之横筑垒于东关，严阵以待北齐攻击。

28 十月二十八日，北齐主高洋登碣石山，临沧海，然后前往晋阳。任命肆州刺史斛律金为太师，回到晋阳后，又拜他的儿子斛律丰乐为武卫大将军，命他的孙子斛律武都娶义宁公主为妻，宠待之厚，群臣莫及。

29 闰十月十九日，南梁南豫州刺史侯瑱与北齐大将郭元建战于东关，北齐军大败，溺死者数以万计。湘潭侯萧退再次回到郢城，王僧辩回建康。

30 吴州刺史、开建侯萧蕃，仗恃自己兵强，不向朝廷进贡，南梁皇帝萧绎密令他的部将徐佛受算计他。徐佛受派他的人假装告状诉讼，借机接近萧蕃，将他逮捕。皇帝任命徐佛受为建安太守，任命侍中王质为吴州刺史。王质到了鄱阳，徐佛受把他安置在内城，自己占据外城，掌控城门钥匙，缮治船舰武器，王质也不敢和他争。前开建侯萧蕃部曲数千人攻打徐佛受，徐佛受逃奔南豫州，侯瑱杀了他，王质才得以掌管州事。

31 十一月，戊戌（本月无此日），南梁任命尚书右仆射王褒为左仆射，湘东太守张绾为右仆射。

32 十二月二日（原文为己未日，根据柏杨考证修改），突厥再次攻打柔然，柔然举国投奔北齐。

33 十二月五日，北齐主高洋从晋阳北伐，攻击突厥，迎纳柔然，废黜可汗库提，立阿那瑰的儿子郁久闾庵罗辰为可汗，将他们安置在马邑川，拨给粮食、绸缎、布匹，又亲自追击突厥于朔州，突厥请降，接受投降而还。从此突厥对北齐贡献相继不断。

34 西魏尚书元烈密谋杀死宇文泰，事情泄露，宇文泰杀了他。

35 十二月八日，南梁皇帝萧绎派侍中王琛出使西魏。太师宇文泰有秘密图谋江陵之志，梁王萧詧听闻，更加重给西魏的进贡。

36 十二月，北齐宿预变民首领东方白额献出城池，投降南梁，江西各州郡都起兵响应（不愿接受北齐统治）。

三年（公元554年）

1 春，正月六日，北齐主高洋从离石道出征讨伐山胡，派斛律金从显州道，常山王高演从晋州道夹攻，大破山胡，男子十三岁以上全部斩首，女子及孩童赏给军人，于是平定石楼。石楼地形绝险，自北魏建立以来，朝廷力量一直不能到达。从此远近山胡各部落没有不慑于北齐声威而屈服的。有一都督战伤，其什长（十人长）路晖礼没能把他救出来，高洋下令挖出路晖礼的五脏，令其他九人吞食，肉及恶臭脏物全部吃光。从此，高洋开始暴虐逞威。

【华杉讲透】

高洋是一个变态杀人狂魔，史书记下了他开始施暴的转折点。

2 陈霸先从丹徒北渡长江，包围北齐广陵，秦州刺史严超达从秦郡进兵，包围泾州，南豫州刺史侯瑱、吴郡太守张彪都出兵石梁，援助陈霸先。

正月十四日，朝廷命晋陵太守杜僧明率三千人支援北齐变民首领东方白额。

3 西魏太师宇文泰开始制定九命之典（九等官职表），用以区分朝廷及地方官爵高低，编制外的官员，也分为九等。

宇文泰废元钦，立元廓为帝并恢复拓跋姓氏

4 西魏主元钦，自从元烈之死，有怨言，密谋诛杀太师宇文泰。临淮王元育、广平王元赞哭着再三劝谏，不听。宇文泰的儿子们都还年幼，他哥哥的儿子、章武公宇文导，中山公宇文护都在外镇守一方，唯以女婿们为心腹，大都督清河公李基、义城公李晖、常山公于翼都做武

卫将军，分掌禁兵。李基，是李远之子；李晖，是李弼之子；于翼，是于谨之子。于是元钦的密谋泄露，宇文泰废黜元钦，把他安置在雍州，立他的弟弟、齐王元廓。取消年号，只称元年，恢复姓拓跋氏。九十九姓改为汉人单姓的，全部恢复原来的旧姓。北魏当初统辖三十六个封国，九十九个大姓，后来大多灭绝。宇文泰于是以诸将功高者为三十六国，次者为九十九姓，所率领的士卒亦改从将领的姓。

5 三月一日，南梁长沙王萧韶进占巴郡。

6 三月十八日，南梁任命王僧辩为太尉、车骑大将军。

7 三月二十一日，北齐将领王球攻打宿预，南梁晋陵太守杜僧明出击，大破北齐军，王球撤回彭城。

8 郢州刺史陆法和上奏，自称司徒，南梁皇帝萧绎觉得奇怪。王褒说："陆法和既有道术，或许他有先知。"三月二十二日，皇帝派使者去陆法和处，拜他为司徒。

9 三月二十三日，西魏侍中宇文仁恕出使南梁报聘。正巧北齐使者也到了江陵，皇帝萧绎接待宇文仁恕的规格不如北齐使者，宇文仁恕回去之后，告诉太师宇文泰。萧绎又请西魏根据过去的版图，重定疆界，言辞颇为不逊，宇文泰说："古人说，'上天要抛弃他，谁能让他兴起呢'，这话就是说萧绎吧！"荆州刺史长孙俭屡次陈述攻取之策，宇文泰征召长孙俭入朝，问他具体战略，然后命他回本镇，秘密战备。马伯符（投降西魏的前南梁义阳太守，见公元549年记载）密使告诉萧绎，萧绎不信。

10 柔然可汗庵罗辰背叛北齐，北齐主高洋亲自将兵出击，大破柔然军，庵罗辰父子向北逃走。

太保、安定王贺拔仁献的马匹不够强壮，高洋怒，拔光他的头发，免为庶人，发配到晋阳背炭。

11 北齐中书令魏收撰写《魏书》，总是以自己的爱憎来褒贬人物，经常对人说："他是什么东西，敢给魏收脸色看！我抬举他能让他升天，糟蹋他能让他入地！"史书写成后，中书舍人卢潜上奏说："魏收诬罔一代人，其罪当诛！"尚书左丞卢斐、顿丘李庶都说《魏史》扭曲事实。魏收启奏北齐主高洋说："臣既结怨于强宗，将为刺客所杀。"高洋怒，于是卢斐、李庶及尚书郎中王松年皆被控诽谤史书，鞭打二百，发配到盔甲厂做工。卢斐、李庶死于狱中，卢潜也被控下狱。但是时人始终不服，称之为"秽史"。

卢潜，是卢度世的曾孙；卢斐，是卢同之子；王松年，是王遵业之子。

12 夏，四月，柔然侵犯北齐肆州，北齐主高洋从晋阳出兵征讨，到了恒州，柔然散走。高洋以骑兵二千余人殿后，住宿在黄瓜堆。柔然别部数万骑杀到，高洋安卧，天亮才起身，神色自若，指画形势，纵兵奋击。柔然军撤退，于是突围而出。柔然退走，北齐军追击，伏尸二十余里，抓获庵罗辰的妻子儿女，俘虏三万余人。高详令都督、善无人高阿那肱率骑兵数千人截断柔然退路。当时柔然军力还很强盛，高阿那肱认为自己兵少，请增兵，高洋反而给他减少一半。高阿那肱奋击，大破柔然军。庵罗辰翻越悬崖山谷，仅仅逃得一命。

13 四月十一日，南梁皇帝萧绎派散骑常侍庾信等出使西魏报聘。

14 四月十八日，南梁任命陈霸先为司空。

15 五月二十二日（原文为丁未日，根据柏杨考证修改），北齐主高洋再次亲征攻击柔然，大破之。

16 五月二十五日（原文为庚戌日，根据柏杨考证修改），西魏太师宇文泰用毒酒鸩杀废帝元钦。

李迁哲平定民变，继而夺取巴峡地区

17 五月，西魏直州人乐炽、洋州人黄国等作乱，开府仪同三司、高平人田弘，河南人贺若敦征讨，不能攻克。太师宇文泰命车骑大将军李迁哲与贺若敦一起讨伐乐炽等，讨平。二人继续南下，夺取南梁土地，一直到巴州，巴州刺史牟安民投降，巴州、百濮一带的居民，都归附西魏。蛮族酋长向五子王攻陷白帝城，李迁哲攻击，向五子王遁去，李迁哲追击，击破。宇文泰任命李迁哲为信州刺史，镇守白帝。信州之前并无储蓄，李迁哲与军士共采葛根为粮，偶尔搞到一点点好吃的东西，就与大家分享，军士感悦。屡次出击叛蛮，都能取胜，群蛮因恐惧而屈服，都送来粮食，并送子弟来做人质。由此州境安息，军事物资储备也充足了。

18 柔然乙旃达官侵犯西魏广武，柱国李弼追击，击破。

19 南梁广州刺史、曲江侯萧勃，知道自己不是皇帝所委任，内心不能自安，皇帝也猜疑他。萧勃请求入朝。

五月二十日，皇帝任命王琳为广州刺史，萧勃为晋州刺史。皇帝认为王琳部众强盛，又得人心，所以希望他能离得越远越好。王琳与主书、广汉人李膺感情深厚，私底下对李膺说："我只不过是一个小人物，蒙皇上擢升到如此高位。如今天下未定，把我迁到岭南，如果国家有事，能得到我的助力吗！我认为皇上不过是猜疑我，我没有什么野心，难道我还要与皇上争夺帝位吗！何不任命我为雍州刺史，镇守武宁，我自己放兵屯田，为国家捍卫边疆。"李膺认同他的话，但是不敢向皇帝汇报。

20 散骑郎、新野人庾季才对皇帝萧绎说："去年八月丙申（六日），月亮侵犯心中星，本月丙戌（五月一日），赤气上冲北斗星。心为天王，丙对应着楚，臣恐怕十一月间，有大兵入江陵。陛下应该留重臣镇守江陵，早日还都建康，以避其患。假如魏虏侵逼，最多也就是丢失荆州、湘州，社稷根本，还能无虑。"萧绎也通晓天文，知道楚地有灾，叹息说："祸福在天，避之何益！"

【华杉讲透】

自弃之人往往是死于舒适

胡三省注："上天警告萧绎，是还没有抛弃他；萧绎不知躲避，是自弃。"

自弃之人，往往是死于舒适，因为他走不出自己的舒适区，就死在舒适区，他是重度拖延症患者，没有行动力。生于忧患，死于安乐，萧绎是死于忧患安乐二合一。

21 六月二十七日，北齐步大汗萨将兵四万增援泾州，南梁太尉王僧辩命侯瑱、张彪从石梁引兵协助严超达抵御，侯瑱、张彪迟留不进。南梁将军尹令思率一万余人，密谋袭击盱眙。北齐冀州刺史段韶将兵讨伐变民首领东方白额于宿预，广陵、泾州都来告急，诸将深感忧虑。段韶说："梁氏丧乱，国无定主，人人心怀或去或留两种心思，谁强大谁就是领袖。陈霸先等表面上与朝廷同心同德，实际上内有离心，诸君不必忧虑，我早已看透了他们！"于是留仪同三司敬显俊等包围宿预，自己引兵倍道兼程，直奔泾州，中途经过盱眙。尹令思想不到北齐兵突然杀到，望风退走。段韶进击严超达，击破，回军增援广陵，陈霸先解围撤走。杜僧明回丹徒，侯瑱、张彪回秦郡。

南梁将领吴明彻包围海西，守将、中山人郎基固守，箭射完了，削木杆为箭，剪纸来做箭羽。包围了一百天，仍不能攻克，吴明彻只好撤退。

【华杉讲透】

领导力的核心是凝聚力

段韶十二个字，就把南梁政治局势和文臣武将们的心理说完了：“国无定主，人怀去就，强者从之。”建康皇宫空着，那个已经表面上被大家承认的皇帝，自己不去住，更强化了这种国无定主的形势。没有定主，就人人心怀去就之心，观望形势，谁强大就跟谁。而其中一些野心勃勃的英雄，如陈霸先，更可能心生“彼可取而代之”之志。

大家各怀心思，首要的就是要保存实力，准备参与博弈的筹码，谁会跟北齐死战呢？段韶说：“吾揣之熟矣！”他们的心思我早已看透！就是这个意思。

领导力的核心是凝聚力。作为领导者，你时时刻刻要知道自己有没有凝聚大家。这一点，萧绎不知道。

22 柔然残余部众向东迁徙，并且准备向南侵犯，北齐主高洋率轻骑兵在金川邀击。柔然收到消息，远遁，营州刺史、灵丘人王峻设埋伏攻击，俘虏其名王数十人。

23 邓至羌族酋长檐桁失去国柄，投奔西魏，太师宇文泰派秦州刺史宇文导将兵接纳了他。

24 北齐冀州刺史段韶回师途中，走到宿预，派辩士游说东方白额，东方白额开城门，准备盟誓，段韶乘机把他生擒，斩首。

25 秋，七月二十六日，北齐主高洋回到邺城。

26 西魏太师宇文泰西巡，抵达原州。

27 八月壬辰（本月无此日），北齐任命司州牧、清河王高岳为太保，司空尉粲为司徒，太子太师侯莫陈相为司空，尚书令、平阳王高淹为录尚书事，常山王高演为尚书令，中书令、上党王高涣为左仆射。

28 八月二十一日，北齐仪同三司元旭被控有罪，赐死。

八月二十三日，北齐主高洋进入晋阳。高洋还未担任东魏宰相时，太保、录尚书事、平原王高隆之经常侮辱他，后来高洋将要受禅，高隆之又表示反对，高洋由此怀恨在心。崔季舒进谗言说：“高隆之每次见到诉讼者，就表现出一副哀矜的样子，以示自己做不了主，帮不上忙。”高洋把高隆之关押在尚书省。高隆之曾经与元旭饮酒，对元旭说：“与大王相交，当生死不相负。”有人将这话密告高洋，高洋由此发怒，令壮士将高隆之痛殴一百余拳才放他走。八月二十七日，高隆之死在路上。过了很久，高洋回想起来，怒气再生，逮捕高隆之的儿子高慧登等二十人，带到跟前，高洋以马鞭在马鞍上一敲，武士挥刀，二十颗人头同时落地，并投尸于漳水；又掘开高隆之的坟墓，将尸体拖出来，将骸骨斩碎焚烧，骨灰丢弃于漳水。

29 北齐主高洋派常山王高演、上党王高涣、清河王高岳、平原王段韶率众于洛阳西南筑伐恶城、新城、严城、河南城。九月，高洋巡视四城，想要以自己为诱饵吸引西魏出师，魏师不出，高洋于是前往晋阳。

30 西魏宇文泰命侍中崔猷将通往汉中的道路开凿为双车道。

31 南梁皇帝萧绎喜好玄谈，九月八日，在龙光殿讲《老子》。

【华杉讲透】

皇帝讲佛老，那是不可救药。萧衍还能理解，他毕竟是天下太平几十年，又七老八十的年纪，修佛是正常现象，只是他应该退位，以太上皇身份去修佛。萧绎就不可理喻了，天下未定，群敌环伺，要讲也该讲

《孙子兵法》，讲儒家经典，讲什么《道德经》呢？

皇帝是世俗领袖，只能讲俗世，不可讲玄谈。更何况人人都在摩拳擦掌，只有萧绎在讲经，这无异于等死。

32 曲江侯萧勃迁居始兴，王琳派副将孙玚先行占据番禺。

于谨、宇文护、杨忠领兵进攻江陵，萧绎被杀

33 九月二十二日，西魏派柱国常山公于谨、中山公宇文护、大将军杨忠将兵五万侵犯南梁。

冬，十月九日，从长安出发。长孙俭问于谨说："如果站在萧绎的立场，将怎么办？"于谨说："在汉水一带耀武扬威，张大声势，然后并不作战，而是席卷渡江，直据丹杨，这是上策；将江陵外城居民移居退保内城，加强城防，以待援军，这是中策；如果难于移动，据守外城，这是下策。"长孙俭曰："你认为萧绎将出何策？"于谨说："下策。"长孙俭问："为什么？"于谨说："萧氏保据江南，已经数十年，正逢中原多事，没有余力向外攻略；又认为我们有齐国的外患，必定认为我们不能分兵去打他们。况且萧绎懦弱无谋，多疑少断。愚民难与虑始，都眷恋现在的房舍，所以我知道萧绎一定会用下策。"

【华杉讲透】

兵法云"知己知彼，百战不殆"，于谨把萧绎了解得透透的。谁都能看透萧绎，因为他实在是太典型、太标本了。懦弱无谋，多疑少断，他无法决断，总是会拖延，然后选择最坏的决策。而江陵的百姓呢，"愚民难与虑始"，是引用卫鞅对秦孝公说的话："夫民不可与虑始，而可与乐成。"不可能和小民一起考虑开始时的决策，而可以和他们一起享受成果。所以，"成大功者不谋于众"，要自己决断。之前萧绎为是否还都建康，居然开五百人大会讨论决策，可见他多疑少断的程度。要

外城居民烧毁房舍物资，坚壁清野，全部收缩据守内城。这事只要跟大家一商量，谁也不会愿意烧自己房子，萧绎也就做不出这样的决策。

决策是领导者自己的责任，总是把决策责任交出去，就一定会得到最坏决策。而萧绎每次决策，都要反复向不同的人咨询，然后选择最坏的。

十月十日，武宁太守宗均报告魏兵将到，南梁皇帝萧绎召公卿商议。领军胡僧祐、太府卿黄罗汉说：“二国通好，未有嫌隙，必定不会如此。”侍中王琛说：“臣去年出使西魏，观察宇文泰的容色举止，必无此理。”于是再派王琛出使西魏。

十月十三日，于谨大军抵达樊城、邓县，梁王萧詧率众与他会师。

十月十四日，皇帝停止讲《老子》，内外戒严。

王琛抵达石梵，没有看见西魏军，驰书告诉黄罗汉说：“我走到石梵，边境平静，之前的消息都是儿戏而已。”皇帝听闻，疑惑不定。十月十七日，恢复讲《老子》，百官都穿军服听讲。

十月十八日，皇帝派主书李膺到建康，征召王僧辩为大都督、荆州刺史，命陈霸先移镇扬州。王僧辩派豫州刺史侯瑱率程灵洗等为前军，兖州刺史杜僧明率吴明彻等为后军。

十月二十一日，皇帝夜登凤皇阁，依着栏杆叹息说：“客星进入翼星、轸星，如今必定是要败了！”嫔妃们都哭泣。

陆法和听闻西魏兵到，从郢州入汉口，准备奔赴江陵。皇帝派人阻拦他说：“江陵自能破贼，你只需镇守郢州，不必动！”陆法和回郢州，把白土涂在城门上，穿着丧服，坐在苇草席上，过了一整天，才脱下来。（胡三省和柏杨都怀疑这一段的真实性，认为是陆法和的徒弟们编造的。）

十一月，皇帝在津阳门外举行大阅兵，遇上北风暴雨，轻车还宫。

十一月一日，西魏军渡过汉水，于谨令宇文护、杨忠率精骑先占领江津，截断东方道路。

十一月二日，宇文护攻克武宁，抓获宗均。当天，皇帝乘马出城，视察城防栅栏工事，栅栏是插木桩围成，周围绵延六十余里。任命领军将军胡僧祐都督城东诸军事，尚书右仆射张绾做他的副手，左仆射王褒为都督城西诸军事，四厢领直元景亮做他的副手；王公以下各有所守。

十一月四日，命太子萧方矩巡行城楼，令居民协助运木石。当夜，西魏军抵达黄华，离江陵四十里，十一月五日，进军到城防栅栏下。

十一月六日，巂州刺史裴畿，裴畿的弟弟、新兴太守裴机，武昌太守朱买臣，衡阳太守谢答仁开枇杷门出战，裴机杀西魏仪同三司胡文伐。裴畿，是裴之高之子。

皇帝征召广州刺史王琳为湘州刺史，命他引兵入援。

十一月十五日，城防栅栏内失火，焚毁数千户人家及二十五座城楼，皇帝亲临所焚毁城楼处，瞭望西魏军渡江，四顾叹息。当夜，没有回宫，就住宿在百姓家。

十一月十七日，皇帝移居祇洹寺。

于谨下令筑起长墙包围，江陵对外通信断绝。

十一月十八日，南梁信州刺史徐世谱、晋安王司马任约等在马头筑起营垒，遥为声援。当夜，皇帝巡城，还口占为诗，群臣中也有和诗的。皇帝撕下一匹绸缎，在上面写信，催促王僧辩说："我忍死等你，你应该到了！"

十一月二十日，皇帝还宫。

十一月二十一日，皇帝出宫，住进长沙寺。

十一月二十六日，王褒、胡僧祐、朱买臣、谢答仁等开门出战，都败还。

十一月二十七日，皇帝移居天居寺；十二月一日，移居长沙寺。朱买臣按剑进言说："唯有斩了宗懔、黄罗汉，可以谢天下！"皇帝说："留下不走本是我的意见，宗、黄二人何罪！"二人退入行列中。

王琳勤王军北上抵达长沙，镇南府长史裴政请抄小道先报告江陵，裴政走到百里洲，被西魏人俘获。梁王萧詧对裴政说："我是武皇帝的孙子，不能做你的国君吗？如果听我的话，让你贵及子孙；不然，腰斩。"裴政假装说："唯命。"萧詧把他锁拿到城下，让他对城中说：

“王僧辩听闻宫城被围，已自立为帝。王琳孤弱，不能再来。”裴政告诉城中说：“援兵大至，各位应该勉励自己。我因为走小道来报告消息，不幸被擒，当碎身报国。”监督的人打他的嘴，萧詧怒，命赶快杀了他。西中郎参军蔡大业进谏说：“裴政是有名望的人，杀了他，则荆州不可攻下了。”于是释放了他。裴政，是裴之礼之子；蔡大业，是蔡大宝的弟弟。

当时，皇帝征召四方勤王军，没有一路抵达。

十二月二日，西魏人百道攻城，城中守军背着门板作为盾牌，胡僧祐亲冒矢石，昼夜督战，奖励将士，明行赏罚，众人死战，所向披靡，西魏兵不得前进。不久胡僧祐中流箭战死，内外大骇。西魏全军出击，攻打城防栅栏，有人临阵叛变，开西门接纳西魏兵入城，皇帝与太子、王褒、谢答仁、朱买臣退保内城，令汝南王萧大封、晋熙王萧大圆到于谨处做人质以请和（二人都是萧纲的儿子，不是萧绎的儿子）。

西魏军刚到时，众人认为王僧辩的儿子、侍中王顗可以做都督，皇帝不用，反而夺了他的兵权，让他与左右十人入宫守卫殿中。胡僧祐战死后，才用他为都督城中诸军事。裴畿、裴机、历阳侯萧峻都出降。于谨因为裴机亲手杀死胡文伐，把他连同裴畿一起处死。萧峻，是萧渊猷之子。当时城南虽破，城北诸将还在苦战。黄昏时分，听闻宫城陷落，才散去。

皇帝进入东阁竹殿，命舍人高善宝焚烧古今图书十四万卷，准备投火自尽，宫人左右一起制止了他。又以宝剑砍柱，直到宝剑砍断，叹息说：“文武之道，今夜尽矣！”于是命御史中丞王孝祀写作降文。谢答仁、朱买臣进谏说：“城中兵众犹强，乘暗突围而出，贼军必然惊慌，因而闯关，可渡江投奔任约。”皇帝一向不擅长骑马，说：“事必无成，只是增加羞辱罢了！”谢答仁请求自己扶持皇帝，皇帝问王褒，王褒说：“谢答仁，是侯景党羽，岂足可信！成就他的功劳，不如投降。”谢答仁又自请守子城，收兵可得五千人，皇帝同意，即刻授他为城中大都督，把公主许配给他。既而召王褒商议，又认为不可。谢答仁请入不得，呕血而去。于谨征召太子为人质，皇帝派王褒将太子送去。于谨的儿子因为王褒擅长书法，给他纸笔，王褒于是书写说："柱国常山公（于谨）家奴王褒。"过了一会儿，黄门郎裴政冲出城门。皇帝于是撤去羽仪卫队，白马素衣出东门，抽剑击城门，说："我萧绎今天竟然到了这个地步吗！"西魏军士跨过堑沟，牵着他的马辔，走到白马寺北，夺了他所乘骏马，换一匹驽马给他，派一个身材壮大的胡人用手扼住他的脊背前行，遇到于谨，胡人牵皇帝下马，命他下拜。梁王萧詧命铁甲骑兵拥帝入营，囚禁于乌幔之下，萧詧对他百般诘骂侮辱。

十二月三日，于谨令开府仪同三司长孙俭入据全城。皇帝骗长孙俭说："城中埋有黄金一千斤，我想要赠送给你。"长孙俭于是带皇帝入城。皇帝于是向他叙述被萧詧侮辱的情况，说："对不起，之前是骗你的，但是我如果不这样说，就逃不出萧詧毒手，岂有天子亲自埋金的吗！"长孙俭于是把皇帝关押在主衣库。

皇帝性格残忍，况且吸取高祖萧衍宽纵的教训，为政尚严。等到西魏兵围城，狱中死囚有数千人，有司请释放以充战士；皇帝不许，下令全部用木棍打死，事情还未办成，城池已经陷落。

中书郎殷不害之前在别处督战，城陷，失去了他的母亲。当时冰雪堆积，冻死者填满沟堑。殷不害在道路上边走边哭，寻找他母亲的尸体，无所不至。见沟中死人，就下去捧起脸来观看，全身冻湿，水也不喝，号哭不辍声。如此七天，才找到。

十二月四日，徐世谱、任约退守巴陵。于谨逼皇帝写信召王僧辩，皇帝不从。使者说："大王如今岂得自由？"皇帝说："我既不自由，王僧辩也不会听我的。"又向长孙俭请求送来他的宫人王氏、荀氏及幼子萧犀首，长孙俭都交还给他。有人问："何意焚书？"皇帝说："读书万卷，犹有今日，所以焚书！"

【华杉讲透】

萧绎焚书，还说："文武之道，今夜尽矣！"意思是他自己代表文武之道了，他亡了，文武之道就亡了。真是好大口气！他能代表什么道呢？他代表"不知道"！他读书多，书上个个字都认得，道理天天挂在嘴边，自以为有文化，还要给大臣们讲课，但是书上的字，没有一个字他是真懂；他自己说的话，也不知道是什么意思，这就是没有知行合一。

34 十二月八日，北齐主高洋北巡，抵达达速岭，巡视山川险要，准备修筑长城。

35 十二月十九日，南梁皇帝萧绎被西魏所杀。梁王萧詧派尚书傅准监刑，以装满土的布囊将他压住闷死。萧詧命人以布匹包缠尸体，再裹上蒲草席，用白茅捆缚，葬于津阳门外。并杀愍怀太子萧元良、始安王萧方略、桂阳王萧大成等。

世祖萧绎性好书，常令左右读书，昼夜不绝，即令熟睡，也不放下书卷，如果左右朗诵错误或者想糊弄过去，即刻惊醒。作文章，提笔立就。常说："我做文士，绰绰有余；做一个武夫，却很惭愧。"评论的人认为他对自己评价准确。

【华杉讲透】

评价极不准确！萧绎有很高的文学和艺术成就，但是，他的失败，和文武无关，而是因为他对内的极度猜疑和残酷，以及对外的极度拖延和懦弱。他也不是一个合格的文士，有文士焚书的吗？他要死了，就把十四万卷古今图书全部焚毁，这是他的极度自私，他并不爱书，他谁都不爱。他对内是饿虎，对外是鸵鸟。投降之后还要被杀，是他自己家人——萧詧——要亲自处决他。他是萧氏家族的仇敌，不是西魏北齐的仇敌。

西魏立萧詧为南梁皇帝

西魏立梁王萧詧为南梁皇帝，以荆州土地资助他，绵延三百里，但是仍取走雍州（州府襄阳）。萧詧居于江陵东城，西魏设置防主，将兵居于西城，名义上说是助防，向外表示协助萧詧防御，实际上是对内防备他。西魏任命前仪同三司王悦留下镇守江陵。于谨收集府库珍宝及刘宋制造的浑天仪、南梁制造的铜晷表、直径四尺的璧玉及各种皇家器物；俘虏王公以下及选百姓男女数万口为奴婢，分赏三军，驱赶回长安，年纪小、体力弱的全部杀死。得以免除这一命运的，仅三百余家，而人马所践踏及冻死者十分之二三。

西魏大军在江陵时，梁王萧詧的部将尹德毅对他说："魏人贪婪，残忍本性暴露无遗，杀害抢劫士民，种种恶行不可胜数。江东之人涂炭至此，都说是殿下干的。殿下既然杀人父兄，使人子弟成孤儿，那么人人都是你的仇敌，谁跟你同处一国！如今魏军精锐尽萃于此，如果殿下为他们摆设宴会，请于谨等欢饮，预伏武士，杀了他们，然后分命诸将，突然袭击其营垒，大歼群丑，一个不留。集结江陵百姓，抚而安之，文武百官，随材授职。则魏人被震慑住，不敢再来送死，王僧辩之徒，一封信就可以召来。然后穿戴好朝服渡江，入建康登基，顷刻之间，大功可立。古人云：'天与不取，反受其害。'愿殿下弘扬雄才大略，不要满足于匹夫的行为。"萧詧说："你这个计策也并非不好，但是魏人待我深厚，我不可背德。如果采用你的计策，人人都会把我唾弃。"等到后来全城长幼被虏，又失去襄阳，萧詧才叹息说："恨不用尹德毅之言！"

【华杉讲透】

于谨也不傻，尹德毅这计策，用不得！

王僧辩、陈霸先等推举萧方智为太宰，以皇帝名义行事

王僧辩、陈霸先等共同推举江州刺史、晋安王萧方智为太宰，以皇帝名义行事。

王褒、王克、刘瑴、宗懔、殷不害及尚书右丞、吴兴人沈炯抵达长安，西魏太师宇文泰对他们十分礼遇。宇文泰亲自到于谨家，宴饮慰

劳，极尽欢乐，赏给于谨奴婢一千人，及南梁的宝物与雅乐一部，又另封为新野公（本是常山公，如今双公爵了）。于谨坚决推辞，宇文泰不许。于谨认为自己久居重任，功名既立，想要退保优闲生活，于是上缴自己所乘骏马及所穿的铠甲等。宇文泰看出他的意思，说："如今北齐未平，你岂得自己去快活！"于是不接受。

36 本年，西魏秦州刺史、章武孝公宇文导去世。

37 西魏加授益州刺史尉迟迥督六州，连同之前的十八州，自剑阁以南，尉迟迥可以承制行使皇帝职权任免官职。尉迟迥赏罚分明，恩威并用，安抚新统治的百姓，使还未归附的地方来归附，汉人和夷人都信赖他。

卷第一百六十六　梁纪二十二

（公元555年—556年，共2年）

敬皇帝

绍泰元年（公元555年）

1 春，正月一日，南梁邵陵太守刘棻将兵救援江陵，走到三百里滩，部曲宋文彻杀了他，率其部众还师据守邵陵。

2 梁王萧詧即皇帝位于江陵，改年号为大定；追尊昭明太子为昭明皇帝，庙号高宗，妃蔡氏为昭德皇后；尊其母龚氏为皇太后，立妻王氏为皇后，儿子萧岿为皇太子。赏刑制度都与皇帝一样，唯独上疏于西魏时称臣，并使用西魏的历法。政府官制及封爵，也依照南梁旧制，其军功勋级则兼用柱国等名（仿照西魏八柱国）。任命咨议参军蔡大宝为侍中、尚书令，参与掌管官员选拔；外兵参军、太原人王操为五兵尚书。蔡大宝严整有智谋，通达政事，文辞练熟，萧詧推心置腹地任用他，以他为军师，比之诸葛孔明；王操也自认不如他。追赠邵陵王萧纶为太宰，谥号壮武；河东王萧誉为丞相，谥号武桓。任命莫勇为武州刺史，魏永寿为巴州刺史。

3 湘州刺史王琳将兵从小桂北上，走到蒸城，听闻江陵已经陷落，为世祖萧绎发哀，三军缟素，派别将侯平率舟师攻打后梁。王琳屯兵长沙，传檄州郡，筹划下一步行动。长沙王萧韶及上游诸将都推举王琳为盟主。

4 北齐主派清河王高岳将兵攻打西魏安州，以救援江陵。高岳走到义阳，江陵陷落，高岳继续进军，抵达长江，郢州刺史陆法和及仪同三司宋莅举州投降；长史、江夏太守王珉不从，被杀。

正月十三日，北齐召高岳班师，派仪同三司、清都人慕容俨戍防郢州。王僧辩派江州刺史侯瑱攻打郢州，任约、徐世谱、宜丰侯萧循都率军会师。

北齐立萧渊明为南梁皇帝，王僧辩迎萧渊明入建康继位

5 正月二十日，北齐立贞阳侯萧渊明为南梁皇帝，派上党王高涣将兵护送，徐陵、湛海珍等都跟从萧渊明南归。

6 二月二日，晋安王萧方智从寻阳抵达建康，入居朝堂，即梁王位，时年十三岁。以太尉王僧辩为中书监、录尚书、骠骑大将军、都督中外诸军事，加授陈霸先为征西大将军，任命南豫州刺史侯瑱为江州刺史，湘州刺史萧循为太尉，广州刺史萧勃为司徒，镇东将军张彪为郢州刺史。

【华杉讲透】

萧方智只是称梁王，还未称帝。此时，南梁内部成了“三国演义”：西魏支持的萧詧，北齐支持的萧渊明，还有建康的萧方智。萧绎闯下如此大祸，他只想着自己败了，从来没想过自己对国家和人民有多

大责任！国家和人民的不幸，就是因为有萧绎这样心中只有权力和富贵，没有责任担当的混蛋皇帝。

7 北齐主高洋先派殿中尚书邢子才乘驿马车前往建康，交给王僧辩一封信，说："嗣主年幼，不能承担大任。贞阳侯萧渊明，是梁武帝（萧衍）的侄子，长沙王（萧懿）的儿子，无论是年龄还是声望，都足以保卫金陵，所以封他为梁王，护送他返回贵国。你应该安排船舰，迎接今主，并心一力，共建良图。"

二月四日，贞阳侯萧渊明也写信给王僧辩，请他迎接自己。王僧辩回信说："嗣主是先帝（萧绎）的亲生儿子，血统来自祖父（萧衍）。明公如果能入朝，共同辅佐王室，承担伊尹、姜子牙的责任，我自会仰迎；如果意在主盟，不敢闻命。"

二月十三日，北齐任命陆法和为都督荆州、雍州等十州诸军事，太尉，大都督，西南道大行台，又任命宋莅为郢州刺史，宋莅的弟弟宋簉为湘州刺史。

二月二十三日，上党王高涣攻克谯郡。

二月二十八日，萧渊明又写信给王僧辩，王僧辩不从。

8 西魏任命右仆射申徽为襄州刺史。

9 南梁湘州刺史王琳的部将侯平攻打后梁巴州、武州二州，故邵陵太守刘棻的主帅赵朗杀宋文彻，献出邵陵，归附王琳。

10 三月，贞阳侯萧渊明抵达东关，散骑常侍裴之横抵御。北齐军司尉瑾、仪同三司萧轨南下入侵皖城，晋州刺史萧惠献出本州投降。北齐改晋熙为江州，以尉瑾为刺史。

三月六日，北齐攻克东关，斩裴之横，俘虏数千人。王僧辩大惧，出兵屯驻姑孰，准备接纳萧渊明。

11 三月十六日，北齐主高洋返回邺城，封世宗高澄的两个儿子高孝珩为广宁王，高延宗为安德王。

12 孙玚（王琳部将，之前王琳派他先进驻广州）听闻江陵陷落，放弃广州，返回。曲江侯萧勃再次占据广州（萧勃避居始兴事，见公元554年记载）。

13 西魏太师宇文泰将俘虏的王克、沈炯等遣返江南。宇文泰得到庾季才，对他待遇非常优厚，令他参掌太史。庾季才散私财，为亲旧当中被俘虏为奴婢的人赎身。宇文泰问："你为什么要这样做？"回答说："我听说，攻克一个国家，要礼遇他们的贤才，这是古人之道。如今郢都覆没，其君王固然有罪，而官员们有什么错呢，竟然都成为奴隶！鄙人是一个流亡之客，不敢献言，但心中哀怜他们，所以私底下花钱为他们赎身罢了。"宇文泰感悟，说："这是我的过错！如果没有你，将使天下人失望！"于是下令，免南梁被俘为奴婢者数千人。

14 夏，四月十日，北齐主高洋进入晋阳。

15 五月一日，侯平等生擒后梁萧詧任命的武州、巴州刺史莫勇、魏永寿。江陵陷落时，永嘉王萧庄（世子萧方等的儿子）已经七岁，尼姑法慕将他藏匿起来。王琳迎接萧庄，送到建康。

16 五月十一日，北齐主高洋回到邺城。

17 王僧辩遣使向贞阳侯萧渊明上表，定君臣之礼，又另派使者奉表于北齐，把自己的儿子王显及王显的母亲刘氏、弟弟的儿子王世珍送到萧渊明处做人质，派左民尚书周弘正到历阳奉迎，并请求以晋安王萧方智为皇太子；萧渊明许诺。萧渊明希望自己带卫士三千人南渡，王僧辩担心他发动事变，只接受散卒一千人。

五月二十一日，派龙舟法驾迎接。萧渊明与北齐上党王高涣盟誓于江北。五月二十二日，从采石渡江。于是梁舆南渡，齐师北返。

王僧辩担心北齐军乘势渡江，在江心集中船舰，严密戒备，不敢靠近西岸。北齐侍中裴英起卫送萧渊明，与王僧辩会于江宁。

五月二十四日，萧渊明进入建康，望朱雀门而哭，道路上迎接的人也以哭相对。

五月二十七日，萧渊明即皇帝位，改年号为天成，以晋安王萧方智为皇太子，王僧辩为大司马，陈霸先为侍中。

18 六月一日，北齐征发民夫一百八十万人修筑长城，自幽州夏口西至恒州九百余里，命定州刺史、赵郡王高睿将兵监工。高睿，是高琛之子。

19 北齐慕容俨刚刚进入郢州，南梁侯瑱等就已杀到城下，慕容俨随机应变，侯瑱等不能攻克；慕容俨乘间出击侯瑱等军，大破之。城中粮食吃尽，煮草木根叶及靴皮带角为食，慕容俨与士卒分甘共苦，坚守半年，人无二心。贞阳侯萧渊明即位，命侯瑱等解围，侯瑱还镇豫章。北齐人认为郢州城在长江以南，难以守卫，于是割让还给南梁。慕容俨回去，望见北齐主高洋，悲不自胜。高洋呼唤他到跟前，拉着他的手，脱下他的帽子，看他的头发，叹息良久。

20 吴兴太守杜龛，是王僧辩的女婿。王僧辩在吴兴设置震州，用杜龛为刺史，又任命自己的弟弟、侍中王僧愔为豫章太守。

21 六月三日，北齐主高洋因为梁国已经称臣，下诏，凡被俘的南梁百姓，全部遣返南还。

22 六月十八日，北齐主高洋前往晋阳；六月二十三日，亲自将兵攻击柔然。秋，七月一日，进入白道，留下辎重，率轻骑五千人追击柔然。七月四日，在怀朔镇追上。高洋亲自冒着箭雨飞石，频频接战，大破柔然军。一路追到沃野，俘获其酋长及部落民二万余人，牛羊数十万头。七月十四日，回到晋阳。

23 八月辛巳（本月无此日），王琳从蒸城回到长沙。

24 北齐主高洋回到邺城，认为佛、道二教不同，打算取缔其一，召集两家学者在自己面前辩论，之后下令道士全部剃发为和尚；有不从的，杀了四人，于是全部奉命。从此北齐境内无道士。

陈霸先兵变袭杀王僧辩，拥立萧方智称帝

25 当初，王僧辩与陈霸先一起消灭侯景，两人感情好得不得了，王僧辩为儿子王颁娶陈霸先的女儿，不巧王僧辩有母丧，没有能成婚。王僧辩居于石头城，陈霸先在京口，王僧辩推心置腹地对待陈霸先，王颁的哥哥王𫖮屡次进谏，不听。后来，王僧辩接纳贞阳侯萧渊明，陈霸先遣使苦苦劝阻，往返四次，王僧辩不从。陈霸先切齿悲叹，对亲信说："武帝子孙很多，唯有孝元皇帝（萧绎）能复仇雪耻，他的儿子有什么罪，忽然就被废黜！我与王公同处于托孤之地，而王公一朝之间，突然改变立场，外依戎狄，援立一个不符合继位次序的人，他打算做什么！"于是秘密准备宽袍数千领及锦彩金银作为赏赐之用，准备起事。

正巧有人报告北齐军队大举在寿春集结，将要入侵，王僧辩派记室江旰通知陈霸先，让他做好准备。陈霸先乘机把江旰扣留在京口，举兵袭击王僧辩。

九月二十五日，陈霸先召部将侯安都、周文育及安陆人徐度、钱塘人杜稜一起密谋。杜稜认为有困难，陈霸先担心他走漏消息，以手巾绞住杜稜的脖子，使其昏厥于地，然后将他禁闭于别室。部属将士，分赐金帛，命弟弟的儿子、著作郎陈昙朗镇守京口，知留府事，命徐度、

侯安都率水军直扑石头城，陈霸先率步骑兵从江乘县罗落桥出发，约定在石头城会师。当夜，水陆两军同时出发，召杜稜同行。知道政变密谋的，只有侯安都等四人，外人都以为是江旰征兵抵御北齐，不以为怪。

九月二十七日，侯安都引舟舰将要进军石头城，陈霸先拉着马缰，还未前进，侯安都大惧，追到陈霸先处，骂道："今日作贼，事势已经造成，生死都要决断，你在后面拖拖拉拉是要观望什么！如果败了，我们都得死，你晚一步到能免于砍头吗？"陈霸先说："安都在怪我下不了决心、生我的气！"于是前进。

侯安都抵达石头城北，弃舟登岸。石头城北边是丘陵，不怎么险峻。侯安都身披铠甲，手持长刀，士兵们把他举起来，投入矮墙之内，众人随之而入，一路挺进到王僧辩卧室。陈霸先兵也从南门入城。王僧辩正在处理公务，外面进来报告有兵，一会儿工夫，军队从内宅杀出。王僧辩急忙逃走，遇上儿子王頠，与他一起冲出官厅，率左右数十人苦战于议事厅前，力不能敌，一路退走，登上南门楼，叩拜请求哀怜。陈霸先想要纵火烧楼，王僧辩与王頠都下楼，接受逮捕。陈霸先说："我有何过错，你要联合齐军攻打我？"又问："你为什么完全没有防备？"王僧辩说："我把北方大门委托给你（京口是建康北方门户），怎么叫没有防备？"

当晚，陈霸先缢杀王僧辩父子。不久发现，根本没有北齐兵要来这回事，而这也并非陈霸先故意安排的假情报。前青州刺史、新安人程灵洗率所部救援王僧辩，力战于石头城西门，军败。陈霸先遣使招谕，过了很久才投降。陈霸先赞赏他的忠义，任命他为兰陵太守，命他助防京口。

九月二十八日，陈霸先发布檄文，通告中外，列数王僧辩罪状，并说："刀斧所指，唯王僧辩父子兄弟，其余亲党，一无所问。"

九月二十九日，贞阳侯萧渊明逊位，搬出皇宫，退居私邸，百官上晋安王表，劝进。

冬，十月二日，晋安王萧方智即皇帝位，大赦，改年号为绍泰，朝廷和地方文武官员赐位一等。任命贞阳侯萧渊明为司徒，封建安公。通知北齐说："王僧辩阴图篡逆，所以诛杀。"仍请称臣于北齐，永为藩国。北齐派行台司马恭与南梁人盟誓于历阳。

【华杉讲透】

有“求仁得仁”，没有“求利得利”

《梁书》评价王僧辩说，自从侯景寇逆，世祖萧绎据有上游，以全楚之兵委托给王僧辩，等到克平祸乱，他的功勋也很显著了。敬帝萧方智是高祖萧衍的孙子，世祖萧绎的儿子，他继位是理所应当。王僧辩居于将相之位，行伊、霍之义，却因为齐军胁迫，旁立支庶。如果他是要行忠义，这离忠义也太远了吧？树国之道既亏，为自己谋身之计又不足，自致歼灭，悲矣！

名不正，则言不顺；言不顺，则事不成。王僧辩因为胆怯，把皇帝废立轻率处置，自己刚刚扶上去的萧方智，又拉下来换成萧渊明。本来立了一个梁国皇帝，换成了一个齐国的儿皇帝，当然会让梁国人不服，而又让英雄人物如陈霸先，看到了机会。

王僧辩与陈霸先，也是名不正、言不顺。王僧辩认为陈霸先是他的部下，可是他们的上下级关系，授权来自萧绎，他既背叛萧绎，陈霸先跟他就没有什么上下之义了，他却对此毫无概念，根本不把陈霸先的意见和立场当回事。陈霸先问他为什么不设防备，他说你就是我设的防备。这话扎心了。

有句话说：“没有永恒的道义，只有永恒的利益。”这话大错！应该反过来：“没有永恒的利益，只有永恒的道义。”为什么呢？你一心想要趋利避害，但是你并不能做出正确判断，也预见不了未来形势的发展。比如王僧辩就是想要保住利益，他怎么知道自己保住利益的举动，结果让自己掉了脑袋呢？陈霸先只要道义，该干就干，而且敢干，他反而干成了。陈家天下，最后是王僧辩送给他的。

有“求仁得仁”，没有“求利得利”，为什么呢？因为求仁得仁是有保障的，可能生，也可能死，但是“仁”，我只要自己愿意做，就一定能做到，能得仁，能成仁。求利呢？也是可能生，可能死，但是“利”，不一定能得到。仁义是自己可以控制的，利害生死，是上天安排的，自己控制不了。搞清楚这个哲学，就大仁大义大智慧了。

26 十月四日，北齐主高洋进入晋阳。

27 十月五日，南梁加授陈霸先为尚书令，都督中外诸军事，车骑将军，扬州、南徐州二州刺史。十月六日，任命宜丰侯萧循为太保，建安公萧渊明为太傅，曲江侯萧勃为太尉，王琳为车骑将军、开府仪同三司。

28 十月十一日，南梁尊奉皇帝萧方智生母夏贵妃为皇太后，立妃子王氏为皇后。

29 杜龛仗恃岳父王僧辩势力，一向对陈霸先不礼敬。在吴兴，每每以法条制裁陈霸先宗族，陈霸先对他怀有很深的怨恨。等到将要图谋王僧辩，陈霸先密使哥哥的儿子陈蒨返回长城（陈霸先家乡），设立栅栏，以防备杜龛。王僧辩死，杜龛占据吴兴，抵抗陈霸先，义兴太守韦载以本郡响应。吴郡太守王僧智，是王僧辩的弟弟，也据城自守。陈蒨抵达长城，收兵才数百人，杜龛派部将杜泰率精兵五千杀到，陈蒨的将士相视失色。陈蒨谈笑自若，部署恰当，众心才安定下来。杜泰日夜苦攻数十天，不克而退。

陈霸先派周文育攻打义兴，义兴郡所属各县士卒，都是陈霸先旧部，善于用弩，韦载收集得数十人，用长锁把他们系在一起，命自己亲信监督，命他们射击周文育军，约定说：“十发不能两中者死。”所以每发则击毙一人，周文育军稍稍退却。韦载于是在城外沿水设立栅栏，相持数十天。杜龛派堂弟杜北叟将兵抵抗，杜北叟战败，逃回义兴。

陈霸先听闻周文育军作战不利，十月二十四日，上书皇帝，请求亲自征讨，留高州刺史侯安都、石州刺史杜稜宿卫宫城。十月二十七日，抵达义兴，十月二十九日，攻拔韦载水栅。

谯州、秦州二州刺史徐嗣徽的堂弟徐嗣先，是王僧辩的外甥。王僧辩死，徐嗣先逃奔徐嗣徽，徐嗣徽献出本州，投降北齐。等到陈霸先向东讨伐义兴时，徐嗣徽秘密联合南豫州刺史任约，将精兵五千乘虚袭击建康，当天，入据石头城，游骑兵抵达宫城下。侯安都紧闭城门，藏起旗帜，对外示弱，下令城中说："登城墙偷窥者斩！"到了晚上，徐嗣徽等收兵回石头城。侯安都连夜做好战备，将要天亮时，徐嗣徽等又到，侯安都率甲士三百人，开东、西掖门出战，大破徐嗣徽军，徐嗣徽等奔还石头城，不敢再逼近宫城。

陈霸先派韦载的族弟韦翙带信晓谕韦载，十月三十日，韦载及杜北叟都投降，陈霸先优厚抚慰他们，任命韦翙为监义兴郡，把韦载安排在自己左右，与他谋议。陈霸先收兵回建康，派周文育讨伐杜龛，救援长城。

陈霸先部将黄他攻打王僧智于吴郡，不能攻克，陈霸先派宁远将军裴忌协助。裴忌选所部精兵轻装倍道兼行，从钱塘直扑吴郡，夜里抵达城下，鼓噪进逼。王僧智以为大军到了，轻舟逃奔吴兴。裴忌入据吴郡，陈霸先于是任命裴忌为太守。

十一月二日，北齐派兵五千人渡过长江，占据姑孰，以响应徐嗣徽、任约。陈霸先派合州刺史徐度在冶城设立栅栏工事。

十一月十三日，北齐又派安州刺史翟子崇、楚州刺史刘士荣、淮州刺史柳达摩将兵一万人，在胡墅运米三万石、马一千匹进入石头城。陈霸先问计于韦载。韦载说："齐师若分兵先切断三吴道路，攻略东方土地，则大事去矣。如今可紧急于淮南侯景故垒基础上筑城，以打通东方交通线，再分兵截断敌军粮道，让他们进兵没有补给，则齐将之头，十天之内就能送来。"陈霸先听从。

十一月六日，陈霸先派侯安都夜袭胡墅，烧毁北齐船舰一千余艘；仁威将军周铁虎截断北齐军运输线，生擒其北徐州刺史张领州；仍命韦载于大航修筑侯景旧垒，命杜稜驻守。北齐军在仓门、秦淮水南设立两处栅栏工事，与南梁兵相拒。

十一月十五日，北齐大都督萧轨将兵屯驻江北。

30 当初，北齐平秦王高归彦，从小父母双亡，高祖高欢令清河昭武王高岳抚养他（高归彦是高欢族弟，他的父亲高徽，对高欢有旧恩），高岳对高归彦非常冷漠刻薄，高归彦怀恨在心。等到显祖高洋即位，高归彦为领军大将军，大被宠遇，高岳认为他会感恩自己，更加倚赖他。高岳屡次将兵立功，有威名，而性格豪侈，好酒色，在城南修建宅第，在大厅后面开了一条小巷。高归彦向皇帝高洋进谗言说："清河王僭越模拟宫禁，私宅里竟然建了和皇宫一样的永巷，只差没有宫门而已。"皇帝由此感到厌恶。皇帝纳娼妇薛氏于后宫，高岳之前曾经通过她的姐姐，接她到家里来过。皇帝夜游于薛氏家，她的姐姐为自己父亲乞请司徒官职。皇帝大怒，把她姐姐吊起来，用锯子锯死。又斥责说高岳与薛氏有奸情，高岳不服，皇帝更怒，十二月二十二日（原文为乙亥日，根据柏杨考证修改），派高归彦带毒酒去鸩杀高岳。高岳自诉无罪，高归彦说："你把它喝了，则可保全家族。"高岳饮毒而死，葬礼和奠仪，都按照他的级别礼制。

薛嫔有宠于皇帝，过了很久，皇帝忽然想起她和高岳私通，将她无故斩首，把人头藏在自己怀里，出东山宴饮。刚刚开始劝酒应酬，忽然把人头掏出来，扔到盘子上，又肢解其尸体，把她的大腿当琵琶来弹，一座大惊。皇帝才把人头、腿骨收起来，对着流涕说："佳人难再得！"把尸骸放到车上拉出去，皇帝披头散发跟在车后，一边走一边哭。

【华杉讲透】

人性的弱点是总觉得自己对别人有恩

人性的弱点，总觉得自己对别人有恩，别人欠自己人情，自己对别人的一丁点所谓帮助，都能记一辈子，而对别人的伤害呢，却全不察觉。高岳就是这样，他认为高归彦是自己抚养长大的孤儿，恨不得有"没有我哪有你"的感觉。而事实上呢，抚养高归彦，是皇帝交给他的任务，以回报高归彦的生父对皇帝的旧恩。而他对皇帝交办的这个任务呢，执行得非常恶劣，原文说他“情礼甚薄”，就跟冷暴力虐待差不多。高归彦跟了他，是倒了大霉。交给谁不好？这是跳进了火坑，只有仇，哪有恩！

人不要认为自己对别人有恩，即使过去有恩，也要随时清零，以后的关系还得重新相处。人家愿意感恩就感恩，人家要是不认账，那也理所当然。

31 十一月二十七日，徐嗣徽等攻打冶城城防栅栏，陈霸先率精兵从西明门出击，徐嗣徽等大败，留柳达摩等守城，自己前往采石迎接北齐援兵。

32 南梁任命郢州刺史、宜丰侯萧循为太保，广州刺史、曲江侯萧勃为司空，并征召二人入朝。萧循接受太保职务，但推辞不入京。萧勃正密谋举兵，于是不接受任命。

33 南梁镇南将军王琳入侵西魏，西魏大将军豆卢宁抵御。

陈霸先击退北齐大军，重夺石头城

34 十二月七日，南梁高州刺史侯安都袭击秦郡，击破徐嗣徽栅栏，俘虏数百人。侯安都抄了徐嗣徽的家，得到他的琵琶和猎鹰，派使者送给他，说：“昨天到兄弟家里，得到这些东西，送还给你。”徐嗣徽大惧。

十二月十日，陈霸先在冶城建立浮桥，全军渡河，攻打水南两个栅栏。石头城守军北齐将领柳达摩等渡秦淮河列阵，陈霸先督兵疾战，纵火烧栅，北齐兵大败，争舟相挤，溺死者数以千计，呼喊声震天地，陈霸先将北齐船舰全部缴获。

当天，徐嗣徽与任约引北齐水步兵一万余人撤退据守石头城，陈霸先遣兵到江宁，据守险要。徐嗣徽等水步兵都不敢前进，驻扎在江宁浦口。陈霸先派侯安都率水军袭击，将他们击破，徐嗣徽等单船逃脱，侯安都缴获其军资器械。

十二月十三日，陈霸先四面攻打石头城，城中无水，一升水值绸缎一匹。

十二月十四日，柳达摩遣使请和于陈霸先，但要求陈霸先送来人质。当时建康实力虚弱，粮运不继，朝臣们都想与北齐讲和，请求陈霸先送侄儿陈昙朗去做人质。陈霸先说："如今在位诸贤都希望北齐兵走得越快越好，我如果违背众议，大家会说我爱惜陈昙朗，不体恤国家，如今，我决定遣送陈昙朗，把他抛弃给敌人。齐人无信，认为我们实力微弱，必定会背叛盟誓。齐寇如果再来，诸君须为我奋力战斗！"于是以陈昙朗及永嘉王萧庄、丹杨尹王冲之子王珉为人质，与北齐军盟誓于城外，北齐军和南梁将士，任由他们回南方或向北离开。

十二月十五日，陈霸先陈兵于石头城南门，送北齐人北归，徐嗣徽、任约皆投奔北齐。陈霸先接受北齐战马、武器、船舰、粮米，不可胜计。

北齐主高洋诛杀柳达摩。

十二月十六日，北齐和州长史乌丸远从南州逃回历阳。

南梁江宁县令陈嗣、黄门侍郎曹朗占据姑孰城造反，陈霸先命侯安都等将他们讨平。陈霸先担心陈昙朗不愿做人质而逃亡，亲自率步骑兵到京口迎接（陈昙朗当时在京口任职为知留府事）。

35 交州刺史刘元偃率其部属数千人归附王琳。

36 西魏任命侍中李远为尚书左仆射。

37 西魏益州刺史宇文贵派谯淹的侄儿谯子嗣诱说谯淹，许诺任命他为大将军，谯淹不从，斩谯子嗣。宇文贵怒，攻打他，谯淹从东遂宁撤退到垫江。

38 当初，南梁晋安郡平民陈羽，世代为闽中豪姓，儿子陈宝应多有权谋诡诈，郡中人都畏服他。侯景之乱时，晋安太守、宾化侯萧云把本郡让给陈羽，陈羽年老，只治理民政，令陈宝应掌兵权。当时东境荒芜饥馑，而唯独晋安丰饶。陈宝应数次从海道出兵，在临安、永嘉、会稽一带抢掠，或载米粟与之贸易，由此能致富强。侯景之乱被平定后，世祖萧绎任命陈羽为晋安太守。等到陈霸先辅政，陈羽请求把太守之位传给陈宝应，陈霸先批准。

39 本年，西魏宇文泰暗示淮安王拓跋育上表，请如古制降爵位为公爵，于是宗室诸王都降为公爵。

40 突厥木杆可汗攻击柔然主邓叔子，将柔然国消灭。邓叔子收集残部投奔西魏。木杆可汗向西击破哌哒，向东击走契丹，向北吞并契骨，威服塞外诸国。其地东自辽海，西至西海，长达一万里，南自沙漠以北五六千里，全部都归他统治。木杆可汗仗恃自己强大，请西魏将邓叔子及其残部全部诛杀，一个接一个地派遣使者，相继于道路。太师宇文泰逮捕邓叔子以下三千余人，交付给使者，全部诛杀于青门外。

41 当初，西魏太师宇文泰认为汉朝和北魏的官制都太繁杂，命苏绰及尚书令卢辩依照《周礼》，重新厘定管制。

太平元年（公元556年）

1 春，正月一日，西魏开始推行新的官制，以宇文泰为太师、大冢宰，柱国李弼为太傅、大司徒，赵贵为太保、大宗伯，独孤信为大司马，于谨为大司寇，侯莫陈崇为大司空。其余百官设置，都仿照《周礼》。

2 正月二日，南梁大赦，与任约、徐嗣徽同谋者，一概不问。

正月七日，陈霸先派从事中郎江旰游说徐嗣徽，让他南归，徐嗣徽逮捕江旰，送交北齐。

3 陈蒨、周文育合军攻打反抗陈霸先的杜龛于吴兴。杜龛勇而无谋，嗜酒常醉，其部将杜泰暗中与陈蒨等沟通密谋。杜龛与陈蒨等交战失败，杜泰乘机游说杜龛投降，杜龛赞同。他的妻子王氏说：“跟陈霸先的仇已经到如此地步，怎么可以求和！”于是拿出私财赏募，再次攻击陈蒨等，大破之。既而杜泰投降陈蒨，杜龛酒醉，尚未察觉，陈蒨派人把他背出去，在项王寺前斩首。王僧智与弟弟、豫章太守王僧愔都逃奔北齐。

东扬州刺史张彪一向为王僧辩所厚待，不归附陈霸先。二月五日，陈蒨、周文育轻兵袭击会稽，张彪兵败，逃入若邪山中，陈蒨派部将、吴兴人章昭达追击，斩张彪。东阳太守留异馈赠陈蒨粮食，陈霸先任命留异为缙州刺史。

江州刺史侯瑱本来侍奉王僧辩，也拥兵占据豫章及江州，不归附陈霸先。陈霸先任命周文育为南豫州刺史，命他将兵攻击湓城。二月十五日，陈霸先又派侯安都、周铁虎率舟师立栅栏于梁山，以防备江州。

4 二月十八日，徐嗣徽、任约袭击采石，抓获戍主、明州刺史张怀钧，押送北齐。

5 后梁主萧詧攻击侯平于公安，侯平与长沙王萧韶引兵回长沙。王琳派侯平镇守巴州。

6 三月七日，南梁皇帝萧方智下诏，古今钱币皆可混杂使用。

7 三月二十三日，北齐派仪同三司萧轨、库狄伏连、尧难宗、东方老等与任约、徐嗣徽合兵十万，侵犯南梁，从栅口出兵，向梁山挺进。陈霸先帐内荡主黄丛逆击，击破北齐军，北齐军退保芜湖。陈霸先派定州刺史沈泰等前往增援侯安都，共同据守梁山以御敌。周文育攻打湓城，未能攻克，陈霸先召他回师。

夏，四月十三日，陈霸先进入梁山，巡视抚慰各军。

8 四月二十一日，北齐仪同三司娄睿讨伐鲁阳蛮，击破。

9 侯安都轻兵袭击北齐行台司马恭于历阳，大破之，俘获数以万计的人。

10 西魏太师宇文泰娶了孝武帝元修的妹妹冯翊长公主，生下略阳公宇文觉；姚夫人生宁都公宇文毓。宇文毓于诸子中年龄最长，娶大司马独孤信的女儿。宇文泰将要立嗣，对公卿们说："我想要立嫡长子（宇文觉），恐怕大司马有疑心，如何？"众人默然，都不说话。尚书左仆射李远说："立子以嫡不以长，略阳公为世子，这有什么可犹疑的！如果认为独孤信会心生嫌疑，请允许我先把他斩首。"于是拔刀而起。宇文泰也起身，说："何至于此！"独孤信也表明心迹，李远才停止。于是群公全都附从李远的意见。李远出外，向独孤信谢罪说："临大事，不得不如此！"独孤信也感谢李远说："今天靠您，才做出了这个重大决议。"于是立宇文觉为世子。

【华杉讲透】

什么叫魄力？什么叫担当？李远这就是魄力和担当。立嗣是国家大事，按礼制就是立嫡长子，应该立宇文觉，这毫无疑问。宇文毓虽然是长子，但他是庶出，老丈人是大司马，有势力，所以宇文泰要照顾独孤信的感受，大家都不说话，不蹚这个浑水。李远在这个时候一锤定音，办成了这件大事，独孤信也解脱了。

11 西魏太师宇文泰北巡。

12 五月，北齐人召建安公萧渊明，诈称答应退兵，陈霸先准备舟船，将萧渊明送去。五月九日，萧渊明背上长疮，发病去世。五月十日，北齐兵从芜湖出发，五月十六日，进入丹杨县，五月二十二日，抵达秣稜故治。陈霸先派周文育屯驻方山，徐度屯驻在马牧，杜稜驻扎在大航南以抵御。

【华杉讲透】

萧渊明是高洋要支持的南梁皇帝，现在要求送他回去，是还留着这张牌要打。而此时萧渊明就背上生疮死了。这太巧了，我们无法去调查破案，也只能跟着抄写，他是背上长疮死了。

13 北齐汉阳敬怀王高洽去世。

北齐渡河南下，陈霸先大败北齐

14 五月二十七日，北齐人横跨秦淮河两岸修筑桥梁渡兵，夜里抵达方山。徐嗣徽等列舰于青墩，船舰一直绵延到七矶，以截断周文育归路。周文育鼓噪而发，徐嗣徽等不能抵挡。到了天明时分，反攻徐嗣徽。徐嗣徽骁将鲍砰独以小舰殿后，周文育乘一小艇与他交战，跳入鲍砰舰中，斩鲍砰，然后牵着他的座舰而还。徐嗣徽部众大为惊骇，将船留在芜湖，从丹杨上岸步行，准备陆战。陈霸先命侯安都、徐度都撤回京师增援。

五月二十九日，北齐兵从方山进抵倪塘，游骑兵抵达宫城，建康震骇。皇帝萧方智亲率禁兵出宫屯驻在长乐寺，内外戒严。陈霸先抵抗徐嗣徽等于白城，刚刚与周文育会师。将战，风急，陈霸先说：“兵不可逆风作战。”周文育曰：“事态紧急，哪里还用得上这些古法！”抽槊上马先进，众军跟从，风也转向，杀伤数百人。侯安都与徐嗣徽等战于耕坛南，侯安都率十二骑兵突入其阵，击破，生擒北齐仪同三司乞伏无劳。

陈霸先秘密撤出精兵三千人，配给沈泰，让他北渡长江，袭击北齐行台赵彦深于瓜步，缴获舰船一百余艘，粟米一万斛。

六月一日，北齐兵秘密进到钟山，侯安都与北齐将王敬宝战于龙尾，南梁军主张纂战死。

六月四日，北齐军抵达幕府山，陈霸先派别将钱明率水军从江乘出击，邀击北齐人粮运，缴获其全部船米。北齐军缺粮，杀马驴为食。

六月七日，北齐军翻越钟山，陈霸先与众军分别屯驻在乐游苑东及覆舟山北，截断其要害道路。

六月九日，北齐军抵达玄武湖西北，准备占据北郊坛，南梁诸军从覆舟山东移师屯驻坛北，与北齐人对峙。

这时连日大雨，平地水深一丈多，北齐军昼夜坐立在泥中，足趾都烂了，炉灶必须高高地悬挂起来才能煮饭，而宫城中及潮沟以北道路干燥，南梁军可以从容轮调补充。当时交通断绝，粮运不通，建康百姓流散，要征求粮草物资也找不到人。

六月十一日，天气稍微晴朗，陈霸先准备作战，向市场上的商人征收，得到麦饭，分给军士，士兵们都饥饿疲惫。正巧陈蒨送来米三千斛、鸭一千只，陈霸先命炊米煮鸭，人人以荷叶裹饭，上面覆盖几块鸭肉。

六月十二日，天色未明，士兵们原地吃饭，等到天亮，陈霸先率麾下从莫府山出击。侯安都对他的部将萧摩诃说："你骁勇有名，千闻不如一见。"萧摩诃回答说："今天就让您见见！"战斗打响，侯安都坠马，被北齐人包围，萧摩诃单骑大呼，直冲北齐军，齐军披靡，救出侯安都。陈霸先与吴明彻、沈泰等众军首尾齐举，纵兵大战，侯安都从白下引兵而出，拦腰横击北齐军后队，北齐军大溃，斩获数千人，相踩踏而死者不可胜计。生擒徐嗣徽及他的弟弟徐嗣宗，斩首示众，一路追奔到临沂。其江乘、摄山、钟山等诸军相次克捷，俘虏萧轨、东方老、王敬宝等将帅共四十六人。北齐军士得以逃窜到长江边的，缚荻草为筏渡江，但到江心都纷纷沉下去溺死了，流尸漂到京口，密密麻麻布满江面，挤撞江岸。唯有任约、王僧愔得以逃走免死。

六月十四日，南梁众军撤出南州，烧毁北齐舟舰。

六月十五日，南梁大赦。六月十六日，解除戒严。军士以杀敌获得的赏赐拿去换酒喝，一人只够喝醉一次。

六月十七日，斩齐将萧轨等，北齐人听闻，也杀陈昙朗（去年送去做人质的）。

陈霸先启奏皇帝，解除自己南徐州刺史职务，以授给侯安都（赏赐他的功劳）。

15 南梁镇南将军侯平频频击破后梁军，因为王琳兵威不接，不再接受王琳指挥。王琳派部将讨伐他。侯平杀巴州助防吕旬，兼并了他的部众，投奔江州，江州刺史侯瑱与他结为兄弟。王琳军势更加衰落，六月二十二日，王琳遣使带着表示归顺的表章访问北齐，并献上驯象。江陵陷落时，王琳的妻子蔡氏、世子王毅都被西魏俘虏，所以王琳又向西魏进贡，请求释放自己的妻子儿女；同时，也称臣于南梁。

16 北齐征发民夫工匠三十余万人，扩建三台宫殿。

高洋荒淫残暴，委政于杨愔

17 齐显祖高洋刚即位时，留心治国，务求简政，坦怀待人，知人善用，得以人尽其力。又能以法驭下，或有违犯，无论勋臣贵戚，一律处罚，内外无不肃然。至于军国机策，则独断专行；每临战斗，亲冒矢石，所向有功。数年之后，渐渐以功业自矜，于是嗜酒放纵，骄奢淫逸，肆行狂暴；有时亲自起身歌舞，日夜不停；有时披头散发，身穿胡服，杂衣锦彩；有时袒胸露体，涂抹粉黛；有时乘着牛、驴、骆驼、白象，不用鞍，也不用缰绳；有时令崔季舒、刘桃枝背着他行进，担着胡鼓，自己打鼓。勋臣贵戚的宅第，无论早晚，随时临幸，穿街过巷，有时坐在街头，有时就睡在巷子里；或在盛夏光着身子晒太阳，或在隆冬赤条条暴走；跟从的人不堪忍受，皇帝则泰然自若。修建三台宫殿时，架木造屋，高二十七丈，两栋相距二百余尺，工匠们胆怯，身上系着绳子防止掉落，高洋登上屋脊疾走，毫无惧色；不时还回旋舞蹈，转身踏步，旁边看见的人无不寒心。曾经在道上问一个妇人："天子如何？"回答说："颠颠痴痴，像什么天子！"高洋杀了她。

娄太后因为高洋酒醉发狂，举手杖打他，骂道："这样英雄的父亲生下这样混账的儿子！"高洋说："即当把这老母嫁给胡人。"太后大怒，于是不再言笑。高洋想要太后笑，自己匍匐下来，举起太后坐床，太后坠落于地，颇有受伤。酒醒之后，高洋大为惭恨，让人积柴点火，要投火自杀。太后惊惧，亲自持挽，强颜欢笑，说："之前是你喝醉了！"高洋于是在地上铺设席子，命平秦王高归彦拿着棍棒，自己责骂自己，脱了衣服，光着背接受惩罚，对高归彦说："打不出血，就斩了你。"太后上前抱住他，高洋流涕苦请，于是打脚五十下，然后衣冠拜谢，悲不自胜。他因此宣布戒酒，但十天之后，又恢复如初。

高洋到李皇后家，以响箭射皇后的母亲崔氏，骂道："我酒醉时连太后都不认识，你这个老婢算什么东西！"还拿马鞭乱打一百多鞭。虽然以杨愔为宰相，上厕所时，也让他拿着刮肛门的竹片。又以马鞭鞭打他的背，流血染红了衣袍。有一次又拿出一把小刀，要划杨愔的肚子，崔季舒引用俳言说："老小公子恶作剧。"才趁机把他的刀拿走。又曾经把杨愔装进棺材里，用丧车运载。另一回，手持长槊，纵马奔驰，比画着要刺左丞相斛律金的胸膛，来回三次，斛律金站立不动，于是赏赐他绸缎一千段。

高家的妇女，皇帝不问亲疏，多与之淫乱，或者把她们赏赐给左右，又多方折磨羞辱她们。彭城王高浟的母亲，太妃尔朱氏，是魏敬宗元子攸的皇后，高洋要睡她，不从；于是亲手杀了她。故东魏乐安王元昂，是李皇后的姐夫，他的妻子有美色，高洋数次临幸她，又想把她纳为昭仪。高洋召元昂，令他伏在地上，以响箭射他一百余下，流血凝结地面，将近一石，终于惨死。皇后啼哭不食，乞请让位于姐姐，太后也出面干预，高洋才停止。

又曾经于众人中召都督韩哲，将他无罪斩首。还命人制作大锅、长锯、锉刀、石碓等刑具，陈列于庭院中。每次喝醉，就动手杀人，以为戏乐。所杀之人，多令肢解，或焚之于火，或投之于水。杨愔于是简选邺城死囚，关押在殿庭左右，称之为“供御囚”，皇帝想杀人时，就抓来应命。三月不杀，则予以赦免。

开府参军裴谓之上书极谏，高洋对杨愔说：“这个愚人，何敢如此！”杨愔回答说：“他不过是想要陛下杀他，以成名于后世罢了。”高洋说：“小人，我就不杀他，看他怎么成名！”高洋与左右饮酒，说：“乐哉！”都督王纮说：“有大乐，也有大苦。”高洋问：“此话怎讲？”回答说：“长夜之饮，不醒悟这样会国亡身殒，这就是大苦！”高洋捆缚王纮，要斩他，念他有救世宗高澄的功劳，才将他释放。

高洋游宴东山，因为关、陇还未平定，投杯震怒，召魏收到跟前，立刻起草诏书，宣示远近，将要西行。西魏人震恐，准备向陇山以西逃走（这估计是北齐史官吹牛说大话，《资治通鉴》照抄，宇文泰怎么会吓成这样）。但是高洋实际没有出发。一天，对群臣哭泣说：“黑獭（宇文泰）不接受我的命令，奈何？”都督刘桃枝说：“给臣三千骑兵，请就长安把他擒来。”高洋壮其言，赏赐绸缎一千匹。赵道德进言说：“东西两国，强弱力均，彼可擒之以来，此亦可擒之以往。刘桃枝妄言，本应诛杀，陛下为何滥赏！”高洋说：“赵道德说得对。”把绸缎要回来，赏赐给赵道德。

高洋乘马想要下陡岸入漳水，赵道德拉着马辔，把他拉回。高洋怒，要斩他。赵道德说：“臣死无所恨！当于地下启奏先帝：说此儿酣酗癫狂，不可教训！”高洋默然而止。

又一天，高洋对赵道德说：“我饮酒太过，你应该痛打我。”赵道德举起棒子就打，高洋逃走。赵道德追逐，边追边喊：“你是什么人，做出这种事！”

典御丞李集当面进谏，把高洋比作桀、纣。高洋下令将他绑了，放进水流中，沉没很久，再把他拉起来，说：“我比桀、纣如何？”李集说：“恐怕还不如桀、纣！”高洋又令把他沉下去，拉出，再问，反复四次，李集应对如初。高洋大笑说：“天下有如此痴人，现在才知道龙逄、比干也不如你！”于是释放。一会儿，又召见李集，发现他似乎又要进谏，高洋下令将他拖出去，腰斩。高洋喜怒无常，对人或斩或赦，没有人能预测。内外惨痛，各怀怨毒。而他一向能默识强记，加以严酷果断，群下战栗，不敢为非。又能委政于杨愔，杨愔总揽万机，衡量情理，百事都能修治，所以时人都说，君主昏暴于上，政治清明于下。杨愔风度能为人表率，明鉴事理，作风干练，为朝野所重，少年时经历困厄（尔朱氏屠杀杨愔全家，只杨愔逃得一命，见公元531年记载；后来又因谗言逃亡荒岛，高欢把他召回，见公元535年记载），得志之后，对他有一餐饭恩惠的人，必定重重报答，而就算之前要杀他的人，也不过问；掌管官员典选二十余年，以奖拔贤才为己任。又能博闻强记，见过一面的人，都不会忘记他的姓名，候补官员鲁漫汉，在一次见面时，自称地位低贱，恐怕杨愔不记得他，杨愔说：“你之前在元子思坊，乘着一匹短尾母驴，见到我也不下驴，还拿一把竹扇遮住脸，我怎么不认识你！”鲁漫汉惊服。

【华杉讲透】

高洋已经超越暴君，而是禽兽皇帝，桀、纣的凶暴，也远远不如他。在这种情况下，王公大臣们拿他也没有任何办法，只能等他自己恶贯满盈。所幸他能用杨愔，而杨愔既有才干器局，又有“有恩必报，有仇必忘”的胸怀，所以形成“主昏于上，政清于下”的奇观，也是百姓的幸运了。

18 秋，七月一日，南梁前天门太守樊毅袭击武陵，杀死武州刺史、衡阳王萧护。王琳派司马潘忠出击，生擒樊毅，班师。萧护，是萧畅的孙子。

19 七月三日，南梁朝廷任命陈霸先为中书监、司徒、扬州刺史，进爵长城公，其余官职如故。

20 当初，余孝顷为豫章太守，而侯瑱镇守豫章，余孝顷在新吴县另外设立城栅，与侯瑱相对抗。侯瑱派他的堂弟侯奫镇守豫章，全军攻打余孝顷，很久不能攻克，筑长墙包围。

七月十日，侯平发兵攻打侯奫，在豫章大肆抢掠，纵火焚烧城池，然后逃奔建康。

侯瑱部众崩溃，逃奔湓城，依靠他的部将焦僧度。焦僧度劝他投奔北齐，正巧陈霸先派记室、济阳人蔡景历南上，说服侯瑱投降，侯瑱于是到建康宫门前归罪，陈霸先为他报仇，诛杀侯平。七月十四日，任命侯瑱为司空。

南昌平民熊昙朗，世代为本郡大姓。熊昙朗有勇力，侯景之乱时，聚众占据丰城，修筑栅栏防御工事，世祖萧绎任命他为巴山太守。江陵陷落后，熊昙朗兵力逐渐强大，侵掠邻县。侯瑱在豫章，熊昙朗表面上假装服从，而实际上秘密图谋侯瑱，等到侯瑱败走，熊昙朗缴获了他留下的马匹和武器。

21 七月二十六日，北齐大赦。

22 西魏太师宇文泰派安州长史钳耳康买去王琳那儿出使，王琳派长史席豁回访，并且请求归还世祖萧绎及愍怀太子萧方矩的灵柩；宇文泰批准。

23 八月七日，南梁鄱阳王萧循在江夏去世，弟弟丰城侯萧泰任监郢州事。王琳派兖州刺史吴藏攻打江夏，未能攻克，吴藏去世。

24 西魏太师宇文泰北渡黄河。

25 西魏封王琳为大将军、长沙郡公。

26 西魏江州刺史陆腾讨伐陵州叛乱的獠人，獠人依着山势筑城，很难攻拔。陆腾于是将舞女带到城下一面，举行歌舞表演，獠人抛下兵器，带着妻子儿女在城上观看，陆腾秘密出兵，三面同时攻城，斩首一万五千级，于是平定。陆腾，是陆俟的玄孙。

27 八月十八日，北齐主高洋将要西巡，百官在紫陌辞别，高洋派骑兵手持长槊将百官包围，说："我一举鞭，你们就杀。"天色已晚，高洋酒醉，不能起床。黄门郎是连子畅说："陛下如此，群臣不胜恐怖。"高洋说："他们非常恐惧吗？如果这样，就不要杀。"于是前往晋阳。

28 九月一日，南梁改年号为太平，大赦。任命陈霸先为丞相、录尚书事、镇卫大将军、扬州牧、义兴公。任命吏部尚书王通为右仆射。

29 突厥木杆可汗向凉州借道以袭击吐谷浑，西魏太师宇文泰派凉州刺史史宁率骑兵跟随，到了番禾，吐谷浑察觉，逃奔南山。木杆可汗将要分兵追击，史宁说："树敦、贺真二城，是吐谷浑的巢穴。拔其本根，余众自然就散了。"木杆可汗听从。木杆可汗从北道直扑贺真，史宁从南道出击树敦。吐谷浑可汗夸吕正在贺真，派他的征南王率数千人守树敦。木杆可汗攻破贺真，俘获夸吕的妻子儿女；史宁攻破树敦，俘虏征南王，还师，与木杆可汗会合于青海。木杆可汗感叹史宁勇决，赠送他礼物非常丰厚。

30 九月二十三日，王琳以水军袭击江夏；冬，十月一日，丰城侯萧泰献出本州，投降王琳。

31 北齐征发山东寡妇两千六百人以配给军人，有丈夫而被滥夺的占十分之二三。

宇文泰病亡，向宇文护托孤

32 西魏安定文公宇文泰回到牵屯山，生病，用驿车召中山公宇文护。宇文护抵达泾州，见宇文泰，宇文泰对他说："我的儿子们都还年幼，外寇方强，天下之事，就交给你，你要努力完成我的遗志。"十月四日，宇文泰在云阳去世（得年五十岁）。宇文护回长安，发丧。

宇文泰能驾御英豪，得到大家的效力，性格质朴，不尚虚饰，明达政事，崇儒好古，所有政治措施，都效法夏商周三代。

十月五日，世子宇文觉嗣位，为太师、柱国、大冢宰，出京坐镇同州，时年十五岁。

中山公宇文护，名位一向卑微，虽然是宇文泰指定，但是各公爵都想执政，不肯服从。宇文护问计于大司寇于谨，于谨说："我早年蒙先公非常知遇，恩情深同骨肉，今日之事，必定以死相争。如果当众定策，您一定不要谦让。"第二天，群公会议，于谨说："之前帝室倾危，没有安定公（宇文泰），就没有今天。如今公一朝离世，嗣子虽幼，中山公（宇文护）是先公亲哥哥的儿子，并且接受他的顾托，军国之事，理应归中山公领导。"辞色抗厉，众人都大受震动。宇文护说："这是我家家事，我虽然平庸愚昧，怎敢推辞！"于谨一向与宇文泰等平辈，宇文护经常向他下拜，至此，于谨起身说："公若统理军国，我等就都有所依靠。"于是向宇文护行再拜礼，下拜叩头两次。群公迫于于谨的压力，也只好行再拜礼，于是议论才告平定。宇文护纲纪内外，抚循文武官员，人心都安定下来。

33 十一月一日，南梁丰城侯萧泰投奔北齐，北齐任命他为永州刺史。

北齐主高洋下诏，征召王琳入朝为司空，王琳推辞不去，留部将潘纯陀监郢州，自己返回长沙。西魏人归还了他的妻子儿女。

34 十一月十二日，北齐主高洋下诏，说："魏国末年，豪杰纠合乡里，乘着有利的形势和机缘，向有势力的人请求依托，各自设立州郡，从旧州郡分割出来的多，合并的少，于公于私，都造成烦杂浪费，如今人口比以前少，郡守和县令的数目却多出一倍。再加上蛮荒地区归附王化，之前虚报的情况很多，只有一百户人家的乡邑，竟然就设立一个州，三户人家，就设立一个郡，现在要开始清理，令名实相副。”于是撤并三个州、一百五十三个郡。

35 南梁朝廷下诏，分割江州四郡，设置高州。任命明威将军黄法氍为刺史，镇所设在巴山。

36 十二月二日，任命曲江侯萧勃为太保。

37 十二月十四日，西魏葬安定文公宇文泰。十二月十七日，将岐阳封给世子宇文觉并封他为周公。

38 当初，侯景之乱，临川平民周续起兵于郡中，始兴王萧毅将郡太守之位让给他，离去。周续的部将都是郡中豪族，多骄横，周续制裁他们，诸将怨恨，联手杀了周续。周续宗族的人周迪，勇冠军中，众人推举他为主。周迪身份一向寒微，担心郡人不服，因为同郡人周敷家族名望很高，放低姿态与他结交，周敷也很恭谨地侍奉周迪。周迪据守上塘，周敷据守郡城，朝廷任命周迪为衡州刺史，领临川内史。当时百姓遭侯景之乱，都抛弃农业，群聚为盗，唯独周迪所部耕田种桑，各家都有盈余，政教严明，征收赋税，到期必定缴纳，其他郡遇到困乏，都依靠他供应。周迪性格质朴，不事威仪，平常都光着双脚，虽然外列兵卫，内有女伎，周迪搓绳破篾，旁若无人。周迪不善言辞，而襟怀信实，临川人都归附他。

39 北齐自西河总秦戍开始修筑长城，东到大海，前后所筑三千余里，每十里设立一戍，其要害设置州镇，一共二十五所。

宇文护迫使拓跋廓让位于宇文觉，北周建立

40 西魏宇文护因为周公宇文觉幼弱，想让他早日正位以定人心。十二月三十日，以魏恭帝拓跋廓诏禅位于周，命大宗伯赵贵持节奉上禅位诏书，济北公宇文迪呈递皇帝玺绂；魏恭帝出居大司马府。

华与华文库

华与华战略营销品牌序列

《超级符号就是超级创意》

席卷中国市场20年的华与华战略营销创意方法。

《超级符号原理》

只要人类还有眼睛和耳朵，还使用语言，
《超级符号原理》就能教你如何影响人的购买行为。

《华与华使用说明书》

不投标！不比稿！
100%精力服务现有客户，长期坚持就会客如云来。

《华与华正道》

走正道，很轻松，一生坚持必成功！

《华与华方法》

企业经营少走弯路、少犯错误的九大原理。

《华与华百万大奖赛案例集》

翻开本书，看华与华用14个传奇案例讲透好创意的标准，
手把手教你做出好创意！

《华与华超级符号案例集》

同一个创意套路诞生上百个经典案例，
19年来不断颠覆中国各个行业。

《华与华超级符号案例集2》

同一个创意套路又诞生上百个经典案例，
20年来不断创新推动中国各个行业。

《华与华文库之设计的目的》

品牌设计、门头设计、包装设计、广告设计、海报设计
都服务于同一目的，就是卖货！立刻卖！持续卖！一直卖！
这需要目标明确的系统性设计解决方案！